序　言

　　考試領導教學乃千古不易的法則，而大學入學管道多元化又爲當代潮流，是以莘莘學子對各種考試的出題方向、模式自有迫切的需要。本書即針對學科能力測驗國文一科的歷屆試題予以蒐集並做詳解。

　　早年國文科出題向來爲人所詬病，認爲太過瑣碎，偏重記憶死背，進而使教學僵化，學生興致索然。不過，大考中心主導的學科能力測驗在國文科的試題上讓人耳目一新。首次出題，因爲**設計生活化，涵蓋多樣化**，普遍獲得好評，進而**影響指定科目考試國文科的走向**。十數年來，動見瞻觀，因此如何讓同學能鑑往知來，掌握讀書的重點，在考試上過關斬將，就是本書所要達成的目標。

　　本書彙集歷屆學科能力測驗國文科試題(83～98年)，重點分析，扼要說明，釐清錯誤觀念，掌握命題趨勢，條理歸納重點，增加學習效果。同學可經由本書之闡述，將課內、外重要概念融會貫通，並訓練思路邏輯及推敲方法，誠爲應試者必備的好書。

　　希望同學在明瞭歷屆試題的出題方向後，從解答說明中能爲你在學習國文的路上點一盞明燈。當然本書如有疏漏不周之處，尚請讀者諸君不吝指正。

編者　謹識

目　錄

九十八年大學入學學科能力測驗試題
國文考科

第壹部分：選擇題（佔 54 分）

一、單選題（佔 30 分）

說明：第 1 題至第 15 題，每題選出一個最適當的選項，標示在答案
　　　卡之「選擇題答案區」。每題答對得 2 分，答錯不倒扣。

1. 下列文句「」內的字音相同的選項是：
   (A) 呆了半晌，他才從打碎花瓶的震「懾」中回過神來，「躡」
   　　著腳步逃開
   (B) 家屬們難掩悲「愴」，跟跟「蹌」蹌地步入追思會場，悼念
   　　王永慶先生
   (C) 這位部長具專業能力卻缺乏政治手「腕」，以致黯然下臺，
   　　令人「惋」惜
   (D) 奶粉含有毒物質被「揭」發後，政府急謀對策，「遏」止相
   　　關製品流入市面

2. 下列文句□內依序應填入的字，完全正確的選項是：
   甲、突然聽到這項意外消息，大家面面相□，一時之間不知如
   　　何回應
   乙、昨天大伙一連吃了三碗刨冰，仍覺得意□未盡，相約明天
   　　再去吃冰
   丙、球隊苦練多年，原本志在奪牌，沒想到遭遇其他強勁對手，
   　　竟□羽而歸

丁、當香噴噴的紅燒肉一端上桌，大伙便顧不得形象爭相挾取，準備大□朵頤

(A) 覷／猶／鍛／快 (B) 歔／猶／鍛／塊

(C) 覷／尤／鍛／快 (D) 歔／尤／鍛／塊

3. 閱讀下文，根據文中的情境，選出依序最適合填入 ＿甲＿、＿乙＿ 的選項：

　　清光四射，天空皎潔，＿＿甲＿＿，坐客無不悄然！舍前有兩株梨樹，等到月升中天，清光從樹間篩灑而下，＿＿乙＿＿，此時尤為幽絕。直到興闌人散，歸房就寢，月光仍然逼進窗來，助我淒涼。（梁實秋〈雅舍〉）

(A) 四野無聲，微聞犬吠／地上陰影斑斕

(B) 蒼然暮色，自遠而至／地上浮光躍金

(C) 竹枝戲蝶，小扇撲螢／樹下芳草鮮美

(D) 風雲開闔，山岳潛形／樹下燈焰幢幢

4. 閱讀下文，選出敘述正確的選項：

夫盜亦人也，冠履焉，衣服焉；其所以異者，退遜之心，正廉之節，不常其性耳。（羅隱〈英雄之言〉）

(A) 一般人比盜匪更注重衣服、鞋帽的端正整齊

(B) 一般人和盜匪一樣，都很容易見利忘義、見財思得

(C) 盜匪和一般人的區別，在於他們無法保有謙讓、廉潔的善性

(D) 盜匪總是利用人性貪圖物質享受的弱點，引誘一般人迷失善性

5. 閱讀下文，選出最符合全文主旨的選項：

　　文必本之六經，始有根本。唯劉向、曾鞏多引經語，至於韓、歐，融聖人之意而出之，不必用經，自然經術之文也。近見巨子動將經文填塞，以希經術，去之遠矣。（黃宗羲〈論文管見〉）

(A) 批評當世文人只知徵引經文，而不能融通聖人之意

(B) 強調爲文者唯有出入經史，方能與韓、歐等大家齊名

> 巨子：泛稱某方面的權威人物。
> 希：求。

(C) 分析劉向、曾鞏、韓愈、歐陽脩等人引用經術文字之優劣

(D) 說明援經入文的兩種方法：一爲多引經語，一爲融聖人之意

6. 閱讀下文，選出最符合全文主旨的選項：

　　當藝術即表現時，吾人所能思考的只有表現了什麼和如何表現，表現了什麼不能脫離如何表現而存在，如何表現亦不能脫離表現了什麼而存在；表現了什麼是表現了的內容，如何表現是表現的形式，是一個問題的兩面，嚴密相關而形成藝術品的整體的和諧。當吾人思考表現了什麼時無可避免地要涉及藝術美的以外的因素，包括倫理的、哲學的、社會的種種問題，當吾人思及如何表現時則必然要思及藝術美本身的因素，兩者之間完全不能加以割裂。（姚一葦《藝術的奧祕》）

(A) 從事藝術創作，需要縝密的思維

(B) 好的藝術品，講求形式與內容的和諧

(C) 藝術品必須反映倫理、哲學、社會的種種問題，才有價值

(D) 藝術鑑賞方法雖多，但總以表現了什麼爲主，如何表現次之

7. 閱讀下列甲、乙二詩，選出敘述正確的選項：

甲、三月正當三十日，風光別我苦吟身。共君今夜不須睡，未到
　　曉鐘猶是春。（賈島〈三月晦日贈劉評事〉）

乙、節物相催各自新，癡心兒女挽留春。芳菲歇去何須恨？夏木
　　陰陰正可人。（秦觀〈三月晦日偶題〉）

(A) 二詩均藉由描寫景物的變化，具體呈現季節的交替、轉換

(B) 二詩均藉由自己和他人態度的差異，深化面對春盡的感傷

(C) 甲詩以「猶是春」表示只要心中有春，即令春去亦無須傷感

(D) 乙詩以「何須恨」表示四季各有其美，當豁達迎接夏天到來

8. 作者敘事寫人時，常藉由動作的描繪，讓讀者體會言外之意。關
於下列文句畫底線處動作描繪的說明，正確的選項是：

(A) 〈桃花源記〉：（桃花源居民）問今是何世？乃不知有漢，
　　無論魏、晉！此人（漁人）一一為具言所聞，皆嘆惋。
　　——藉嘆惋表達桃花源居民對漁人見多識廣的欣羨

(B) 〈左忠毅公逸事〉：廡下一生（史可法）伏案臥，文方成
　　草。公（左光斗）閱畢，即解貂覆生，為掩戶。—— 以左
　　光斗毫不猶豫地解下貂裘相贈，暗示左光斗家境優渥，出
　　手大方

(C) 〈明湖居聽書〉：那彈弦子的，亦全用輪指，忽大忽小，
　　同她（王小玉）那聲音相和相合；有如花塢春曉，好鳥亂
　　鳴，耳朵忙不過來，不曉得聽那一聲的為是。—— 藉聽眾
　　在弦音和說書聲之間難以選擇，既凸顯彈弦子者的技藝高
　　超，更以之烘托王小玉說書的精妙

(D) 〈劉姥姥〉：便伸箸子要夾（鴿子蛋），哪裡夾得起來，
　　滿碗裡鬧了一陣，好容易撮起一個來，才伸著脖子要吃，

偏又滑下來滾在地下，<u>忙放下箸子要親自去撿，早有地下的人撿了出去了</u>。—— 以下人搶先一步撿蛋，點出賈府平日待下人苛刻吝嗇，故下人遇美饌則爭食

9. 下列是一段古文，請依文意選出排列順序最恰當的選項：

古之善攻者，不盡兵以攻堅城，善守者，

甲、<u>盡兵以守敵衝，則兵不分，而彼間行襲我無備，</u>

乙、<u>夫盡兵以攻堅城，則鈍兵費糧而緩於成功，</u>

丙、<u>故攻敵所不守，</u>

丁、<u>不盡兵以守敵衝，</u>

守敵所不攻。（蘇洵〈攻守〉）

(A) 甲丙丁乙　　　　(B) 甲丙乙丁

(C) 丁乙丙甲　　　　(D) 丁乙甲丙

<u>10-11為題組</u>

閱讀劉大白〈西湖秋泛〉，回答10-11題。

蘇堤橫亙白堤縱： 橫一長虹，縱一長虹。 跨虹橋畔月朦朧： 橋樣如弓，月樣如弓。 青山雙影落橋東： 南有高峰，北有高峰。 雙峰秋色去來中： 去也西風，來也西風。	厚敦敦的軟玻璃裡， 倒映著碧澄澄的一片晴空： 一疊疊的浮雲， 一羽羽的飛鳥， 一彎彎的遠山， 都在晴空倒映中。 湖岸的，葉葉垂楊葉葉楓： 湖面的，葉葉扁舟葉葉篷： 掩映著一葉葉的斜陽， 搖曳著一葉葉的西風。

10. 下列關於本詩的敘述，**錯誤**的選項是：
　　(A) 新詩格律自由，未必押韻；本詩則明顯押韻
　　(B) 本詩深具文人雅士傷春悲秋、感時憂世的情懷
　　(C) 本詩善用疊字，句型亦多排比複沓，富節奏感與韻律感
　　(D) 本詩將蘇堤與白堤喻為長虹，將湖水喻為軟玻璃，視覺意
　　　　象鮮明

11. 民國早期剛發展的新詩，曾出現多種不同寫作路線的嘗試。上
　　引劉大白（西元 1880-1932）的詩作，最適合做為何種寫作路
　　線的例證？
　　(A) 文字樸素無華，重視反映社會現象
　　(B) 詩意朦朧恍惚、神秘幽晦，頗難理解
　　(C) 句式、押韻均近於詞曲，頗具古典氣息
　　(D) 題材、語言均受西洋文學影響，異於傳統

12-13為題組

閱讀下列短文，回答12-13題。

> 蝎虎：又名守宮、壁虎。
> 蝎亦作「蠍」。

　　　　吾官鎮遠，嘗睹於物，得三戒焉。虎性饞，不擇肉而食，有
羊牧崖上，虎攫之，羊負痛墮地死，虎隨之；虎墮地，不死而重
傷焉，竟為鄉人所斃。蝎虎亦性饞，蝎虎緣壁行，入燕巢以食其
雛，雛負痛墮地，蝎虎隨之；雛在地飛躍，家人為送入巢，蝎虎
不能動，雞食之。蟻亦性饞，凡物有大於己者，皆負致以行，務
入其穴乃止，有蚓出穴，蟻群噬之，蚓負痛，宛轉泥沙中，卒莫
能制蚓；鴨出欄，并食之。

夫虎貪食羊，不知羊死而身斃；蝎虎貪食燕雛，不知燕雛得全而己不免；蟻貪食蚓，不知與蚓并爲鴨所食。嗟夫！利者，害之所伏也；得者，喪之所倚也。爲饞不已者，可以戒矣！（周瑛〈饞戒〉）

12. 下列關於本文內容的敘述，正確的選項是：

(A) 文中所稱的三戒，即以羊、蝎虎、螞蟻爲戒

(B) 羊原本在崖上吃草，後來被老虎撲攫、吃掉

(C) 蝎虎爬進燕巢想吃雛燕，結果反被母燕吃掉

(D) 螞蟻想吃掉蚯蚓，卻和蚯蚓一起被鴨子吃掉

13. 下列關於本文的鑑賞分析，**錯誤**的選項是：

(A) 本文結構是先敘事後說理，藉動物故事論理，顯得更具體生動

(B) 本文敘事部分是先分述，後總結；說理部分則是先總說，後分論

(C) 本文敘事說理緊扣篇題，以「饞」字貫串全文，以「戒」字前後呼應

(D) 本文目的在警惕人們不要只看到眼前的利與得，而忽略了潛藏的危險

14-15爲題組

閱讀下列短文，回答14-15題。

認識糖尿病的人，一定都知道胰島素的重要。這個激素幫助細胞儲存醣類和脂肪以提供能量。當身體不能產生足夠的胰島素（第一型糖尿病）或者對它有異常反應（第二型糖尿病），就會發展成許多循環系統和心臟方面的疾病。但最近的研究顯示，胰

島素對大腦也很重要 —— 胰島素異常和神經退化性疾病有關，
如阿茲海默症（Alzheimer's Disease）。

　　長久以來，科學家相信只有胰臟會製造胰島素，而中樞神經
系統完全沒有參與。到了1980年代中期，幾個研究團隊在大腦發
現了胰島素。顯然這個激素不僅可以通過血腦障壁，大腦本身也
能少量分泌。

　　接下來，科學家又發現胰島素對於學習和記憶很重要。例
如：受試者在注射或吸入胰島素之後，對於回憶故事情節和其他
記憶能力馬上增強了；而擅長空間記憶測試的大鼠比起慣於靜止
的大鼠，腦部也含有較多的胰島素。

　　這些觀察結果讓美國布朗大學的神經病理學家蒙特（Suzanne
de la Monte）和同事聯想到：大腦的胰島素是否和阿茲海默症有
關？因為阿茲海默症會造成嚴重的記憶喪失。他們比較了健康者
和阿茲海默症患者腦中胰島素的含量，發現和學習以及記憶有關
的神經區域中，健康者的胰島素平均含量高了四倍。

　　根據這個結果，蒙特認為：「阿茲海默症患者也可能有一般
糖尿病的問題」，她甚至把阿茲海默症當成是「第三型糖尿病」。
因為有血腦障壁的連通，大腦胰島素的含量，其實也反映了身體
其他部位的含量，故2002年一份關於糖尿病患者的研究報告更進
一步指出：＿＿＿＿＿＿，這些患者的記憶與學習問題也比較多。
（改寫自Melinda Wenner著，林雅玲譯，〈大腦也會得糖尿病〉）

14. 依據上文，自1980年代中期至神經病理學家**蒙特**這段期間，關於
　　胰島素的科學研究進程是：
　　甲、發現大腦會分泌胰島素
　　乙、發現糖尿病導因於胰島素分泌異常

丙、發現阿茲海默症患者的大腦胰島素含量低

丁、發現記憶力好壞與大腦胰島素分泌多寡有關

(A) 甲→乙→丁　　　　　　(B) 甲→丁→丙

(C) 乙→甲→丁　　　　　　(D) 乙→甲→丙

15. 在 1980 年代中期以降的科學研究基礎上，文末所述 2002 年關於糖尿病患者的研究報告，基於「大腦胰島素的含量，其實也反映了身體其他部位的含量」，獲得的結論（即文末＿＿＿＿＿＿內）最可能是：

(A) 糖尿病患者的症狀，可以透過胰島素注射獲得改善

(B) 糖尿病患者的症狀，無法透過胰島素注射獲得改善

(C) 糖尿病患者罹患阿茲海默症的機率，比一般人來得低

(D) 糖尿病患者罹患阿茲海默症的機率，比一般人來得高

二、多選題（佔 24 分）

說明：第 16 題至第 23 題，每題的五個選項各自獨立，其中至少有一個選項是正確的，選出正確選項標示在答案卡之「選擇題答案區」。每題皆不倒扣，五個選項全部答對者得 3 分，只錯一個選項可得 1.5 分，錯兩個或兩個以上選項不給分。

16. 中文「量詞」如「一輛車」、「一棵樹」的「輛」、「棵」，通常置於數詞之後、名詞之前，不單獨使用。但有些詞原本不是量詞，如「一杯水」、「一碗飯」中的「杯」、「碗」，原為名詞，卻借用為量詞。下列選項「」內的詞，何者屬於名詞借用為量詞？

(A) 一「葉」扁舟　　　　　(B) 一「艘」軍艦

(C) 一「頭」霧水　　　　　(D) 一「盞」熱茶

(E) 一「床」棉被

17. 閱讀下列章君雅、柯學面的對話，選出填入_____內正確的選項：

> 章君雅說：我弄璋囉，恭喜我吧！
>
> 柯學面說：弄璋？那麼古典！就說 (A) 不就好了！
>
> 章君雅說：喂！你是國文老師耶！好像還有更古典的，叫夢什麼？
>
> 柯學面說：叫 (B) 。現在很少用這個詞了。
>
> 章君雅說：我的朋友後天開演奏會，我叫花店在花籃上寫「彤管流芳」可好？
>
> 柯學面說： (C) ！
>
> 章君雅說：那 (D) 呢？
>
> 柯學面說：嗯，不錯啦，但何必賣弄呢？用「演出成功」就好啦！
>
> 章君雅說：唉！以前學一堆題辭，拿來用一下嘛！
>
> 柯學面說：那就用明白大方的吧！像結婚紅包寫「珠聯璧合」是很有水準啦，但寫 (E) 也不錯啊！

(A) 生兒子

(B) 夢熊

(C) 很好啊

(D) 「餘音繞梁」

(E) 「百年好合」

18. 下列文句畫底線處的成語，運用恰當的選項是：

(A) 一顆鑽石鑲在這樣精緻的名錶上面，果然如白圭之玷般耀眼

(B) 合歡山的皚皚積雪在陽光的照射下，閃耀著陽春白雪般的晶瑩

(C) 這位舉重選手一次就舉起兩百公斤的重量，不愧是能<u>白手起家</u>的大力士

(D) 人的一生短暫如同<u>白駒過隙</u>，因此，對於名利得失，實在不必斤斤計較

(E) 當年他財產上百億，如今卻負債累累，唉！世事真如<u>白雲蒼狗</u>，變化難測

19. 下列各組文句「」內的詞，前後意義相同的選項是：

(A) 歸來視幼女，零淚「緣」纓流／「緣」溪行，忘路之遠近

(B) 行到水窮處，「坐」看雲起時／到則披草而「坐」，傾壺而醉

(C) 名「豈」文章著？官應老病休／然則臺灣無史，「豈」非臺人之痛歟

(D) 下馬飲君酒，問君何所「之」／聖人「之」所以為聖，愚人之所以為愚

(E) 亮無晨風翼，「焉」能凌風飛／古之聖人，其出人也遠矣，猶且從師而問「焉」

20. 下列文句「」內的詞語，前後詞性相同的選項是：

(A) 《論語‧子罕》：吾誰「欺」？「欺」天乎

(B) 《論語‧季氏》：「樂」節禮「樂」，樂道人之善，樂多賢友

(C) 《孟子‧萬章》：天之生此民也，使先知覺後知，使先「覺」覺後「覺」也

(D) 《論語‧學而》：夫子至於是邦也，必聞其政。求之「與」？抑「與」之與

(E) 《孟子‧梁惠王》：是不為也，非不能也。故「王」之不「王」，非挾太山以超北海之類也

21. 閱讀下文，推斷該文作者認為電影《海角七號》容易引起觀眾共鳴的原因為何？

　　「你看《海角七號》了沒？」近來成了全國性的見面問候語。在電影中，導演魏德聖很贊同且體恤鄉下小民那些充滿漏洞、微有破碎的生活調調，像騎機車不戴安全頭盔，像與交警一言不合可以互練摔角，像郵件送不完竟堆置在家裡。而能妙手偶得這樣的情節，導演便需天然具備這種「容許」的氣質——茂伯（戲中的老郵差）執意擔任臺上一名樂手，他容許；水蛙（戲中的機車行員工）暗戀老闆娘，他容許；友子（女主角）在阿嘉（男主角）家裡住一晚，輕手輕腳下樓梯，阿嘉的媽媽瞧見了，笑了，導演讓這個媽媽也容許。若有一件創作，可以帶著大家去犯一些不傷大雅的小錯，那麼這創作的欣賞者或參與者必定很踴躍，並且參加之後猶很感激。（改寫自舒國治〈為什麼全臺灣瘋《海角七號》〉）

(A) 導演揭露鄉下小民遭受不平等待遇的辛酸

(B) 演員們以充滿漏洞、製造笑料的方式演出

(C) 全片由破碎而不連貫的劇情串接，新奇有趣

(D) 劇中鄉下小民偶有小錯的生活小節，得到包容與諒解

(E) 觀眾對隨興生活的憧憬，透過劇中人物的生活調調暫得滿足

22. 寫作時，將某一種感官的感覺描寫，代之以另一種感官的感覺描寫，這種感覺轉移的手法，往往可以強化表達效果。如洛夫〈西貢夜市〉：「嚼口香糖的漢子／把手風琴拉成／一條那麼長的無人巷子」，即以視覺上「狹長空蕩的巷子」，來描寫「手風琴」彈奏的聲音。下列文句畫底線處，也採用上述感覺移轉手法的選項是：

(A) 對著這細雨的黃昏／<u>靜靜的城角／兩排榕樹掩映下的小街道</u>

(B) 他把今年在對面山上／<u>裝進錄音機的蟬聲</u>／<u>拿出來</u>／<u>讓孩子們</u>／<u>烤火</u>

(C) <u>軟泥上的青荇</u>／<u>油油的在水底招搖</u>／在康河的柔波裡／我甘心做一條水草

(D) 走在春日喧囂的山林小徑上，耳畔清靜，蹲下來，<u>卻能看見熱鬧鼎沸的聲音</u>

(E) 在西峰入口，<u>那兒有一叢早開的野牡丹，正挺著四、五朵紫紅的花，精神奕奕地迎向北方</u>，異常豔麗

23. 下列關於古代士人在其文章中展現襟抱的敘述，正確的選項是：

(A) 范仲淹〈岳陽樓記〉以「遷客騷人」和「古仁人」對照，顯示自我「先天下之憂而憂，後天下之樂而樂」的胸懷

(B) 歐陽脩〈醉翁亭記〉以「人知從太守遊而樂，而不知太守之樂其樂也」，陳述個人不以貶謫為意，而能樂民之樂

(C) 蘇轍在〈上樞密韓太尉書〉中認為「文者，氣之所形」，故歷覽名山大川，求謁賢達，藉以充養其氣，宏博其文

(D) 蘇軾在〈赤壁賦〉中藉「蘇子」與「客」討論水與月的「變」與「不變」，申明其濟世之志絕不因憂患而改易的態度

(E) 顧炎武〈廉恥〉藉顏之推「不得已而仕於亂世」的自警自戒，與「閹然媚於世者」對比，寄託自我處身明清易代之際的選擇

第貳部分：非選擇題（共三大題，佔 54 分）

說明：請依各題指示作答，答案務必寫在「答案卷」上，並標明題號一、二、三。

一、語譯（佔9分）

請將框線內的文言文譯為語體文，並注意新式標點的正確使用。

> 　　宮中府中，俱為一體，陟罰臧否，不宜異同。若有作姦犯科，及為忠善者，宜付有司，論其刑賞，以昭陛下平明之理，不宜偏私，使內外異法也。（諸葛亮〈出師表〉）

二、意見闡述（佔18分）

請**綜合**框線內的兩個事例，提出你的看法。文長限250字－300字。

> （一）蘇麗文在北京奧運跆拳道銅牌爭奪賽中，強忍左膝受傷之痛，十一次倒下仍奮戰到底，令全場動容。回國後，數所大學爭取她擔任教職。
>
> （二）邱淑容參加法國18天超級馬拉松賽，途中腳底破皮受傷，仍堅持跑完全程。送醫後，因細菌感染引發敗血症，右腳截肢，左腳腳趾摘除。

三、引導寫作（佔27分）

　　人生有如一條長遠的旅途，其間有寬廣平坦的順境，也有崎嶇坎坷的逆境。你曾經遭遇到什麼樣的逆境？你如何面對逆境，克服逆境？**請以「逆境」為題**，寫一篇文章，可以記敘、論說或抒情，文長不限。

98年度學科能力測驗國文科試題詳解

第壹部分：選擇題（佔54分）

一、單選題（佔30分）

1. **C**

   【解析】 (A)「懾」：ㄓㄜˊ／「蹕」：ㄋㄧㄝˋ

   (B)「愴」：ㄔㄨㄤˋ／「蹌」：ㄑㄧㄤˋ

   (C)「腕」：ㄨㄢˋ／「惋」：ㄨㄢˋ

   (D)「揭」：ㄐㄧㄝ／「遏」：ㄜˋ

2. **A**

   【解析】 甲、面面相覷：相對視而不知所措，形容驚懼或詫異的樣子。

   乙、意猶未盡：興致、意趣尚未滿足。

   丙、鎩羽而歸：比喻失意或受挫折而回。

   丁、大快朵頤：指飽食愉快的樣子。

3. **A**

   【解析】 甲的判讀由「坐客無不悄然」之「悄然」推知 (A)「四野無聲，微聞犬吠」，乙則由「清光從樹間篩灑而下」推斷「地上陰影斑斕」

4. **C**

   【語譯】 盜賊也是人，同樣要戴帽穿靴，同樣要穿著衣服。他

們與常人有所不同的，是謙退遜讓的心與正直不貪的
操守，這種美好的本性不能長久保持不變罷了。

5. **A**

【解析】　關鍵字：「韓、歐，融聖人之意而出之，不必用經，自
然經術之文也。近見巨子動將經文填塞，以希經術，
去之遠矣。」

6. **B**

【解析】　關鍵句：「表現了什麼是表現了的內容，如何表現是表
現的形式，是一個問題的兩面，嚴密相關而形成藝術
品的整體的和諧。」

7. **D**

【解析】　甲、乙二詩均作於三月三十日，乃春季最後一天
(A) 並未描寫景物的變化
(B) 並未藉由自己和他人態度的差異
(C) 「猶是春」是因「未到晚鐘」(不到次日拂曉天明)

8. **C**

【解析】　(A) 表達桃花源居民對漁人所言之外界變遷的嘆惋
(B) 解貂相贈，暗示左光斗愛才、惜才之心
(D) 食物落地，下人撿了出去，點出賈府之豪奢

9. **D**

【解析】　先從頭兩句「善攻者，不盡兵以攻堅城」，由排比的角

度推斷「善攻者」的後一句當是丁「不盡兵以守敵衝」；再者，從反面申論乙「盡兵以攻堅城，則鈍兵費糧而緩於成功」，甲「盡兵以守敵衝，則兵不分，而彼間行襲我無備」；最後歸結丙「故攻敵所不守」銜接末句「守敵所不攻」。

10. **B**

【解析】 本詩〈西湖秋泛〉呈現西湖秋天的美，並非傷春悲秋，也未具感時憂世的情懷。

11. **C**

【解析】 (C) 句式長短，押韻和諧，近似詞曲

12. **D**

【解析】 (A) 三戒以虎、蝎虎、蟻為戒

(B) 羊是負痛墮地死

(C) 蝎虎墮地不能動，為雞食之

13. **B**

【解析】 (B) 敘述部份先總結後分述，說理部分則是先分論後總說

14. **B**

15. **D**

二、多選題（佔 24 分）

16. **ADE 或 ABDE**

【解析】(C) 一「頭」霧水之「頭」，非量詞

17. **ABDE**

【解析】(C) 彤管流芳用於哀輓女喪

18. **DE**

【解析】(A) 白圭之玷：白玉上面的瑕疵，比喻完美的人、事、
物上的一點小缺失

(B) 陽春白雪：較為深奧難懂的音樂，相對於通俗音樂
而言；或比喻精深高雅的文學藝術作品

(C) 白手起家：沒有任何依恃而獨立興起家業

(D) 白駒過隙：指馬從洞孔前一下子就跑過去，比喻時
間過得很快

(E) 白雲蒼狗：比喻世事變幻無常

19. **ABC**

【解析】(A) 緣，順也、循也　　(B) 坐下

(C) 難道　　　　　　　(D) 往也／助詞，無義

(E) 何也／之，稱代詞

20. **AC**

【解析】(A) 動詞，欺騙

(B) 前一「樂」字，動詞，愛好；後一「樂」字，
名詞，音樂

(C) 名詞，賢智者之稱

(D) 前一「與」字，疑問語氣詞；後一「與」字，
動詞，給予

(E) 前一「王」字，名詞，君王；後一「王」字，
動詞，稱王

21. **DE**

22. **BD**

　　【解析】　題幹乃以視覺來描寫聽覺，所以選 (B) (D)

23. **ABCE**

　　【解析】　(D) 申明現象有變，本質不變的道理

第貳部分：非選擇題（共三大題，佔 54 分）

一、語譯（佔 9 分）

　　內庭侍臣和相府官吏，都是一樣為陛下效力的，賞善罰惡，不應該有差異。如果有做壞事觸犯法令科條或忠心行善，應該交由有關官員評審應受什麼處罰或受什麼獎賞，以此來顯示陛下處事的公正賢明；不可有所偏袒，使得宮中府中法令不一。

二、意見闡述（佔 18 分）

　　我認為蘇麗文及邱淑容的精神可嘉，但行為並不完全可取。運動員固應有運動精神，正如拿破崙所言：「勝利屬於堅忍卓絕的人。」但我以為，這樣的堅持應建立在「可預見之成功上」，而非逞能。運動員

在受傷後，幾乎已可得知獲獎機會渺茫，則應量力而為。因為運動精神應建立在健康可負荷的限度內，而運動員則應是最瞭解個人身體狀況之人。蘇麗文在受傷後在自己能忍受之狀況下堅持到底，展現運動家精神而雖敗猶榮，歸國獲得滿堂喝采；邱淑容則是於受傷後盲目堅持，導致延誤就醫黃金時間，終而落得截肢且斷送運動生涯。因此，我認為不自量力的固執不值得鼓勵，在個人能力所及範圍內的堅持才是真正的運動家精神。

（陳興國文語表專任教師／吳臻）

三、引導寫作（佔27分）

逆境

有些人，遇見逆境臨陣退縮，因而終其一生失意落魄；有些人，遇見逆境故作不知，只求趕緊熬過；也有些人，遇見逆境坦然面對，化阻力為助力而成就豐功偉業。羅曼羅蘭曾說：「生命就像一股激流，沒有岩石和暗礁，哪能激起美麗的浪花？」我認為，人生所遇見的種種逆境，正是要砥礪我們不斷向前突破的助力！

張大千，是在弱視之後，才創作出驚異世人的潑墨山水；貝多芬，是在耳聾之後，才譜出震撼人心的命運交響曲；紀政，更是在腳傷，醫生告訴她必須禁跑、禁賽之時，才跑出了奧運銅牌，飛躍的羚羊之美名。唯有經歷風雨的摧殘，樹木才顯得出其韌性；這些人，就是將逆境轉化成超越自我的力量！正如海倫凱勒所言：「人格無法在平和中養成，唯有經歷試煉與磨折，雄心才得以激發，靈魂才得以強化，視野才得以明晰，而成功也才得以獲致。」而她也一步一步的走出黑暗，突破逆境，從一個既聾又啞的重度殘障人士，考上哈佛大學，成為偉大的教育家及學者，甚至被譽為十九世紀的奇蹟。我想，所謂奇蹟，並非是她的成就，而是他在掙脫逆境時所綻放出的耀眼光芒！

　　要如何才能化逆境為助力呢？我想最重要的，是要以樂觀的態度面對逆境。人生道路上所遭遇的重重險阻，不應是絆腳石，而應是督促鞭策我們上進的正向壓力。叔本華曾說：「有些壓力是必須的，就像船在航行時，必須有些東西去壓船，才能駛得更平穩。」司馬遷受腐刑，以極佳的抗壓性面對逆境，而在獄中著成《史記》；愛迪生試了三千多種燈絲都失敗，竟還認為「我只是發現了三千多種不能做燈絲的材料」，終於找出了最適合的鎢絲，發明世界第一盞電燈，為人類帶來光明。而我自己，在國小參加即席演講演說比賽時，因抽到的題目不擅長而敗北，無法取得台中市代表權；但這樣的逆境並未擊倒我，反而敦促我更苦練，廣泛接觸各式各樣的題型，終究在國中及高中時，取得台中市代表權，並獲得全國第四名的佳績。

　　現代的青少年因生活優渥而抗壓性低，被稱為草莓族；世界性的金融海嘯及經濟不景氣，台灣亦深陷其中。這是無遠弗屆的全球困境，但我相信孟子所言：「天將降大任於斯人也，必先苦其心志，勞其筋骨，餓其體膚，空乏其身。」唯有經歷過山窮水盡，才能懂得什麼是柳暗花明；且讓我們共同努力突破逆境，擺脫草莓族的封號，為台灣再創新一代的台灣奇蹟！

（陳興國文語表專任教師／吳臻）

九十八年度學科能力測驗（國文考科）

大考中心公佈答案

題　號	答　　案	題　號	答　　案
1	C	16	ADE 或 ABDE
2	A	17	ABDE
3	A	18	DE
4	C	19	ABC
5	A	20	AC
6	B	21	DE
7	D	22	BD
8	C	23	ABCE
9	D		
10	B		
11	C		
12	D		
13	B		
14	B		
15	D		

九十八學年度學科能力測驗總級分與各科成績標準一覽表

考　科	頂標	前標	均標	後標	底標
國　文	14	13	11	10	8
英　文	13	11	8	5	4
數　學	11	9	6	4	3
社　會	14	13	11	9	8
自　然	12	11	9	7	6
總級分	60	55	46	37	29

※ 五項標準之計算，均不含缺考生（總級分之計算不含五科都缺考的考生）
　之成績，計算方式如下：
　　頂標：成績位於第 88 百分位數之考生成績
　　前標：成績位於第 75 百分位數之考生成績
　　均標：成績位於第 50 百分位數之考生成績
　　後標：成績位於第 25 百分位數之考生成績
　　底標：成績位於第 12 百分位數之考生成績

九十八學年度學科能力測驗國文科各級分人數累計表

	級分	人　數	百分比（%）	累計人數	累計百分比（%）
	15	4,244	3.03	139,858	100.00
	14	12,640	9.04	135,614	96.97
	13	22,872	16.35	122,974	87.93
	12	26,429	18.90	100,102	71.57
	11	22,841	16.33	73,673	52.68
國	10	16,383	11.71	50,832	36.35
	9	10,569	7.56	34,449	24.63
	8	8,042	5.75	23,880	17.07
	7	5,723	4.09	15,838	11.32
	6	4,389	3.14	10,115	7.23
文	5	2,901	2.07	5,726	4.09
	4	1,685	1.20	2,825	2.02
	3	794	0.57	1,140	0.82
	2	300	0.21	346	0.25
	1	42	0.03	46	0.03
	0	4	0.00	4	0.00

九十八學年度學科能力測驗
總級分人數百分比累計表（違規處理前）

總級分	人數	百分比	累計人數	累計百分比
75	109	0.08	140,007	100.00
74	226	0.16	139,898	99.92
73	297	0.21	139,672	99.76
72	437	0.31	139,375	99.55
71	551	0.39	138,938	99.24
70	700	0.50	138,387	98.84
69	815	0.58	137,687	98.34
68	961	0.69	136,872	97.76
67	1,144	0.82	135,911	97.07
66	1,361	0.97	134,767	96.26
65	1,574	1.12	133,406	95.29
64	1,744	1.25	131,832	94.16
63	1,967	1.40	130,088	92.92
62	2,246	1.60	128,121	91.51
61	2,351	1.68	125,875	89.91
60	2,619	1.87	123,524	88.23
59	2,764	1.97	120,905	86.36
58	3,052	2.18	118,141	84.38
57	3,240	2.31	115,089	82.20
56	3,343	2.39	111,849	79.89
55	3,539	2.53	108,506	77.50
54	3,600	2.57	104,967	74.97
53	3,946	2.82	101,367	72.40
52	4,066	2.90	97,421	69.58
51	4,080	2.91	93,355	66.68
50	4,186	2.99	89,275	63.76
49	4,224	3.02	85,089	60.77
48	4,460	3.19	80,865	57.76
47	4,364	3.12	76,405	54.57
46	4,358	3.11	72,041	51.46
45	4,284	3.06	67,683	48.34
44	4,163	2.97	63,399	45.28
43	4,102	2.93	59,236	42.31
42	3,970	2.84	55,134	39.38
41	3,855	2.75	51,164	36.54
40	3,650	2.61	47,309	33.79

總級分	人數	百分比	累計人數	累計百分比
39	3,338	2.38	43,659	31.18
38	3,063	2.19	40,321	28.80
37	2,922	2.09	37,258	26.61
36	2,802	2.00	34,336	24.52
35	2,499	1.78	31,534	22.52
34	2,339	1.67	29,035	20.74
33	2,256	1.61	26,696	19.07
32	2,153	1.54	24,440	17.46
31	2,088	1.49	22,287	15.92
30	2,063	1.47	20,199	14.43
29	1,990	1.42	18,136	12.95
28	1,936	1.38	16,146	11.53
27	1,930	1.38	14,210	10.15
26	1,857	1.33	12,280	8.77
25	1,740	1.24	10,423	7.44
24	1,679	1.20	8,683	6.20
23	1,472	1.05	7,004	5.00
22	1,296	0.93	5,532	3.95
21	1,073	0.77	4,236	3.03
20	854	0.61	3,163	2.26
19	681	0.49	2,309	1.65
18	487	0.35	1,628	1.16
17	362	0.26	1,141	0.81
16	228	0.16	779	0.56
15	129	0.09	551	0.39
14	74	0.05	422	0.30
13	45	0.03	348	0.25
12	45	0.03	303	0.22
11	37	0.03	258	0.18
10	30	0.02	221	0.16
9	25	0.02	191	0.14
8	25	0.02	166	0.12
7	37	0.03	141	0.10
6	19	0.01	104	0.07
5	22	0.02	85	0.06
4	27	0.02	63	0.04
3	17	0.01	36	0.03
2	14	0.01	19	0.01
1	3	0.00	5	0.00
0	2	0.00	2	0.00

註：累計百分比＝從 0 到該級分的累計人數／（報名人數－五科均缺考人數）

九十八學年度學科能力測驗
原始分數與級分對照表

科目	國文	英文	數學	社會	自然
級距	5.94	6.25	5.97	8.56	7.91
級分	分　數　區　間				
15	83.17 - 108.00	87.51 - 100.00	83.59 - 100.00	119.85 - 144.00	110.75 - 128.00
14	77.23 - 83.16	81.26 - 87.50	77.62 - 83.58	111.29 - 119.84	102.84 - 110.74
13	71.29 - 77.22	75.01 - 81.25	71.65 - 77.61	102.73 - 111.28	94.93 - 102.83
12	65.35 - 71.28	68.76 - 75.00	65.68 - 71.64	94.17 - 102.72	87.02 - 94.92
11	59.41 - 65.34	62.51 - 68.75	59.71 - 65.67	85.61 - 94.16	79.11 - 87.01
10	53.47 - 59.40	56.26 - 62.50	53.74 - 59.70	77.05 - 85.60	71.20 - 79.10
9	47.53 - 53.46	50.01 - 56.25	47.77 - 53.73	68.49 - 77.04	63.29 - 71.19
8	41.59 - 47.52	43.76 - 50.00	41.80 - 47.76	59.93 - 68.48	55.38 - 63.28
7	35.65 - 41.58	37.51 - 43.75	35.83 - 41.79	51.37 - 59.92	47.47 - 55.37
6	29.71 - 35.64	31.26 - 37.50	29.86 - 35.82	42.81 - 51.36	39.56 - 47.46
5	23.77 - 29.70	25.01 - 31.25	23.89 - 29.85	34.25 - 42.80	31.65 - 39.55
4	17.83 - 23.76	18.76 - 25.00	17.92 - 23.88	25.69 - 34.24	23.74 - 31.64
3	11.89 - 17.82	12.51 - 18.75	11.95 - 17.91	17.13 - 25.68	15.83 - 23.73
2	5.95 - 11.88	6.26 - 12.50	5.98 - 11.94	8.57 - 17.12	7.92 - 15.82
1	0.01 - 5.94	0.01 - 6.25	0.01 - 5.97	0.01 - 8.56	0.01 - 7.91
0	0.00 - 0.00	0.00 - 0.00	0.00 - 0.00	0.00 - 0.00	0.00 - 0.00

級分計算方式如下：

1. 級距：以各科到考考生，計算其原始得分前百分之一考生（取整數，小數無條件進位）的平均原始得分，再除以15，並取至小數第二位，第三位四捨五入。

2. 本測驗之成績採級分制，原始得分0分為0級分，最高為15級分，缺考以0級分計。各級分與原始得分、級距之計算方式詳見簡章第10頁。

九十七年大學入學學科能力測驗試題
國文考科

第一部分：選擇題（佔54分）

壹、單選題（佔30分）

說明：第1題至第15題，每題選出一個最適當的選項，標示在答案卡之「選擇題答案區」。每題答對得2分，答錯不倒扣。

1. 下列各文句「」內的字，讀音相同的選項是：
   (A) 白髮「皤」皤的老者向西王母祈求「蟠」桃，以期延年益壽
   (B) 看到遍地餓「殍」，讓人不由心生寄「蜉」蝣於天地的感慨
   (C) 阿郎誤蹈法網，身陷囹「圄」，面對年邁的父母，只能慚惶不「語」
   (D) 小麗婚禮的「筵」席，山珍海味應有盡有，看了真令人垂「涎」三尺

2. 下列各文句□內應填入的字依序是：
   甲、讀書人除了追求豐富的知識之外，更重要的是涵養胸襟□識。
   乙、他的才華、道德、學問和能力都出類拔萃，不是一般人所能□及。
   丙、這兩位網球選手搭配雙打的時間已經很久，因此培養出絕佳的默□。
   (A) 氣／契／器
   (B) 契／企／器
   (C) 氣／器／契
   (D) 器／企／契

3. 詩人常借用動物的特徵為喻。下列甲詩中的「兒子」和乙詩中的「我」所喻指的動物，依序最可能是：

甲、兒子說╱「爸爸，新年快到了╱我要買新鞋子。」╱爸爸
　　說╱「你要我的老命是不是？」

乙、我來了，一個光耀的靈魂╱飛馳於這世界之上╱播散我孵育
　　的新奇的詩的卵子╱但世界是一盞高燃的油燈╱雖光明，卻
　　是無情╱啊啊，我竟在惡毒的燃燒中死去……

(A) 蜘蛛／飛蛾　　　　　　　(B) 蜈蚣／飛蛾

(C) 蜘蛛／蝙蝠　　　　　　　(D) 蜈蚣／蝙蝠

4. 閱讀下文，□內依序最適合填入的選項是：

　　鳳凰樹別有情懷，抖盡一身花葉，換來一掛掛的長刀，帶刀
的枝枒□□□地挺立著，□□指向灰陰的天空，似乎完全不記省
軀體上曾經附著過一排排的□□，應說是倔強罷，就算北風狂起
，它也不肯低頭。（阿盛〈嘉南平原四題・鳳凰樹〉）

(A) 興沖沖／欣然／火柴　　　(B) 空盪盪／傲然／火種

(C) 靜悄悄／竟然／火星　　　(D) 懶洋洋／凜然／火炬

5. 下列是一段現代小說，請依文意選出排列順序最恰當的選項：

平安戲院前面的場地空蕩蕩的，不是散場時間，也沒有三輪車
聚集。

甲、一回頭卻見對街冉冉來了一輛，

乙、老遠的就看見把手上拴著一隻紙紮紅綠白三色小風車，

丙、她正躊躇間，腳步慢了下來，

丁、車夫是個高個子年輕人，在這當口簡直是個白馬騎士，

見她揮手叫，踏快了大轉彎過街，一加速，那小風車便團團飛

轉起來。（張愛玲〈色‧戒〉）

(A) 甲丙丁乙　　　　　　　　(B) 乙甲丙丁

(C) 乙丙丁甲　　　　　　　　(D) 丙甲乙丁

6. 閱讀下文，推斷作者認為進行歷史研究時，對「研究結果」最具
　 關鍵影響力的選項是：

　　　　我的研究方法，總是在一個固定的時點上切一橫斷面，在下
　　一個時點上再切一個橫斷面，然後比較這兩個橫斷面相異之處，
　　再在其中尋求變動的主因及變化的現象。因此我這工作最重要的
　　是選時點，而選時點則往往取決於個人的主觀意識，甚至帶有冒
　　險性的意味，有時也可能因為原選的橫切面不恰當而導致觀察錯
　　誤。因此，歷史研究的主觀性使歷史學無法成為精密的科學。
　　（許倬雲《中國古代文化的特質》）

(A) 歷史事件發生的時間　　　(B) 研究者的選擇與判斷

(C) 一套精密的科學方法　　　(D) 冒險蒐集材料的勇氣

7. 閱讀下文，選出與本文作者見解最相符的選項：

　　　　人的意識像一座冰山，表面看得到的部分只有一點點，下面
　　是龐大的潛意識，安靜地累積並成長。當我們從事創意工程時，
　　像是從冰山的頂端鑽洞下去探測並採取那下面的一切，重要的是
　　下面的組成成分是什麼，以及自己鑽洞探索的技術如何。（賴聲
　　川《賴聲川的創意學》）

(A) 年齡越長，越適合從事創意工程

(B) 創作應破除冰冷虛偽，展現熱情

(C) 擴充內在的儲存，有助於啟發創意

(D) 潛心鑽研知識，是藝術創作的起點

8. 沈德潛《說詩晬語》：「性情面目，人人各具。讀□□詩，如見其脫屣千乘；讀□□詩，如見其憂國傷時。」□□中的二位詩人，與下列選項所論詩人相同的是：

(A) 子美不能爲太白之飄逸，太白不能爲子美之沉鬱

(B) 讀柳子厚詩，知其人無與偶；讀韓昌黎詩，知其世不能容

(C) 王右丞如秋水芙蓉，倚風自笑；孟浩然如洞庭始波，木葉微落

(D) 子瞻以議論作詩，魯直（黃庭堅）又專以補綴奇字，學者未得其所長，而先得其所短

9. 閱讀下列改編自《莊子・讓王》的漫畫，選出最適合形容原憲品德修養的選項：

(A) 能見其過而內自訟者

(B) 敏而好學，不恥下問

(C) 衣敝縕袍，與衣狐貉者立而不恥者

(D) 惡衣服，而致美乎黻冕；卑宮室，而盡力乎溝洫

10. 閱讀下文，選出敘述正確的選項：

　　閩越人高荔子而下龍眼，吾爲評之。荔子如食螬蛑大蟹，斫

雪流膏，一啖可飽。龍眼如食彭越石蟹，嚼嚙久之，了無所得。然酒闌口爽，饜飽之餘，則咂啄之味，石蟹有時勝蝤蛑也。戲書此紙，爲飲流一笑。（蘇軾〈荔枝龍眼説〉）

(A) 荔枝宜單獨食用，龍眼則宜配酒而食

> 蝤蛑：ㄐㄧㄡ ㄇㄡˊ，蟳。
> 彭越：蟛蜞，小蟹。
> 咂：吮吸。

(B) 荔枝勝在飽滿多汁，龍眼的滋味則在咂啄之間

(C) 荔枝、龍眼風味有異，是由於種植地勢高低不同

(D) 荔枝、龍眼如搭配蝤蛑、石蟹一起吃，風味最佳

11. 寫作常使用「借事說理」的技巧，以提高道理的可信度。下列文中所述「市集人潮聚散」的事例，最適合用來證明哪一選項的道理？

　　君獨不見夫趣市朝者乎？明旦，側肩爭門而入；日暮之後，過市朝者掉臂而不顧。非好朝而惡暮，所期物忘其中。（《史記·孟嘗君列傳》）

(A) 富貴多士，貧賤寡友，事之固然也

(B) 彼衆昏之日，固未嘗無獨醒之人也

(C) 君子寡欲，則不役於物，可以直道而行

(D) 諺曰：「千金之子，不死於市」，此非空言也

12-13為題組

閱讀下列短文，回答12-13題。

　　臘月既望，館人奔告玉山見矣！時旁午，風靜無塵，四宇清澈。日與山射，晶瑩耀目，如雪、如冰、如飛瀑、如鋪練、如截肪。顧昔之命名者，弗取玉韞於石，生而素質，美在其中而光輝

發越於外？臺北少石，獨萃茲山，山海之精，醞釀而象玉，不欲使人狎而玩之，宜於韜光而自匿也。山莊嚴瑰偉，三峰並列，大可盡護邑後諸山，而高出乎其半。中峰尤聳，旁二峰若翼乎其左右。二峰之凹，微間以青，注目瞪視，依然純白。俄而片雲飛墜中峰之頂，下垂及腰，橫斜入右，峰之三，頓失其二。游絲徐引諸左，自下而上，直與天接。雲薄於紙，三峰勾股摩盪，隱隱如紗籠香篆中。微風忽起，影散雲流，蕩歸烏有，皎潔光鮮，軒豁呈露。蓋瞬息間而變幻不一，開閉者再焉。過午，乃盡封之以去。（陳夢林〈望玉山記〉）

12. 下列敘述，與本文作者對玉山的認識與觀感最相符的選項是：

> 香篆：焚香時，煙縷曲折繚繞，有如篆文。

   (A) 玉山終日霧鎖，每日只能在下午才有機會望見

   (B) 玉山匯聚天地精華，蘊藏豐富玉石，值得開採

   (C) 玉山終年冰雪，猶如美人冰肌玉骨，嫵媚動人

   (D) 玉山美而難見，猶如君子沉潛修養，光華內斂

13. 上文自「俄而……」以後，藉由雲的變化，呈現玉山的動態之美。下列關於「雲」的狀態摹寫，最正確的次序是：

   (A) 雲自天降 → 濃雲伸展 → 游雲上移 → 薄雲朦朧 → 風吹雲散

   (B) 雲自天降 → 游雲上移 → 薄雲朦朧 → 濃雲伸展 → 風吹雲散

   (C) 濃雲伸展 → 薄雲朦朧 → 游雲上移 → 雲自天降 → 風吹雲散

   (D) 濃雲伸展 → 薄雲朦朧 → 雲自天降 → 游雲上移 → 風吹雲散

14-15為題組

閱讀下列南宋朱熹《朱子語類》兩則短文，回答14-15題。

甲、近日學者病在好高，讀《論語》，未問「學而時習」，便說
　　「一貫」；《孟子》，未言「梁王問利」，便說「盡心」。

乙、或問：「孟子說『仁』字，義甚分明，孔子都不曾分曉說，
　　是如何？」曰：「孔子未嘗不說，只是公自不會看耳。譬如
　　今沙糖，孟子但說糖味甜耳。孔子雖不如此說，卻只將那糖
　　與人吃。人若肯吃，則其味之甜，自不待說而知也。」

14. 下列閱讀《論語》、《孟子》的方法，與上引朱熹言論最相符的
　　選項是：
　　(A) 欲去好高之病，宜先求「一貫」，再求「盡心」
　　(B) 無論讀《論語》或《孟子》，皆應循序漸進，踏實研讀
　　(C) 《論語》說理平易，適合略讀；《孟子》說理詳盡，適合精
　　　　讀
　　(D) 《孟子》較《論語》義理分明，宜先讀《孟子》，再讀《論
　　　　語》

15. 上文朱熹以「吃糖」為喻，目的是希望讀書人明白：
　　(A) 在教學方法上，孔子的身教優於孟子的言教
　　(B) 孔子說理直截了當，語重心長；孟子辯才無礙，得理不饒人
　　(C) 孔子雖少講理論，實教人透過生活實踐以體悟道理
　　(D) 「仁」因孟子的解釋分曉，才得以確立為儒家學說的核心

貳、多選題（佔 24 分）

說明：第 16 題至第 23 題，每題的五個選項各自獨立，其中至少有一
　　　個選項是正確的，選出正確選項標示在答案卡之「選擇題答案
　　　區」。每題皆不倒扣，五個選項全部答對者得 3 分，只錯一個
　　　選項可得 1.5 分，錯兩個或兩個以上選項不給分。

16. 現代漢語有一種名詞詞組，是名詞加上名詞組合而成，後面的名
　　詞為量詞，對前面的名詞具有補充說明的作用，例如：車輛。下
　　列選項中，二者均屬於上述組成方式的是：
　　(A) 米粒，麵條　　　　　　　(B) 雪花，汗珠
　　(C) 書本，紙張　　　　　　　(D) 人口，心扉
　　(E) 馬匹，槍枝

17. 教完柳宗元〈始得西山宴遊記〉、范仲淹〈岳陽樓記〉、歐陽脩
　　〈醉翁亭記〉、蘇洵〈六國〉、蘇軾〈赤壁賦〉等課之後，老師
　　要求同學掌握課文中詞語的原意練習造句。下列符合要求的選項
　　是：
　　(A) 芒果冰滋味甜美、清涼解渴，在炎熱的夏天吃一碗，真是令
　　　　人「心凝形釋」，暑氣全消
　　(B) 她的音質好，又肯努力練習，因此加入合唱團沒多久就「水
　　　　落石出」，受到大家的讚賞
　　(C) 中秋夜晚皎潔的月光映照在屏東大鵬灣的海面上，一片「浮
　　　　光躍金」的景象，真是美不勝收
　　(D) 老師把自己的薪水捐出來，幫助那些沒有錢繳午餐費的學童
　　　　，真是具有「抱薪救火」的情操
　　(E) 參加推薦甄試面談或口試的時候，與其「正襟危坐」，緊張
　　　　嚴肅，不如放鬆心情，從容自然

18. 在「寒冷將靈魂凍結／我卻還不肯熄滅」這句歌詞中，作詞者運用「化虛為實」的技巧，將抽象的「靈魂」化為具象的水，可以被「凍結」，看似無理卻饒富妙趣。下列歌詞「」內的兩個詞語間，使用相同手法的選項是：

(A) 就算整個世界被「寂寞」「綁票」／我也不會奔跑

(B) 時光隧道裡／我「擺渡」著「憂愁」／孤獨疲憊的我／又將再流浪

(C) 「釉色」「渲染」仕女圖／韻味被私藏／而妳嫣然的一笑如含苞待放

(D) 當所有的花都遺忘了你睡著的臉／「群星」在我等速飛行時驚呼「墜落」

(E) 有一個地方叫做故鄉／它留些「記憶」叫我「遺忘」／卻總在淚濕枕巾的午夜哦盪漾

19. 閱讀下列二段文字，依據文中訊息選出對二位作家敘述正確的選項：

甲、楊牧，早年筆名葉珊，新詩、散文都以抒情典麗著稱。三十二歲改筆名為楊牧，在鄉土、社會的觀察中，注入濃厚的人文關懷，使作品在原有特質之外，兼具冷靜含蓄、厚實深沉的內蘊。

乙、鄭愁予，早期詩作語言純淨，意象華麗，性情奔放，內容時見流浪情懷。後期作品溫婉依舊，但歲月的感觸增多，人生的體悟益深，舉凡書齋的小見聞、無常的生命觀等，都能隨意揮灑，入於化境。

(A) 楊牧擅長冷峻批判現實　　　(B) 鄭愁予擅長刻畫風俗民情

(C) 兩人早期作品多抒寫個人情懷

(D) 兩人後期作品都追求語言的華麗

(E) 兩人因社會關懷或人生歷練，後期作品更趨成熟

20. 下列各組文句「」內的字,意義相同的選項是:
   (A) 聽寒「更」,聞雁遠,半夜蕭娘深院/莫辭「更」坐彈一曲
      ,為君翻作琵琶行
   (B) 「俟」案子查明,本府回明了撫台,仍舊還你/君子居易以
      「俟」命,小人行險以徼幸
   (C) 臣「聞」求木之長者,必固其根本/文靜素奇其人,一旦
      「聞」有客善相,遽致使延之
   (D) 無何天寶大徵兵,戶有三「丁」點一丁/明兒有了事,我也
      「丁」是丁,卯是卯的,你也別抱怨
   (E) 僕自到九江,已涉三載,形骸且健,方寸「甚」安/夫子房
      受書於圯上之老人也,其事「甚」怪

21. 地理上具有分界意義的山岳、河海、城關,有時也是內心感覺的
   分野。人們常想像:分界的此邊,是熟悉而心安的家園;分界的
   彼邊,則是令人陌生而憂懼的荒遠地域。下列選項「」中的詞語
   ,在詩中亦具有此種感覺分野意義的是:
   (A) 黃河遠上白雲間,一片孤城萬仞山。羌笛何須怨楊柳,春風
      不度「玉門關」
   (B) 渭城朝雨浥輕塵,客舍青青柳色新。勸君更盡一杯酒,西出
      「陽關」無故人
   (C) 卑南覓近「秀孤巒」,欲訪桃源在此看。菊有黃華能結實,
      山多青子可加餐
   (D) 「重洋」遠渡度重陽,載酒尋花花正黃。文苑連朝開霽色,
      春臺九月著羅裳
   (E) 東南一脈枕「高山」,屴崱雲端不可攀。山外海天知何處,
      舟楫從無此往還

      > 屴崱,ㄌㄧˋㄗㄜˋ,高大險峻貌。

22. 楊中偉（地址：台中市東區新秀街11號）要寫信給他任職公司的
　　副理陶青盈（地址：台北市南港區星光路22號），右圖橫式信封
　　的書寫方式，符合今日規
　　範的選項是：

(A) 寄件人地址的位置----------

(B) 收件人地址的位置-------

(C) 收件人的姓名與稱呼----

(D) 啟封詞----------------

(E) 寄件人姓名的位置--------

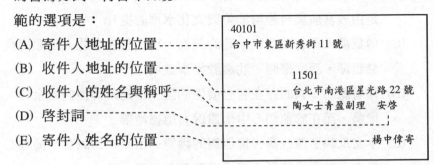

23. 閱讀下列短文，選出敘述正確的選項：

　　　土地一向是農人最根本的信靠，祖先留給他們的，他們據以
耕植和養育子女，因此，一塊土地的好壞端看它的酸鹼程度與會
否浸水而定。但由於時勢的發展，有些人已變得只關心它是不是
能蓋房子，並且把他人和整個社會看成賺取的對象。當金錢成為
最高目的時，耕作當然成了笑柄，誠實和辛勤不再是美德，生活
當中的一些原應重視的價值棄置一旁，而貪婪的心則無限伸張。
這些人表現於外的是全然的粗鄙：新建的樓房內外貼滿磁磚、壁
上掛的全是民意代表贈送的匾額，濫飲聚賭，耽溺於坐享其成。
傳統農村中溫厚的長者遠了，他們則儼然成了村子裡的新興士紳
和道德裁判者。

　　　這些事實在是很使人洩氣的。但我也知道，我該深記且應頻
頻回顧的，乃是更多的那些默默為自己和下一代努力不懈的人。
人的存在若有任何價值的話，並不是因為他們活著，吃喝睡覺，
而後死去，而在於他們的心中永遠保有著一個道德地帶。（陳列
〈地上歲月〉）

(A) 以往農人在乎的是土地是否適合耕種，現在所有人則只關心土地酸鹼程度與會否浸水

(B) 新建的樓房內外貼滿磁磚，壁上掛滿民意代表贈送的匾額，是由於當前農村經濟繁榮與文化水準的提升

(C) 傳統農人保有誠實和辛勤的美德，現代農村有些人則顯得貪婪粗鄙，濫飲聚賭，耽溺於坐享其成

(D) 作者認為，人的存在若有價值的話，不是因為他們的金錢、權勢，而在於他們心中永遠保有道德地帶

(E) 本文反映了傳統農村價值觀的轉變，由原來的誠實辛勤專心耕作，轉變為維護正義，以期躋身新興士紳

第二部分：非選擇題（共三大題，佔 54 分）

說明：請依各題指示作答，答案務必寫在「答案卷」上，並標明題號一、二、三。

一、文章解讀（佔 9 分）

　　閱讀框線內的文章，**請簡要歸納作者對文化與藝術的觀點，並從日常生活中舉例，印證作者的觀點**。文長限150～200字。

> 　　每個人生命中都有豐富的文化因素與美感經驗，有來自先天的主體脈絡，也有包容、吸納外來經驗的空間與環境。文化、藝術並非特定菁英份子的專利與責任，每個人的文化意涵不因富貴貧賤而有高低多寡之別，體認藝術的社會本質與文化的基礎，也與學歷、族群、性別沒有太大關係，更不需要高深的理論。（邱坤良〈非關文化：移動的觀點〉）

二、應用寫作（佔 18 分）

　　閱讀下文，試以楚國、齊國或第三國記者的身分，**擇一立場**報導此事件，**不必擬新聞標題**。文長限250~300字。

　　晏子使楚，以晏子短，楚人為小門于大門之側而延晏子。晏子不入，曰：「使狗國者，從狗門入；今臣使楚，不當從此門入。」儐者更道，從大門入，見楚王。王曰：「齊無人耶，使子為使？」晏子對曰：「齊之臨淄三百閭，張袂成陰，揮汗成雨，比肩繼踵而在，何為無人？」王曰：「然則何為使子？」晏子對曰：「齊命使，各有所主，其賢者使使賢主，不肖者使使不肖主。嬰最不肖，故宜使楚矣。」

三、引導寫作（佔 27 分）

　　雖然時光一去不返，但人們偶爾還是會想像回到過去。

　　有人想像回到從前去修改原先的決定；有人想像回到事故現場阻止意外事件的發生；有人想像回到古埃及時期，影響當時各國間的局勢；有人想像回到戰國時代，扭轉當時的歷史……

　　請以「**如果當時……**」為題（刪節號處不必再加文字），寫一篇文章，**從自己的生命歷程或人類的歷史發展中，選擇一個**你最想加以改變的**過去時空情境**，並想像那一個時空情境**因為你的重返或加入所產生的改變**。文長不限。

97年度學科能力測驗國文科試題詳解

第一部分：選擇題（佔54分）

壹、單選擇題（佔30分）

1. **C**

　　【解析】(A)「旛」：ㄆㄛˊ／「蟠」：ㄆㄢˊ

　　　　　　(B)「殍」：ㄆㄧㄠˇ／「烰」：ㄈㄨˊ

　　　　　　(C)「圄」：ㄩˇ／「語」：ㄩˇ

　　　　　　(D)「筵」：ㄧㄢˊ／「涎」：ㄒㄧㄢˊ

2. **D**

　　【解析】甲、「器」識　　乙、「企」及　　丙、默「契」

3. **B**

　　【解析】甲、從「兒子說……我要買新鞋子。爸爸說你要我的老命」判斷蜘蛛、蜈蚣的腳孰多，所以選蜈蚣。

　　　　　　乙、從「我……飛馳於這世界……世界是一盞高燃的油燈……我竟在惡毒的燃燒中死去」推敲，所以選撲火的飛蛾。

4. **B**

　　【解析】由「抖盡一身花葉」選擇「空盪盪」地挺立；再由「倔強……不肯低頭」選擇「傲然」指向灰陰的天空；而一排排的「火種」配合鳳凰樹的特徵也就順理成章了。

5. **D**

【解析】 由末句「見她揮手叫，踏快了大轉彎過街……」推敲前
一句必然是丁、「車夫是個高個子年輕人……」，所以選
項只剩(B)(D)可選；再由甲、「一回頭卻見……」判斷其
主語為「她」，所以丙、「她正躊躇間……」當在甲前，
因此正確答案就只剩(D)了。

6. **B**

【解析】 關鍵句在「我這工作最重要的是選時點」，所以選(B)研
究者的選擇與判斷。

7. **C**

【解析】 題目是《賴聲川的創意學》，而且引文中說到「當我們
從事創意工程時，像是從冰山的頂端鑽洞下去……重要
的是下面的組成成分是什麼」，所以(C)「擴充內在的儲
存，有助於啓發創意」與此見解相符。

8. **A**

【解析】 「脫屣千乘」的灑脫率真符合李白的飄逸；「憂國傷時」
的悲天憫人則為杜甫（子美）沈鬱的寫照。

9. **C**

【解析】 原憲認為「無財謂之貧，學而不能行謂之病」，面對富
有的子貢，困窮的他絲毫不以為意，所以和「衣敝縕袍，
與衣狐貉者立而不恥者」相符合。（該句乃孔子稱許子
路不以貧富動其心）

10. **B**

【解析】　蘇軾此文乃戲說荔枝龍眼之異，關鍵字句在「荔子如
食蝤蛑大蟹，斫雪流膏……龍眼如食彭越（小蟹）石
蟹……了無所得。然……呀啄之味，石蟹有時勝蝤
蛑」，所以 (B)「荔枝勝在飽滿多汁，龍眼的滋味則
在呀啄之間」。

11. **A**

【解析】　該引文的前因後果乃孟嘗君遭罷黜，後因馮諼獻策 —
挾外援以自重，再登相位。這時的孟嘗君對先前失意
時離他而去的門客頗不諒解，馮諼於是拿「市集人潮
聚散」的事例告訴他此乃事理之必然，所以選 (A)「富
貴多士，貧賤寡友，事之固然也。」

12. **D**

13. **A**

【解析】　該文大意是說：「陰曆 12 月 16 日，公館的人跑來告
訴我：『可以看見玉山了！』當時將近中午，風靜悄
悄空氣中沒有塵埃，四面八方清清澈澈，日光在山上
反射，一片晶瑩耀目的白，如雪、如冰、如急奔的瀑
布、如白色的絲綢、如割開的潔白脂肪……山形莊嚴
瑰偉，三個山峰並行排列在一起，大到足以保護後
面一帶的山脈，只是高出了所有山的一半。中間的山
峰特別高，旁邊的兩峰好像護衛在它的兩側，兩峰塌
陷處稍微有一些青色，注目瞪視後，仍然純白。……

過了中午又被雲霧封之。」本段描繪玉山的外貌，晶
瑩剔透，冰清玉潔，進而轉寫君子之德，時而朦朧，時
而清晰的玉山，就如君子不可近玩。也寫出了君子進退
以德，如同玉山在山嵐間的變化。

14. **B**

15. **C**

【解析】甲乃言學者之病在於好高騖遠，讀論語不從頭「學而時
習之……」就妄言一貫之道；讀孟子不從首篇梁惠王開
始，就說到末篇盡心，所以應知所先後，循序漸進。
乙以吃糖為喻，孔子「只將那糖與人吃，人若肯吃，則
其味之甜，自不待說而知」，意謂親身體悟，不言之教。

貳、多選題

16. **ACE**

【解析】(B) 雪「花」、汗「珠」、(D) 心「扉」，後面的名詞非量詞，
故不選。

17. **CE**

【解析】(A)「心凝形釋」：心神凝聚，渾然忘我之意。
(B)「水落石出」：本多季之景象，今用為真相大白
之意。
(D)「抱薪救火」：欲益反損，於事無濟之意。

18. AB

　【解析】(C) 釉色非抽象

　　　　　(D) 群星非抽象

　　　　　(E) 「記憶」叫我「遺忘」並沒有「化虛為實」

19. CE

　【解析】(A) 楊牧早期抒情典麗，後期則兼具冷靜含蓄、厚實

　　　　　　　深沈的內涵

　　　　　(B) 並無此說

　　　　　(D) 鄭愁予後期的作品隨意揮灑，入於化境

20. BCE

　【解析】(A) 一夜的五分之一曰更《ㄥ／更《ㄥ、：再、復，

　　　　　　　表性態

　　　　　(B) 俟：待，等候

　　　　　(C) 聞：耳可聽知之事

　　　　　(D) 成年人為丁／天干名，居十天干中第四位

　　　　　(E) 甚：極、很、非常，表性態

21. ABE

　【解析】(A) 玉門關乃關內塞外之分野

　　　　　(B) 陽關因在玉門關之陽而得名，亦為西部邊境之門戶

　　　　　(E) 高山一詞，從「山外海天知何處，舟楫從無此往

　　　　　　　還」看出分界之意

22. **AB**

【解析】 (C) 稱呼部分「女士」、「副理」擇一即可

(D) 對上司、長官宜用「鈞啓」，「安啓」則用於父母

(E) 寄件人姓名的位置在寄件人地址的位置下

23. **CD**

【解析】 (A) 現在有些人已變得只關心它是不是能蓋房子

(B) 表現於外的是全然的粗鄙：新建的樓房內外貼滿
磁磚……

(E) 誠實和辛勤不再是美德，……貪婪的心則無限
伸張

第二部分：非選擇題

〈說明〉

以下國文科非選擇題之評分原則，引用大考中心閱卷召集人：廖
美玉教授之說明，供同學參考。

三大題非選擇題的題型分別是：第一題文章解讀、第二題應用寫
作、第三題引導寫作。第一題節錄邱坤良先生〈非關文化：移動的觀
點〉中的一段文字，答題的重點有二：一是歸納作者對文化與藝術的
觀點，一是從日常生活中舉例加以印證。由於文長限 150～200 字，
考生能適切歸納原作者觀點，且舉例恰當，文筆流暢，層次分明，首
尾完整，即可得「A 等」；雖能歸納作者觀點，然舉例空泛，或缺乏
例證，且內容不夠充實，文字亦平淡者，可得「B 等」；若流於空泛
議論而乏例證，或觀念模糊，不合題幹要求，文字生澀欠通者，則落

入「C 等」。考生在這一題的舉例，有著重在鄉土的情感，有對異國文化的品賞，有路邊搭棚的野臺戲，有國家劇院的經典名作，有臺客文化，有嘻哈文化，呈現豐富的面向，展現出考生對生活周遭的感受能力。

第二題引「晏子使楚」的古文，要考生就楚國、齊國或第三國記者身分擇一立場加以報導。考生所選擇的立場，齊國、楚國或第三國立場都有，各有發揮。至於報導形式，有傳統的平面媒體，也有模擬電視新聞的現場連線。在評分原則上，首先要能符合題幹要求，立場清楚，報導內容詳實，符合原文文意，且文筆流暢，具臨場感者，自然能得「A 等」；但若立場不夠明確，報導內容不夠完整，對情境掌握略欠真切，或報導尚稱平實，但部分誤解原文者，則得到「B 等」；若不符題幹要求，內容空洞，或引申過度，或對文本理解有誤，且文筆生澀者，則落入「C 等」。

第三題的引導寫作，以「如果當時……」為題，要考生想像回到過去，不論是自己的生命歷程或人類的歷史發展，選擇一個最想加以改變的過去時空情境，想像因為重返或加入那一個時空情境而產生的改變。凡能夠符合題幹要求，敘寫具體的時空情境，情感真切，文字優美，結構完整者，即可得「A 等」；尚能符合題幹要求，結構大致完整，文筆尚稱通順，內容平實者，可得「B 等」；若未盡符合題幹要求，內容空洞，結構散亂，文字亦欠通順者，則落入「C 等」。考生的選擇可謂多元，就人類歷史發展而言，有希望藉由重返來扭轉時局者，如勸阻列寧返國、阻止拿破崙攻打俄國、協助李陵回到漢廷、感化秦始皇多體恤人民等；有希望透過重返來改變命運者，如阻止屈

原自殺、勸阻荊軻刺秦王、阻止項羽自刎等；也有對英才早逝的惋惜，如莫札特、賈誼等，希望能做一個貼身、貼心的朋友，扮演心靈治療師的角色。大抵能把現在所學、所知運用在古代，以避免悲劇、慘劇的發生。就自己的生命歷程而言，包含親情、友情與愛情，對於曾經發生的某一些缺憾，諸如對家人的冷漠、對朋友的誤會、對某一類型同儕的誤解等，透過重返而展現包容、體諒、關心與努力，因而化解了彼此的心結，留下更美好的回憶。也有考生選擇回到自己的過去，讓自己的悔不當初有重新來過的機會。

九十七年度學科能力測驗（國文考科）
大考中心公佈答案

題　號	答　　案
1	C
2	D
3	B
4	B
5	D
6	B
7	C
8	A
9	C
10	B
11	A
12	D
13	A
14	B
15	C

題　號	答　　案
16	ACE
17	CE
18	AB
19	CE
20	BCE
21	ABE
22	AB
23	CD

九十六年大學入學學科能力測驗試題
國文考科

第一部分：選擇題（佔54分）

壹、單選題（佔30分）

說明：第1題至第15題，每題選出一個最適當的選項，標示在答案卡之「選擇題答案區」。每題答對得2分，答錯不倒扣。

1. 下列文句「」內文字的字音，依序與哪一選項文字的字音完全相同？

   星期日中午，健民到餐廳點了清炒「莧」菜、糖醋「鯛」魚片這兩樣他最喜歡的菜。健民正吃得開心，沒想到一不留神，魚肉掉在褲子上，留下一片污「漬」。儘管如此，他還是覺得美味的佳餚令人「吮」指回味。

   (A) 件／稠／皆／楯　　　　　(B) 件／凋／嘖／允
   (C) 現／稠／嘖／允　　　　　(D) 現／凋／皆／楯

2. 下列文句中，有關「齒」、「恥」二字的使用，正確的選項是：

   (A) 謙虛的人能不齒下問，驕傲的人總自以為是
   (B) 高舉公理正義的大旗做傷天害理的事，最令人不恥
   (B) 他公然說謊卻絲毫不覺歉疚，難怪會被批評為無齒
   (D) 有些人只寫過幾篇小文章就自號才子，真是讓人齒冷

3. 下列文句「」內成語的運用，正確的選項是：

   (A) 李大華的爸爸和媽媽身材都很高大，稱得上是「椿萱並茂」
   (B) 他把子女教養得很好，對子女而言，真可說是「無忝所生」了

(C) 小李經常花大錢買漂亮的衣服送給父母，不愧是「彩衣娛親」的孝子

(D) 陳先生提早退休，全心照顧年邁的母親，「烏鳥私情」的孝行，令人感動

4. 閱讀下列詩句，選出最符合作者人生態度的選項：
賦命有厚薄，委心任窮通。通當爲大鵬，舉翅摩蒼穹。窮則爲鷦鷯，一枝足自容。苟知此道者，身窮心不窮。（白居易〈我身〉）

(A) 人生多艱，宜苦中作樂，自求安慰

(B) 人生在世，難免遭遇挫折，當積極解決困境

(C) 人生際遇不同，宜順應自然，使心不困滯於外境

(D) 生命苦短，享樂宜先，不求爲大鵬，唯願成鷦鷯

5. 下列是小說中的一段文字，請依文意選出排列順序最恰當的選項：
餐廳建築在濱海的山崖上，從落地玻璃窗望出去，
(甲)海獸呼吸了一陣，　　(乙)便是粼光閃爍的海洋，
(丙)光滑的背脊沾滿綠油油的燐光，背上一排呼吸孔開闔著噴出灰霧，　　(丁)餐廳裡並沒有多少人留意海獸出沒，
(戊)又緩緩沉入海底，　　(己)這時正有一頭巨大的海獸緩緩從海中浮現，
只有端菜來的侍者不經意提了一句。（張系國〈傾城之戀〉）

(A) 乙丁甲戊丙己　　　　　(B) 乙己丙甲戊丁

(C) 己丙甲乙丁戊　　　　　(D) 己丁甲丙戊乙

6. 古代漢語有一種用來表示「認爲某（人、事、物）是……的」的用法，例如《戰國策・齊策》：「吾妻之美我者，私我也」，句中的「美我」即是「認爲我是美的」之意。下列文句「」內文字

屬於此一用法的選項是：

(A) 《論語・里仁》：唯仁者能「好人」，能惡人

(B) 魏徵〈諫太宗十思疏〉：將有作，則思知止以「安人」

(C) 《孟子・盡心》：孔子登東山而「小魯」，登泰山而小天下

(D) 司馬光〈訓儉示康〉：小人寡欲，則能謹身節用，遠罪「豐家」

7. 下列《孟子》文句，說明「學習成效受客觀環境所限制」的選項是：

(A) 離婁之明，公輸子之巧，不以規矩，不能成方圓

(B) 人之所不學而能者，其良能也；所不慮而知者，其良知也

(C) 一齊人傅之，眾楚人咻之，雖日撻而求其齊也，不可得矣

(D) 人之有德慧術知者，恆存乎疢疾。獨孤臣孽子，其操心也危，其慮患也深，故達

8. 文天祥〈正氣歌〉：「鼎鑊甘如飴，求之不可得」，句中的「鼎鑊」一詞，是由可各自獨立的「鼎」與「鑊」所構成，且「鼎」與「鑊」意義平行對等，不互相修飾。下列文句「」內的詞，與「鼎鑊」構成方式相同的選項是：

(A) 《論語・為政》：五十而知「天命」

(B) 《論語・衛靈公》：「俎豆」之事，則嘗聞之矣

(C) 蘇軾〈赤壁賦〉：寄蜉蝣於天地，渺「滄海」之一粟

(D) 顧炎武〈廉恥〉：教其鮮卑語及彈「琵琶」，稍欲通解

9. 閱讀下文，選出敘述正確的選項：

　　昔有雄雌二鴿，共同一巢。秋果熟時，取果滿巢。於其後時，果乾減少，唯半巢在。雄瞋雌言：「取果勤苦，汝獨食之，唯有半

在！」雌鴿答言：「我不獨食，果自減少！」雄鴿不信，瞋恚而
言：「非汝獨食，何由減少？」即便以嘴啄雌鴿，殺。未經幾
日，天降大雨，果得濕潤，還復如故。雄鴿見已，方生悔恨：
「彼實不食，我妄殺他！」（《百喻經・一鴿喻》）

(A) 雄鴿多疑固執，闖禍而不知悔悟

(B) 雄鴿未察眞相，以至於誤殺雌鴿

(C) 雌鴿吃了果子，卻寧死不肯承認

(D) 雌鴿沒吃果子，果子是被偷走的

10. 閱讀下文，選出最符合全文主旨的選項：

周秦間諸子之文，雖純駁不同，皆有簡自家在內。後世爲文者，
於彼於此，左顧右盼，以求當眾人之意，宜亦諸子所深恥歟！
（劉熙載《藝概・文概》）

(A) 周秦諸子主張各異，互不相服

(B) 爲文宜廣納眾說，以求左右逢源

(C) 文章當求表現自我面目，不可一味迎合世俗

(D) 後世爲文者多愼選諸子的論述，印證自己的見解

11. 先秦諸子的思想與文章各有其特色，請推斷下列敘述中的甲、
乙、丙、丁各指何人？

甲、強調民貴君輕，其文表現出氣勢浩然的風格。

乙、主張以嚴刑峻法治國，筆鋒峻峭犀利，論說透徹精闢。

丙、強調教育和禮法的作用，善於運用排偶句法議論，邏輯
　　周密。

丁、追求逍遙的境界，善於寓哲理於寓言之中，想像玄妙，說
　　理高超。

	甲	乙	丙	丁
(A)	莊子	孟子	韓非子	荀子
(B)	孟子	韓非子	荀子	莊子
(C)	莊子	孟子	荀子	韓非子
(D)	孟子	韓非子	莊子	荀子

12-13為題組

閱讀下列短文，回答12-13題。

　　多年前，我獨自站在杳無人煙的鄉間路旁等候公路局巴士。無風之夏，炎熱中藏著一股詭奇的安靜，像千萬條火舌欲□一塊冰，卻嚥不下。我站得腳痠，忍不住蹲著，因而感覺那股安靜漸漸往我身上□來，即將形成威脅，彷彿再近一步，會把我給粉碎了。忽地，樹蟬驚起，霎時一陣帶刀帶槍的聲浪框住了人間。

　　就在這時，站牌後那排薈蔚老樹無緣無故□下一截枝葉，不偏不倚掉在我面前，著實叫人一驚。我抬頭，樹上無人；低頭審視，不過是尋常的斷枝殘葉罷，應屬自然律支配下無需問為什麼也不必尋覓解答的自然現象。多少草木之事，斷就斷，枯就枯了，落就落，腐就腐了，若苦苦逼問「何以故」就顯得長舌。這道理我懂，只是在驚魂未定之時觀看那截枝葉，心思不免忙起來；頓覺枝非枝，葉非葉，必定有什麼深不可測的天諭包藏其間。是一段枯萎青春還是遺失的記憶？象徵死生與共的戀情或是老來彌堅的諾言？我蹲在那兒發愣，掐一葉仔細瞧，看不到喋喋不休的天機倒瞧見了蟲嚙，覺得人生沒有解答，只有各自感受。
（簡媜〈閒閒無代誌〉）

12. 上文三個□若均使用「擬人化」的動詞,且須兼顧前後文的呼應連貫,則□內最適合填入的選項是:
    (A) 吞/欺/扔
    (B) 舔/溜/打
    (C) 融/游/挽
    (D) 嚐/飄/捻

13. 「觀看那截枝葉,心思不免忙起來;頓覺枝非枝,葉非葉,必定有什麼深不可測的天諭包藏其間」,這一段文字所描述的經驗,實為文學形成過程中的一種心靈活動。下列敘述,與此活動最相近的選項是:
    (A) 睹物興思,感物興情
    (B) 虛靜其神,清和其心
    (C) 想像鮮活,翻空出奇
    (D) 摹寫景物,如在目前

<u>14-15為題組</u>

閱讀下列短文,回答14-15題。

〔註〕負羈之妻亦親觀狐、趙:春秋時,晉公子重耳流亡曹國,曹國大夫僖負羈之妻觀重耳身邊的狐偃、趙衰。

　　山公(山濤)與嵇(康)、阮(籍)一面,<u>契若金蘭</u>。山妻韓氏,覺公與二人異於常交,問公,公曰:「我當年可以為友者,唯此二生耳。」妻曰:「負羈之妻亦親觀狐、趙,意欲窺之,可乎?」他日,二人來,妻勸公止之宿,具酒肉。夜穿墉以視之,<u>達旦</u>忘反。公入曰:「二人何如?」妻曰:「君才致殊不如,正當<u>以識度相友</u>耳。」公曰:「伊輩亦常以我<u>度</u>為勝。」(《世說新語》)

14. 下列關於山濤及其妻的敘述,正確的選項是:
    (A) 山濤之妻有識人之明
    (B) 山濤之妻善妒而好猜忌
    (C) 山濤自認才能不輸嵇、阮
    (D) 山濤之才極受嵇、阮肯定

15. 文中畫底線的「契」、「覺」、「以」、「勝」四個詞，各與下
　　列選項「」內相同的詞比較，意義相同的選項是：
　　(A) 戰國策〈馮諼客孟嘗君〉：馮諼曰：願之。於是約車治裝，
　　　　載券「契」而行
　　(B) 柳宗元〈始得西山宴遊記〉：意有所極，夢亦同趣，「覺」
　　　　而起，起而歸
　　(C) 連橫〈臺灣通史序〉：苟欲「以」二三陳編而知臺灣大勢
　　(D) 蘇軾〈留侯論〉：其平居無罪夷滅者，不可「勝」數

貳、多選題（佔 24 分）

說明：　第 16 題至第 23 題，每題的五個選項各自獨立，其中至少有一
　　　　個選項是正確的，選出正確選項標示在答案卡之「選擇題答案
　　　　區」。每題皆不倒扣，五個選項全部答對者得 3 分，只錯一個
　　　　選項可得 1.5 分，錯兩個或兩個以上選項不給分。

16. 下列文句「」內的比喻詞語，運用恰當的選項是：
　　(A) 眾溪是海洋的「手指」，索水於大山
　　(B) 他們像一群「螃蟹」，在地方上橫行
　　(C) 憂愁似「鹽巴」，少許可以提味，吃多倒盡胃口
　　(D) 煙囪就像是建築物的「眼睛」，能為房子帶來光明
　　(E) 書正如同「藥」，善讀可以醫愚，不善讀恐受其害

17. 古典詩詞常有「時」、「空」對舉的文句，藉時、空的廣遠寄寓
　　內心的慨歎。下列詩詞，使用此一表現方式的選項是：
　　(A) 玉界瓊田三萬頃，著我扁舟一葉
　　(B) 九天閶闔開宮殿，萬國衣冠拜冕旒
　　(C) 萬里悲秋常作客，百年多病獨登臺

(D) 三十功名塵與土，八千里路雲和月

(E) 世態十年看爛熟，家山萬里夢依稀

18. 孔子認為，良好的道德修養具有普世價值，不受族群、地域的局限。下列《論語》文句，強調此一道理的選項是：

(A) 天下有道則見，無道則隱

(B) 言忠信，行篤敬，雖蠻貊之邦行矣

(C) 十室之邑，必有忠信如丘者焉，不如丘之好學也

(D) 君子敬而無失，與人恭而有禮，四海之內皆兄弟也

(E) 孔子於鄉黨，恂恂如也，似不能言者；其在宗廟朝廷，便便言，唯謹爾

19. 下列李白詩句畫線處，詮釋恰當的選項是：

(A) 「見說蠶叢路，崎嶇不易行。山從人面起，雲傍馬頭生」，形容山勢陡峻，行路窘迫

(B) 「浮雲遊子意，落日故人情。揮手自茲去，蕭蕭班馬鳴」，意謂友情如浮雲、落日，難得易逝

(C) 「抽刀斷水水更流，舉杯銷愁愁更愁。人生在世不稱意，明朝散髮弄扁舟」，強調滿腔憂鬱，揮之不去

(D) 「越王勾踐破吳歸，義士還鄉盡錦衣。宮女如花滿春殿，只今惟有鷓鴣飛」，表達盛衰無常，繁華成空

(E) 「雲想衣裳花想容，春風拂檻露華濃。若非群玉山頭見，會向瑤臺月下逢」，盛讚殿宇富麗，宛如天庭

20. 下列敘述，說明作家的作品風格與作家氣質相關的選項是：

(A) 陶淵明閑靜少言，崇尚自然，其詩樸質無華，真淳恬淡

(B) 韓愈耿介堅毅，敢於直諫，其散文雄渾剛健，氣勢磅薄

(C) 劉基博通經史，爲明朝開國功臣，其散文筆致駿邁，意旨閎深

(D) 蘇軾器度恢弘，樂觀曠達，其散文汪洋恣肆，豪放詞尤獨具一格

(E) 王安石爲北宋神宗時宰相，推行新法，其散文風格峭拔，結構謹嚴

21. 國文課堂上討論「宋代貶謫文學」，範圍爲范仲淹〈岳陽樓記〉、歐陽脩〈醉翁亭記〉、蘇轍〈黃州快哉亭記〉，則下列敘述，正確的選項是：

(A) 三篇文章雖皆流露遭逢貶謫的感慨，仍不忘對時局提出諍言

(B) 三篇文章的敘寫次序皆爲：登高望遠→遙望京城→抒發感懷→物我合一

(C) 歐陽脩〈醉翁亭記〉認爲官運難卜，應該及時享受與民同遊共飲的快樂

(D) 范仲淹〈岳陽樓記〉認爲儘管仕途受挫，知識分子仍當以百姓安樂爲念

(E) 蘇轍〈黃州快哉亭記〉認爲心胸坦然，超越人生的缺憾，才能擁有自在的生命

22. 章回小說多由說書人的底本增潤而成，情節敘述往往摻雜說書人的解釋或評論。下列文句，具有此一特色的選項是：

(A) 玄德訪孔明兩次不遇，欲再往訪之。關公曰：「兄長兩次親往拜謁，其禮太過矣。想諸葛亮有虛名而無實學，故避而不敢見。兄何惑於斯人之甚也？」

(B) 巨靈神回至營門，徑見托塔天王，忙哈哈跪下道：「弼馬溫果是神通廣大！末將戰他不得，敗陣回來請罪。」李天王發怒道：「這廝剉吾銳氣，推出斬之！」

(C) 孔明曰：「亮夜觀天象，劉表不久人世；劉璋非立業之主，久後必歸將軍。」玄德聞言，頓首拜謝。只這一席話，乃孔明未出茅廬，已知三分天下。真萬古之人不及也

(D) 當時林沖扳將過來，卻認得是本管高衙內，先自手軟了。高衙內說道：「林沖，干你甚事！你來多管！」原來高衙內不認得他是林沖的娘子，若還認得時，也沒這場事

(E) 八戒道：「哥哥說得有理。你去，你去。若是打敗了這老妖，還趕將這裡來，等老豬截住殺他。」好行者，一隻手提著鐵棒，一隻手拖著死虎，逕至他洞口。正是：法師有難逢妖怪，情性相和伏亂魔

23. 閱讀下列現代詩〈我不和你談論〉，選出敘述正確的選項：

　　我不和你談論詩藝／不和你談論那些糾纏不清的隱喻／請離開書房／我帶你去廣袤的田野走走／去看看遍處的幼苗／如何沉默地奮力生長

　　我不和你談論人生／不和你談論那些深奧玄妙的思潮／請離開書房／我帶你去廣袤的田野走走／去撫觸清涼的河水／如何沉默地灌溉田地

　　我不和你談論社會／不和你談論那些痛徹心肺的爭奪／請離開書房／我帶你去廣袤的田野走走／去探望一群一群的農人／如何沉默地揮汗耕作

　　你久居鬧熱滾滾的都城／詩藝呀！人生呀！社會呀！已爭辯了很多／這是急於播種的春日／而你難得來鄉間／我帶你去廣袤的田野走走／去領略領略春風／如何溫柔地吹拂著大地

(A) 詩的第三段，末句的「沉默」與前兩句的「談論」相對照，暗示與其爭辯不休，不如默默耕耘

(B) 作者不和「你」談詩藝、人生、社會，「你」代表腳踏實地而常來鄉間的都市知識份子

(C) 作者認為，到「廣袤的田野」比在「書房」更能真切體會生活的內涵與生命的意義

(D) 詩中藉奮力生長的幼苗、灌溉田地的河水、揮汗耕作的農人等，展現田野的生命力

(E) 這首詩間接呈現作者喜歡玄思妙想的性格，以及追求華麗辭藻、艱深隱喻的寫作態度

第二部分：非選擇題（共三大題，佔54分）

說明：請依各題指示作答，答案務必寫在「答案卷」上，並標明題號一、二、三。

一、文章分析（佔9分）

　　仔細閱讀框線內的文章，分析作者如何藉由想像力，描述搭火車過山洞時所見的景象與感受。文長限 100～150 字。

> 　　鄉居的少年那麼神往於火車，大概因為它雄偉而修長，軒昂的車頭一聲高嘯，一節節的車廂鏗鏗跟進，那氣派真是懾人。至於輪軌相激枕木相應的節奏，初則鏗鏘而慷慨，繼則單調而催眠，也另有一番情韻。過橋時俯瞰深谷，真若下臨無地，躡虛而行，一顆心，也忐忐忑忑吊在半空。黑暗迎面撞來，當頭罩下，一點準備也沒有，那是過山洞。驚魂未定，兩壁的迴聲轟動不絕，你已經愈陷愈深，衝進山嶽的盲腸裏去了。光明在山的那一頭迎你，先是一片幽昧的微熹，遲疑不決，驀地天光豁然開朗，黑洞把你吐回給白晝。這一連串的經驗，從驚到喜，中間還帶著不安和神祕，歷時雖短而印象很深。（余光中〈記憶像鐵軌一樣長〉）

二、闡釋與表述（佔 18 分）

　　　閱讀框線內的對話，先依對話內容的象徵意涵，闡釋「玫瑰」與「日日春」分別抱持**哪一種**處世態度，再依據自己提出的闡釋，就玫瑰與日日春「**擇一**」表述你較認同的態度，並說明原因。文長限 300～350 字。

> 玫瑰說：「我只有在春天開花！」
> 日日春說：「我開花的每一天都是春天！」
>
> 　　　　　　　　　　　　　　　　（杏林子《現代寓言》）

三、引導寫作（佔 27 分）

　　　或許你有過類似的經驗：熟悉的小吃店正在改裝，即將變成服飾店；路旁的荒地整理之後，成為社區民眾休閒的好所在；曾經熱鬧的村落街道，漸漸人影稀疏，失去了光采。……

　　　這些生活空間的改變，背後可能蘊藏許多故事或啟示。請你從個人具體的生活經驗出發，以「**走過**」為題，寫一篇文章，內容必須包含：生活空間今昔情景的敘寫、今昔之變的原因、個人對此改變的感受或看法，文長不限。

96年度學科能力測驗國文科試題詳解

第一部分：選擇題（佔 54 分）

壹、單選擇題（佔 30 分）

1. **D**

【解析】「莧」菜：ㄒㄧㄢˋ　　　「鯛」魚片：ㄉㄧㄠ

污「漬」：ㄗˋ　　　「吮」指回味：ㄕㄨㄣˇ

2. **D**

【解析】(A) 不恥下問：不以向身分較低微、或是學問較自己淺
陋的人求教爲羞恥。

(B) 不齒：羞與爲伍，不屑與之並列。

(C) 無恥：不顧羞恥

(D) 齒冷：開口笑久了，則牙齒變冷，故稱譏笑爲「齒
冷」。

3. **D**

【解析】(A) 椿萱並茂：比喻父母都健在。

(B) 無忝所生：不辱父母，對得起父母的意思。

(C) 彩衣娛親：比喻以滑稽逗趣的動作，來娛樂雙親。

(D) 烏鳥私情：比喻奉養長輩的孝心。

4. **C**

【解析】大鵬舉翅高飛，比喻人奮發向上；而鷦鷯生活在林中，
所棲不過一截樹枝，語本《莊子‧消遙遊》：「鷦鷯巢於

深林，不過一枝；偃鼠飲河，不過滿腹。」比喻所求不多，亦用以勉人知足寡慾。所以人生際遇有窮通得失，當委心任自然。

5. **B**

【解析】 由前句判斷下一句，由末句推斷前一句，留意句中的連續詞關鍵字眼，請注意以下排序劃線的部份。

餐廳建築在濱海的山崖上，<u>從落地玻璃窗望出去</u>，(乙)<u>便是粼光閃爍的海洋</u>，(己)<u>這時正有一頭巨大的海獸</u>緩緩<u>從海中浮現</u>，(丙) 光滑的背脊沾滿綠油油的燐光，背上一排呼吸<u>孔開闔著噴出灰霧</u>，(甲)<u>海獸呼吸了一陣</u>，(戊)<u>又緩緩沉入海底</u>，(丁)<u>餐廳裡並沒有</u>多少人留意海獸出沒，<u>只有</u>端菜來的侍者不經意提了一句。

6. **C**

【解析】 意謂動詞：動詞與賓語之間不是支配關係，而是「認為賓語怎樣」或「把賓語當作什麼」的關係。

(A) 只有仁者才能公正無私地喜好應當喜好的人，厭惡應當厭惡的人。(《論語・里仁》)

(B) 打算有所作為，就應適可而止來安定人民。(魏徵〈諫太宗十思疏〉)

(C) 孔子登上東山去看魯國就認為魯國變小；登上泰山就認為天下也變小了。(《孟子・盡心》)

(D) 平民慾望少，就能安分守己、節省度日，遠離罪罰而使家庭富裕。(司馬光〈訓儉示康〉)

7. **C**

【解析】(A) 即使有離婁那樣的眼力，公輸子那樣的巧技，不靠圓規和曲尺，也畫不出標準的方形和圓形。
　　　　（《孟子‧離婁上》）

　　　　(B) 不用學習就自然會的，是人本來自有的能力；不用思慮自然就知道的，是人本來自有的知覺。
　　　　（《孟子‧盡心上》）

　　　　(C) 一個齊國人教他，許多楚國人用楚國話去喧擾他，就是天天打他，要他說齊國話，是做不到的。
　　　　（《孟子‧滕文公下》）

　　　　(D) 人具有道德、慧見、學術、才智，經常是存在於災患之中。只有那疏遠不被寵幸的臣子，和那庶出的孽子，他們操持的心志非常危懼，憂慮禍患非常深遠，所以能通達事理。（《孟子‧盡心上》）

8. **B**

【解析】鼎鑊屬並列式合義複詞，俎、豆，皆盛祭品之禮器，亦屬並列式合義複詞。

　　　　(A) 「天命」屬造句式合義複詞中的主謂式合義複詞

　　　　(C) 「滄海」屬主從式合義複詞

　　　　(D) 「琵琶」屬雙音節衍聲複詞

9. **B**

【語譯】從前有一隻雄鴿、一隻雌鴿，一同住在一個巢裡。秋天來臨時，果實成熟了，它們拾來了很多的果子，裝了滿滿的一巢。一段時間以後，果實漸漸乾了，原先滿巢的果子乾到只剩半巢。雄鴿生氣的責怪雌鴿說：「我們找

果子是很辛苦的，你卻只顧著自己偷吃，你看到現在，果子只剩下一半了。」雌鴿回答說：「我沒有偷吃，是果子自己變少的。」雄鴿不信，十分生氣，說道：「如果不是你獨自吃了，怎麼可能會少？」便用尖嘴啄死了雌鴿。隔沒幾天，天上下起了大雨，果子吸收到水氣，又變回到原來的樣子，裝了滿滿的一巢。雄鴿看了，後悔不已，因為雌鴿確實沒吃果子，是錯怪殺了！

10. **C**

【語譯】周秦間諸子的文章，雖有純粹駁雜之不同，但都有自我在其中。後代寫文章的人，在那裏在這裏、東顧慮西顧慮，只求迎合眾人的想法，也該被先秦諸子深以為恥吧！

11. **B**

【解析】孟子主張民為貴，社稷次之，君為輕，善養浩然之氣；韓非子集先秦法家之大成，文字精鍊，筆鋒犀利；荀子勸學隆禮，善用譬喻，周密嚴謹；莊子主張逍遙忘我，寓深奧哲理於寓言故事的敘寫中。

12. **A**

【解析】□前後是作答的關鍵，所以欲 呑 一塊冰，卻 嚥 不下……因而感覺那股安靜漸漸往我身上 欺 來，即將形成威脅……老樹無緣無故 扔下 一截枝葉，不偏不倚 掉在我面前 ……

13. **A**

【解析】「觀看那截枝葉，<u>心思不免忙起來</u>」乃睹物興思；
「頓覺枝非枝，葉非葉，必定有什麼深不可測的天諭
包藏其間」則為感物興情

14. **A**

15. **C**

【解析】(A) 契，書契　　　　(B) 覺，醒
　　　　(C) 以，用、拿　　　(D) 勝，盡

【語譯】山濤和嵇康、阮籍第一次面，就情投意<u>合</u>，友誼已固
若金石、芬芳如蘭。後來山濤的妻子韓氏，<u>察覺</u>山公
和二人的關係與平常的交往不同，就問山公為了甚麼。
山公說：「我當年可以結為朋友的，只有這兩位先生而
已。」山妻說：「從前僖負羈的妻子，也曾親自看過狐
偃、趙衰；我想偷看他們一下，可以嗎？」後來，二
人來訪，山妻勸山公留他們住宿，並給他們準備了酒
肉，晚上就挖穿了牆壁窺看他們，直到天亮都忘了回
去。山公進屋問道：「這兩個人怎麼樣？」山妻說：
「您的才德遠不如他們，正該<u>用</u>你淵博的見識和恢弘
的度量和他們交往才行。」山公說：「他倆也常認為我
的度量<u>超過</u>他們呢。」

貳、多選題

16. **ABCE**

【解析】(D) 煙囪不能為房子帶來光明，所以眼睛的比喻不恰當

17. **CDE**

【解析】 (A) (B) 只有空間，故不選
- (A) 語出張孝祥〈念奴嬌〉
- (B) 語出王維〈和賈舍人早朝大明宮之作〉
- (C) 語出杜甫〈登高〉
- (D) 語出岳飛〈滿江紅〉
- (E) 語出陸游〈過野人家有感〉

18. **BD**

【解析】 (A) 天下有道就用世，無道就隱退。（《論語・泰伯》）
- (B) 說話要忠誠信實，行事要篤厚敬慎，雖然是南蠻北狄文化落後之國，也能行得通。（《論語・衛靈公》）
- (C) 只有十戶人家的小地方，也一定有天性忠信像我一樣的人，但沒能像我的好學啊。（《論語・公冶長》）
- (D) 君子只要謹慎自己的言行沒有過失，與人交往謙恭有禮，那麼四海之內的人，都可以做你的兄弟。（《論語・顏淵》）
- (E) 孔子在鄉里時，態度恭敬溫和，好像不大會講話似的。在宗廟或朝廷，說話清晰明確，但是很謹慎小心。（《論語・鄉黨》）

19. **ACD**

【解析】 (A) 聽說從這裡去蜀國的道路，崎嶇艱險不易通行。山崖從人的臉旁突兀而起，雲氣依傍著馬頭上升翻騰。（李白〈送友人入蜀〉）
- (B) 遊子的心思恰似天上浮雲飄動，夕陽餘暉徐徐緩落更添難捨友情。頻頻的對你揮手致意從此離別，馬兒也深情地惜別而聲聲嘶鳴。（李白〈送友人〉）

(C) 思壯志難酬、拔刀斷水水更流，想未來命運、舉杯消愁愁更深；人生在世不能稱心如意，索性明朝披髮泛舟江湖漂流。
（李白〈宣州謝朓樓餞別校書叔雲〉）

(D) 越王勾踐滅掉吳國勝利返回，士兵們都穿著盛裝富貴還鄉。美麗如花的宮女們充滿宮殿，如今只有鷓鴣在空中飛翔。（李白〈越中覽古〉）

(E) 雲想變作貴妃的衣裳，花想變爲貴妃的容貌。貴妃之美，如沈香亭畔春風拂煦下的帶露牡丹，若不是群玉仙山上才能看到的西王母，定是只有在瑤台月下才能遇到的仙女。（李白〈清平調〉）

20. **ABD**

【解析】 題幹要求「說明作家的作品風格與作家氣質相關的選項」，(C) (E) 並未提及作家之氣質

21. **DE**

【解析】 (A) 三篇文章皆與貶謫有關，但沒有對時局提出諍言。

〈岳陽樓記〉：范仲淹被貶鄧州，好友滕宗諒(子京)被貶巴陵郡。文末自抒懷抱「先天下憂而憂，後天下樂而樂」「進亦憂，退亦憂」，展現知識分子的胸襟氣度。

〈醉翁亭記〉：歐陽修被貶滁州，文中歐公與滁州人共登瑯邪山，同歡共樂，並展現他以眾人之樂爲樂的境界。

〈黃州快哉亭記〉：蘇轍及其兄長蘇軾，好友張夢得三人俱被貶謫。凡人被貶，心中難免有抑鬱不平

之情。蘇轍以「士生於世，使其中不自得，將何往
而非病；使其中坦然不以物傷性，將何適而非快！」
自勉勉人。人生之憂樂與否，取決於自己的心境是
否坦然。

(B) 〈岳陽樓記〉：登樓遠望湖景→或因雨而悲，或因
晴而喜→進亦憂退亦憂；先天下之憂而憂，後天下
樂而樂

〈醉翁亭記〉：滁州→瑯邪山→釀泉→醉翁亭→山
林之樂→滁州眾人之樂→太守因眾人之樂而樂

〈黃州快哉亭記〉：赤壁汪洋之景→快哉亭→楚襄
王登蘭台之宮，引出快哉之典→人生憂樂與否在於
自己能否坦然自適。

22. CDE

【解析】 (A) 只有敘事和對話

(B) 只有敘事和對話

(C) 「只這一席話，乃孔明未出茅廬，已知三分天下。
真萬古之人不及也」是說書人的對孔明之評論

(D) 「原來高衙內不認得他是林沖的娘子，若還認得時，
也沒這場事」是說書人對前述情節的解釋

(E) 「正是：『法師有難逢妖怪，情性相和伏亂魔』」是
說書人的解釋

23. ACD

【解析】 詩的前三段結構相似。不談論詩藝、不談論人生、不
談論社會，這些都是爭論不休，永無標準答案的論題。
詩人邀請「你」離開書房，去田野走走。書房是知識

理論的囚室，人禁錮在純粹的知識理論中太久，會誤以為學理論辯就是生命的全部，殊不知外面的自然世界，還有數不清的事物，足以開發人的性靈與真情。

詩人借用了三個具體的形象來表現最旺盛且真實的生命力：田野中草木抽芽、流水淙淙、農人耕作。

由末段可知詩中的「你」是久居鬧市的人，難得來鄉間一遊，是典型的現代都市人寫照。

(B) 如上文解析

(E) 辭藻平易淺近，象徵比喻明顯易懂

第二部分：非選擇題

一、文章分析

　　在文中作者使用了極多含有豐富想像力的譬喻法，如將火車比喻成蛟龍「軒昂的車頭一聲高嘯」，或是將輪軌與枕木碰撞時發出的聲響比喻成「初則鏗鏘，繼而單調」的樂章。最經典的要屬後半描述過山洞時，細膩的想像與描寫，包括忐忑不安的心情，和將黑暗實體化的「當頭罩下」，再到「山嶽裡的盲腸」這樣生動的想像；最後利用擬人法想像光明與黑暗的拉鋸戰，而激盪出「黑洞把你吐回給白晝」這樣神妙之辭，實為一絕！

二、闡釋與表述

　　玫瑰說：「我『只有』在春天開花。」說明要欣賞它的美麗就只在春天，顯露出它的「驕傲」；日日春說：「我開花的『每一天都是』春天。」肯定自己的美好，顯露出的是一份絕對的「自信」。

　　「驕傲」與「自信」本是一體的兩面，過與不及的兩端。驕傲的人，自然會透顯出超凡的自信；自信的人，本能地會散發出驕傲的神采。不同的是，驕傲給人的感覺較不舒服，過於剛猛。可能使得原本備受肯定的才華與能力，因為驕傲懾人而與你失之交臂。反觀內蘊而柔婉的自信，可使你的人格特質更具迷人的魅力。

　　法國的文學家巴爾札克曾說：「自滿、自高、自大和輕信，是人生的三大暗礁。」如同玫瑰的驕傲，僅能擁有一個春天的燦爛。但是，我們的人生，不只一個春天。所以我們永遠要對自己抱持希望，才能使生命發光發熱，自信便從希望中誕生，足以延續生命的光熱。

三、引導寫作

走過

　　一步一腳印，凡走過必留下痕跡。在時光的洪流中，我們走過在陽光下揮灑汗水的青春，走過九二一地震後重建的家園，走過科技的日新月異，台灣的瞬息萬變。這些走過，在我們的生命中留下或深或淺的痕跡，而這些痕跡有些隨處可見，有些卻隨風消逝，一旦被拆毀即在人們的記憶中漸漸褪色而遠去；然而不可否認的是，這些走過，見證了我們成長的軌跡。

　　走過國中母校，我窺見了科技的不可或缺。古色古香的紅樓，一直是我們下課遊玩嬉戲的地方，水塘邊，有我們開心餵魚兒的倒影；迴廊裡，有我們奔跑嬉鬧的盈盈笑語；從窗櫺中

灑落的一地陽光中，有我們認眞做實驗的汗水熠熠發光。但曾幾何時，因爲科技的日新又新，讓學校必須擴展硬體設備，增建電腦教室和更高級的實驗室；而土地利用不夠精密的紅樓，竟成爲科技發達下的犧牲品！眼見紅樓旁搭起了重重鷹架，心中眞有無限不捨……這是一個多麼美麗而充滿回憶的地方呀！爲了教育學校還是忍痛拆建，我眞不忍卒睹紅樓被拆毀的景況。也許這是科技發達下不得不的趨勢，但我眞的好希望，在教育環境的提升下，還是能保有一些古樸的人文素養。我不希望我們將要走向的未來，空有科技的骨架卻無人文的血肉。

　　走過糖果玩具街的興盛沒落，我看見了傳統與創意的兼容並蓄。我家住在一條充滿玩具糖果批發店的小街上，舉凡小朋友玩的陀螺、博浪鼓，再到全靠運氣的戳戳樂，甚至是一大包一大包具有鄉土味的蕃薯餅和棒棒糖，全都唾手可得。小時候，我總在玩具糖果的簇擁中回家。隨著時代進步和交通發達，便利商店如雨後春筍般的林立，人潮逐漸轉往窗明几淨的 7-11，而捨棄看起來破舊卻富有人情味的柑仔店。愛嚐鮮的我，是很喜歡 7-11 的創意的！從思樂冰到御飯糰再到五花八門的鮮食，從代收電話費到黑貓宅急便甚至是多功能事務機的設置，都不斷的創造我們走進 7-11 的機會。隨著年紀增長，我越來越體認到這樣的生活環境變遷所帶來的便利性，也相當以台灣人的聰明爲傲。但柑仔店的功能並不會被遺忘，每年在過年時節，總會有許多念舊的大人大老遠的帶著小朋友來到這條街買玩具糖果，重新走過兒時記憶，也再構築了下一代對柑仔店的童年記憶。我好喜歡這樣傳統與便利兼容並蓄的感覺，這是在時代變遷下清楚可見便利與傳統交錯的軌跡。

九十六年度學科能力測驗（國文考科）
大考中心公佈答案

題　號	答　　案	題　號	答　　案
1	D	16	ABCE
2	D	17	CDE
3	D	18	BD
4	C	19	ACD
5	B	20	ABD
6	C	21	DE
7	C	22	CDE
8	B	23	ACD
9	B		
10	C		
11	B		
12	A		
13	A		
14	A		
15	C		

九十五年大學入學學科能力測驗試題
國文考科

第一部分：選擇題（佔 54 分）

壹、單選題（佔 30 分）

說明：第 1 題至第 15 題，每題選出一個最適當的選項，標示在答案卡之「選擇題答案區」。每題答對得 2 分，答錯不倒扣。

1. 下列文句中，有關「生」與「身」二字的使用，完全正確的選項是：
   (A) 小林的父母在那場空難中幸運身還，遭遇了終生難忘的經歷
   (B) 在二次大戰中，不少猶太人為了人身安全，不得不隱瞞自己的生世
   (C) 雖然出身不佳，他仍努力向上，終於獲得許多人畢生難求的工作機會
   (D) 老李誤信算命而自怨身不逢時，久久抑鬱難平，竟因此輕生，令人惋惜

2. 漢字的部首具有表意的功能，例如「示」部的字多與神靈概念有關，下列針對「示」部字意義的敘述，錯誤的選項是：
   (A) 祖、祇、神、社等字與神祇之意有關
   (B) 祝、祈、禱、祠等字與祭祀之意有關
   (C) 福、祥、禎、祿等字與福祉之意有關
   (D) 禍、祟、祆、禁等字與災禍之意有關

3. 下列各組文句中，「」內連用數字的表達意義方式，前後不同的選項是：

(A)「什一」，去關市之徵，今茲未能／持戟百萬，秦得「百二」焉

(B) 只嫌「六七」茅竹舍，也有兩三雞犬聲／四鄰何所有，「一二」老寡妻

(C) 鬢毛「八九」已成霜，此際逢春只自傷／溪回山石間，蒼松立「四五」

(D) 美人「二八」顏如花，泣向花前畏花落／非復「三五」少年日，把酒償春頰生紅

4. 下列各組文句中，「」內的語詞意義相同的選項是：

(A)「小人」有母，皆嘗小人之食矣，未嘗君之羹／「小人」姓張名青，原是此間光明寺種菜園子

(B) 姊妹弟兄皆列土，「可憐」光彩生門戶／與其說我的話打動了他，倒不如說是我那副「可憐」相令人同情吧

(C) 君子無終食之間違仁，「造次」必於是，顛沛必於是／寶玉自知這話說的「造次」了，後悔不來，登時臉上紅脹起來，低著頭不敢則一聲

(D) 桓公與莊公既盟於壇上，曹沫執匕首劫齊桓公，桓公「左右」莫敢動／妖王笑道：那包袱也無甚麼值錢之物，「左右」是和尚的破褊衫、舊帽子，背進來拆洗做補襯

5.「阿堵」是六朝以來習見的稱代詞，猶如現代所說的「這個」。《世說新語》記載雅尚玄遠的王衍不屑講「錢」字，而稱之「阿堵物」，因此後世文人多以「阿堵物」稱代錢。下列文句中，「阿堵」所稱代的對象不是「錢」的選項是：

(A) 世情看冷暖，人面逐高低。任是親兒女，還隨「阿堵」移

(B) 藕絲老盡歸不得，但坐長饑須俸錢。此身不堪「阿堵」役，寧待秋風始投檄

(C) 秀才竊喜，自謂暴富，頃之，入室取用，則滿室「阿堵」物
　　皆爲烏有，惟母錢十餘枚寥寥尚在

(D) 顧長康畫人，或數年不點目精。人問其故？顧曰：四體妍
　　蚩，本無關於妙處；傳神寫照，正在「阿堵」中

6. 下列文句「」中的語詞，屬於偏義複詞的選項是：

(A) 痛「母子」之永隔，哀伉儷之生離

(B) 昭陽殿裏「恩愛」絕，蓬萊宮中日月長

(C) 凡周「存亡」，不三稔矣！君若欲避其難，其速規所矣，時
　　至而求用，恐無及也

(D) 故爲人君者，正心以正朝廷……正萬民以正四方。四方正，
　　「遠近」莫敢不壹於正

7. 子曰：「吾與回言終日，不違如愚。退而省其私，亦足以發。回
也，不愚。」下列有關《論語》這一章的詮釋，敘述正確的選項
是：

(A) 文中「發」字，意指顏回發憤向學，樂以忘憂

(B) 「省其私」，乃指顏回時時反省自己有無過失偏私之處

(C) 從孔子曾說「剛毅木訥，近仁」，可知孔子欣賞顏回「不違
　　如愚」的表現

(D) 由「回也，不愚」看出，孔子認爲顏回不像表面上的唯唯諾
　　諾，而是既能知，且能行

8. 下列《論語》文句，解釋正確的選項是：

(A) 「子食於有喪者之側，未嘗飽也」，反映孔子哀人之哀、傷
　　人之傷的懷抱

(B) 「古之學者爲己，今之學者爲人」，意謂古之學者心存一
　　己，今之學者心存社稷

(C)　子貢問「君子亦有惡乎？」孔子答以「有惡。惡稱人之惡
　　　者」，可知孔子討厭那些稱惡為善、是非不分的人

(D)　「君子篤於親，　則民興於仁。故舊不遺，則民不偷」，後
　　　兩句意謂人民珍惜故舊之物，則可免於因匱乏而淪為盜賊

9. （甲）　萬古丹心盟日月，千年義氣表春秋

　　（乙）　未劈曹顱千古恨，曾醫關臂一軍驚

　　（丙）　天意欲興劉，到此英雄難用武

　　　　人心猶慕項，　至今父老尚稱王

　　（丁）　由仁居義，傳堯舜、禹湯、文武、周孔之道

　　　　　　知言養氣，充惻隱、羞惡、恭敬、是非之心

　　上引對聯各詠一歷史人物，若依序排列，正確的選項是：

(A)　關羽／扁鵲／項羽／孔子

(B)　關羽／華陀／項羽／孟子

(C)　文天祥／華陀／劉邦／孔子

(D)　文天祥／扁鵲／劉邦／孟子

10. 下引文字，依文意排列，順序最恰當的選項是：

「若迤升於高以望江山之遠近，

　　（甲）　吾亦不能言也

　　（乙）　凡工之所不能畫者

　　（丙）　嬉於水而逐魚鳥之浮沉

　　（丁）　其物象意趣，　登臨之樂，覽者各自得焉

　　其為我書其大概焉。」（歐陽脩〈真州東園記〉）

(A)　甲丁乙丙　　　　　　　　(B)　乙甲丁丙

(C)　丙丁乙甲　　　　　　　　(D)　丁甲乙丙

11. 斟酌下列文句，□□中最適合填入的選項是：
（甲）上海的衖堂，條數鉅萬，縱、橫、斜、曲，如入迷魂陣，
每屆盛夏，溽暑□□，大半個都市籠在昏赤的炎霧中
（木心〈從前的上海人〉）
（乙）食堂裡面的燈光從上半截的玻璃透過來，映著棕紅色油漆
的邊框，和食堂裡的霧氣，□□成一片悶悶的光暈，是
那樣的縹緲又虛幻（羅蘭〈燈的隨想〉）
（丙）飢餓的滋味他還是第一次嚐到。心頭有一種沈悶的空虛，
不斷地□□著他，鈍刀鈍鋸磨著他。那種痛苦是介於牙
痛與傷心之間（張愛玲《秧歌》）
(A) 燻炙／迷濛／折騰　　　　(B) 蒸騰／氤氳／咬囓
(C) 侵凌／交織／糾纏　　　　(D) 襲人／雜揉／煎熬

12. 《知音——古典吉他入門》一書之命名，巧妙結合「音」之「知」
與「古典吉他入門」的關係，令人印象深刻。下列書籍命名手法
與此相似的選項是：
（甲）《露骨——X射線檔案》
（乙）《談天——宇宙若比鄰》
（丙）《阿里山——永遠的檜木霧林原鄉》
（丁）《狂風暴雨——颱風、颶風、龍捲風》
（戊）《拈花惹草——簡易實用的插花技巧》
(A) 甲丙丁　　　(B) 甲乙戊　　　(C) 乙丙丁　　　(D) 乙丁戊

13. 斟酌下引文字，□中最適合填入的選項是：
六經者非他，吾心之常道也。是故，□也者，志吾心之陰
陽消息者也；《書》也者，志吾心之紀綱政事者也；□也者，
志吾心之歌咏性情者也；□也者，志吾心之條理節文者也；□
也者，志吾心之欣喜和平者也；《春秋》也者，志吾心之誠僞邪

正者也。（王陽明〈尊經閣記〉）

(A) 易／詩／禮／樂　　　　(B) 易／樂／禮／詩
(C) 詩／禮／易／樂　　　　(D) 詩／樂／易／禮

14. 下列詩文中，作者面對「青山」時，有濃厚歲月之感的選項是：

（甲）滿眼青山未得過，鏡中無那鬢絲何

（乙）青山不減年年恨，白髮無端日日生

（丙）杳杳天低鶻沒處，青山一髮是中原

（丁）眼看青山休未得，鬢垂華髮摘空頻

（戊）我見青山多嫵媚，料青山、見我應如是

(A) 甲乙丁　　　(B) 甲丙戊　　　(C) 乙丙丁　　　(D) 乙丁戊

15. 關於下引文字，敘述正確的選項是：

　　　　三十年代的時候，魯迅曾與梁實秋展開多次筆戰。有一回，梁實秋說魯迅把一切主義都褒貶得一文不值。魯迅則反駁：「你究竟在說『褒』還是在說『貶』？褒就是褒，貶就是貶，什麼叫做褒貶得一文不值？」梁實秋無詞以對，只是解釋回應說，按北京人的用法，褒貶就是指貶。當年這場筆戰似乎魯迅了佔上風，然而陳之藩總無法信服魯迅之說，卻也說不出具體的理由。後來在香港，一位四川籍教授給他看一幅鄧小平的題字：「歷盡劫波兄弟在，相逢一笑泯恩仇」，落款有「錄魯迅詩」字樣，陳不禁為之大笑，原來他發現魯迅自己也有與梁實秋類似的用法，陳之藩因而評論魯迅：泯恩仇指的當然是泯「仇」，「恩」為什麼要泯它呢？（改寫自陳之藩《一星如月‧褒貶與恩仇》）

(A) 梁實秋心知魯迅的反駁是對的，所以無詞以對

(B) 陳之藩評論魯迅，可謂是「以其人之道，還治其人之身」

(C) 鄧小平題字，頗有希望魯、梁二人筆戰「一笑泯恩仇」之意

(D) 魯迅事後自覺強詞奪理，所以作詩有「兄弟在」、「泯恩仇」之語

貳、多選題（佔 24 分）

說明：第 16 題至第 23 題，每題的五個選項各自獨立，其中至少有一個選項是正確的，選出正確選項標示在答案卡之「選擇題答案區」。每題皆不倒扣，五個選項全部答對者得 3 分，只錯一個選項可得 1.5 分，錯兩個或兩個以上選項不給分。

16. 下文取自網路新聞，文中連接詞運用<u>不當</u>的選項是：

　　　　不論季後賽壓力龐大，王建民仍然「泰山崩於前而色不改」，6 日對天使之戰投得虎虎生風，完全不見菜鳥球員的稚嫩生澀。撇開七局下失投不談，王建民先發 6 又 2/3 局只有 1 分責失的強勢演出，讓隔海加油的國內球迷與有榮焉。然後阿民沒能拿下季後賽首勝，成為「亞洲第一人」，而且從賽後隊友、教練的反應，可以確定的是，只要洋基能一路挺進世界大賽，阿民不愁沒有上場機會。但是阿民的菜鳥球季還能創造多少「驚奇」？值得期待。

(A) 「不論」季後賽壓力龐大

(B) 「然後」阿民沒能拿下季後賽首勝

(C) 「而且」從賽後隊友、教練的反應

(D) 「只要」洋基能一路挺進世界大賽

(E) 「但是」阿民的菜鳥球季還能創造多少驚奇

17. 針對下列古文名篇內容，敘述正確的選項是：

(A) 蘇洵〈六國論〉藉論六國賂秦之弊，諷諭宋朝屈辱求和的政策

(B) 蘇軾〈前赤壁賦〉藉變與不變之辯證，表現作者通達的人生觀

(C) 韓愈〈師說〉藉贈文李蟠的機會，批判時人一味崇尚佛老的風氣

(D) 柳宗元〈始得西山宴遊記〉藉「始得」二字，表現作者初次尋得心靈寄託的喜悅感受

(E) 顧炎武〈廉恥〉藉論「士大夫之無恥，是謂國恥」，寄寓作者對易代之際，士人變節的感慨

18. 近年知性之旅甚為流行，或依據作家生平經歷、作品內容規畫文學之旅；或依據歷史掌故、地理環境規畫古蹟之旅。下列藝文之旅的主題，與作品內容相關的配對選項是：

(A) 右軍書藝之旅 —— 曾鞏〈墨池記〉

(B) 遊園賞花之旅 —— 陶淵明〈桃花源記〉

(C) 農田酒鄉之旅 —— 歐陽脩〈醉翁亭記〉

(D) 民俗曲藝之旅 —— 劉鶚〈明湖居聽書〉

(E) 赤壁泛舟之旅 —— 蘇轍〈黃州快哉亭記〉

19. 漢代與唐代同為中國歷史上文治武功皆有可觀的時期，下列關於漢唐文學的說明，敘述正確的選項是：

(A) 漢代散文的代表是《史記》，唐代散文的代表是傳奇

(B) 〈古詩十九首〉出現於漢末，代表五言詩的正式成熟

(C) 漢代樂府詩富有寫實精神，唐代新樂府運動亦關注社會現實

(D) 近體詩完成於唐代，形式精整，表現古典詩的對稱美、聲律美

(E) 高適、岑參為唐代邊塞詩的代表作家，王維、孟浩然為自然詩的代表作家

20. 下列詩句表露詩人心中悠然自得之樂的選項是：

(A) 雲淡風輕近午天，傍花隨柳過前川。時人不識余心樂，將謂
偷閒學少年

(B) 渺渺孤城白水環，舳艫人語夕霏間。林梢一抹青如畫，應是
淮流轉處山

(C) 昔日齷齪不足誇，今朝放蕩思無涯。春風得意馬蹄疾，一日
看盡長安花

(D) 中歲頗好道，晚家南山陲。興來每獨往，勝事空自知。行到
水窮處，坐看雲起時。偶然值鄰叟，談笑無還期

(E) 劍外忽傳收薊北，初聞涕淚滿衣裳。卻看妻子愁何在，漫卷
詩書喜欲狂。白日放歌須縱酒，青春作伴好還鄉。即從巴峽
穿巫峽，便下襄陽向洛陽

21. 關於下引文字，敘述正確的選項是：

曾子之妻之市，其子隨之而泣，其母曰：「女還，顧反為女
殺彘。」妻適市來，曾子欲捕彘殺之，妻止之曰：「特與嬰兒戲
耳。」曾子曰：「嬰兒非與戲也！嬰兒非有知也，待父母而學者
也，聽父母之教。今子欺之，是教子欺也。母欺子，子而不信其
母，非所以成教也。」遂烹彘。（《韓非子・外儲說左上》）

(A) 「其母」指曾子之母

(B) 曾子認為：即便是對待孩童也要遵守諾言

(C) 從「女還，顧反為女殺彘」一句，可知嬰兒當為女嬰

(D) 「曾子之妻之市」，前後兩個「之」的詞性、意義皆相同

(E) 「今子欺之，是教子欺也」，前後兩個「子」字所稱對象
不同

22. 關於下引文字，敘述正確的選項是：

　　至幕府，廣謂其麾下曰：「廣結髮與匈奴大小七十餘戰，今幸從大將軍出接單于兵，而大將軍又徙廣部行回遠，而又迷失道，豈非天哉！且廣年六十餘矣，終不能復對刀筆之吏。」遂引刀自剄。廣軍士大夫一軍皆哭。百姓聞之，知與不知，無老壯皆為垂涕。（《史記・李將軍列傳》）

(A) 「結髮與匈奴大小七十餘戰」，是李廣自嘆年事已高，卻仍須與匈奴多次作戰

(B) 「豈非天哉」，是李廣慨歎既奉命繞遠路，竟又迷路，一切命中注定，無可奈何

(C) 「不能復對刀筆之吏」，是李廣自謂難以再次面對掌管刑法律令的官吏，承受屈辱

(D) 「一軍皆哭」，意謂全軍上上下下皆痛哭，表現李廣在軍中深孚眾望，極受士卒愛戴

(E) 「知與不知」，是指有受教育與未受教育者；「無老壯」，是指不分老少，二句都表現李廣深得民心

23. 關於下列兩首王安石詩，敘述正確的選項是：

沈魄浮魂不可招，遺編一讀想風標。何妨舉世嫌迂闊，故有斯人慰寂寥。（〈詠孟子〉）

自古功名亦苦辛，行藏終欲付何人？當時黮闇猶承誤，末俗紛紜更亂真。

糟粕所傳非粹美，丹青難寫是精神。區區豈盡高賢意？獨守千秋紙上塵。（〈讀史〉）

(A) 「何妨舉世嫌迂闊」二句，顯示了王安石自比孟子，目空一切的自傲心理

(B) 「遺編一讀想風標」之情懷、語意與「風簷展書讀，古道照顏色」大抵近似

(C) 「行藏」一詞，意指進退出處，語出《論語•述而》：「用之則行，舍之則藏」

(D) 〈讀史〉一詩，表達了王安石對史書記載及其論斷功過是否眞切、允當的質疑

(E) 二詩都流露出王安石的孤寂、無奈，也流露出自身理想、信念、行事、人格不被了解、缺少知音的感慨

第二部分：非選擇題（共三大題，佔54分）

說明：請依各題指示作答，答案務必寫在「答案卷」上，並標明題號一、二、三。

一、語文修正（佔9分）

　　語文的使用需要注意場合、對象的分別，不同的場合、不同的對象，都有它不同的語文表達方式。例如上台演講和平日死黨之間說話便大不相同，而寫作文章和口語敘述也絕不應該完全沒有差別。下面是一篇題爲「運氣」的中學生作文，即使暫不考慮文字的優美與否，其中除了以下說明文字的範例之外，尚有九處應予修正——或使用了不當的俗語、口語、外來語，或犯了語法上的錯誤，或是受媒體、網路流行用語誤導，或以圖案代替文字，<u>請加以挑出，並依序標號（1、2、3……9）改正之</u>。

【說明】　例如文中「3Q 得 Orz」即爲不當用法，3Q意指「thank you」，Orz 則藉三字母表示「跪拜在地」之狀。改正之方式如下：

3Q 得 Orz → 感謝得五體投地

　　今天我們班的運氣實在有夠衰，開朝會時被學務主任點名，說我們班秩序不良而且教室環境髒亂。我們班導師氣到不行，回到班上嚴辭訓斥大家一頓，問我們究竟安什麼心？林大同立刻舉

手發言説,我們一定會好好做反省的動作。衛生股長漲紅著臉幾乎快::>_<::了,他拜託大家每天確實打掃,他一定 3Q 得 Orz。王明問班上的星座達人到底我們班爲何如此時運不濟,接二連三被挨罵受罰。更慘的是,班上的蒸飯箱莫名其妙又壞了,害得全班只好吃冷便當。偶氣ㄅ要死,媽媽昨天爲我準備的便當,本來粉不錯吃滴,卻變成難以下嚥的冷飯。想不到今天這麼倒楣,昨天眞不該聽信風紀股長的話,到學校理髮部去理一顆一百塊的頭,今天還不是一樣諸事不順!

二、議論評述(佔18分)

　　請閱讀下列資料後,分別針對老師甲、家長、吳生的觀念、態度,各寫一段文字加以論述。

(甲)老師與家長的對話

　　老師甲:「吳茗士同學是我們班最優秀的學生,天資聰穎,不但有過目不忘的記憶力,數理推論與邏輯能力也出類拔萃,任何科目都得心應手。更可貴的是,他勤勉好學,心無旁鶩,像大隊接力、啦啦隊等都不參加。我想,他將來不是考上醫學系,就是法律系,一定可以爲校爭光!」

　　家長:「我們做家長的也是很開明的,只要他專心讀書、光耀門楣就好,從來不要他浪費時間做家事。老師認爲他適合什麼類組,我們一定配合,反正醫學系、電機系、法律系、財金系都很有前途,一切就都拜託老師了!」

(乙)A同學疑似偷竊事件

　　A生:「老師,我沒有偷東西!吳茗士當值日生也在場,可以爲我作證!」

　　吳生:「我不知道,我在算數學,沒有注意到。」

老師乙：「吳茗士，這關係到同學的清白，請再仔細想
　　　　　想，你們兩人同在教室，一定有印象的！」

吳生：「我已經說了我在算數學，哪會知道啊！而且，
　　　　這干我什麼事？」

（丙）生物社社長B與吳同學的對話

B生：「你不是不喜歡小動物嗎？爲什麼要加入生物社
　　　　呢？」

吳生：「我將來如果要申請醫學系，高中時代必須有一些
　　　　實驗成果，而且社團經驗也納入計分，參加生物社
　　　　應該很有利。」

B生：「我們很歡迎你，但是社團成員要輪值照顧社辦的
　　　　小動物喔！」

吳生：「沒有搞錯嗎？我是參加生物社來做實驗的，又不
　　　　是參加寵物社！」

（丁）同學C的描述

「吳同學功課好好，好用功喔！不但下課時間不和我們打
屁聊天，而且對課業好專注，只讀課本和參考書呢！像我
愛看小說，他就笑我無聊又浪費生命。唉，人各有志嘛！
我想他將來一定會考上很好的大學吧！」

三、情境寫作（佔 27 分）

　　下面是一篇未完成的文章，請以「雨季的故事」爲題，設想
情境，接續下列文字，鋪寫成一篇完整的散文，文長不限。

　　雨季來時，石頭上面長了些綠絨似的苔類。雨季一過，苔已
乾枯了，在一片未乾枯苔上正開著小小藍花白花，有細腳蜘蛛在
旁邊爬。河水從石罅間漱流，……

【注意】　寫作時，爲求文章完整呈現，上列引文務請抄錄，否則
　　　　　扣分。

95年度學科能力測驗國文科試題詳解

第一部分：選擇題

壹、單選擇題

1. C

【解析】 生，通常泛指有生命之物，或指出生

　　　　 身，指身分地位或軀幹的部份，有時也可指自己

　　　　 (A) 幸運「生」還

　　　　 (B) 自己的「身」世

　　　　 (D) 「生」不逢時

2. D

【解析】 (D) 禍乃災害殃咎的總稱；祟，鬼神作禍；妖，胡神，

　　　　　 或混同「妖」，指詭異怪誕之事；禁，「吉凶之忌」

　　　　　 乃指趨吉避凶所當忌慮戒止之諸言行而言

3. C

【出處】 (A) 《孟子》／《史記》卷八《高祖本紀》

　　　　 (B) 楊萬里〈至節宿翁源縣與葉景小酌〉／杜甫〈無家別〉

　　　　 (C) 陸遊〈春日雜賦〉／蘇轍〈呂希道少卿松局圖〉

　　　　 (D) 顧況〈悲歌〉／黃庭堅〈戲答王定國題門兩絕句〉

【解析】 (A) 皆屬相除的關係

　　　　 (B) 皆為約略之數

　　　　 (C) 相除關係／約略之數

　　　　 (D) 皆為相乘之數

4. **A**

【出處】 (A) 《左傳‧隱公元年》／《水滸傳‧第二十六回》

(B) 白居易〈長恨歌〉／黃春明〈兒子的大玩偶〉

(C) 〈論語‧里仁第四〉／《紅樓夢》

(D) 《史記‧卷八六‧刺客列傳》／《西遊記‧第四十一回》

【解析】 (A) 自稱的謙詞

(B) 讓人羨慕／令人哀憫

(C) 倉卒、緊迫／魯(鹵)莽

(D) 指跟從的侍者／反正

5. **D**

【出處】 (A) 《初刻拍案驚奇‧卷十五》

(B) 陸遊〈思歸隱〉

(C) 《聊齋‧勞山道士》

(D) 《世說‧巧藝第二十一》

【解析】 (D) 「這個」在此指眼神

6. **C**

【出處】 (A) 禰衡〈鸚鵡賦〉

(B) 白居易〈長恨歌〉

(C) 《國語‧鄭語》

(D) 司馬光《資治通鑑‧卷十七》

【解析】 (C) 存在或衰亡，此處取「亡」之意

7. **D**

【出處】 《論語．爲政第七》

【解析】(A) 發：發明、闡發，能發揮、表現孔子所傳之道

　　　　(B) 省其私：省察檢討他私下的行為

　　　　(C) 孔子對顏回不違如愚，初始並未認同，及至觀察他均能付諸踐履，才欣賞認同道：回也不愚

　　　　(D) 「言終日不違如愚」表面看似唯唯諾諾；「亦足以發」乃顏淵知行合一的體現

*語譯：

　　我與顏回講學整天，他從來不回應，只是領受，像個愚笨的人一樣。等他離開後，我省察檢討他私下的行為，結論是：顏回卻能把我所說的道理闡發出來。顏回，實在是不愚笨啊！

8. **A**

【出處】(A) 〈述而〉　(B) 〈憲問〉　(C) 〈陽貨〉　(D) 〈泰伯〉

【解析】(B) 古之學者「為己」乃在於進德修業；今之學者「為人」乃追求身外之名利

　　　　(C) 子貢所問的是：君子也有討厭的人嗎？孔子的回答是君子也有厭惡的之人，厭惡背後說人家壞話的人

　　　　(D) 後二句意謂在位者不要遺棄故交舊友，那麼人民就不會澆薄苛刻

9. **B**

【出處】甲、關帝廟聯

　　　　乙、江蘇楊州華陀廟聯

　　　　丙、江蘇無錫項王廟

　　　　丁、乾隆題山東鄒縣孟廟

10. **C**

【解析】　由首句之結構「升於高以望江山之遠近」與(丙)「嬉
　　　　　於水而逐魚鳥之浮沉」排比；再從甲句的連詞「亦」
　　　　　不能言（表示並列句式，文意相承）判斷，前句只有
　　　　　乙句的「不能畫」，剛好接續相承，所以乙甲並排且
　　　　　(丙)在首句之後的情形下僅可選(C)

11. **B**

【解析】　甲、　溽暑「蒸騰」較符合下句昏赤的「炎霧」的意象
　　　　　乙、　「氤氳」，煙雲瀰漫的樣子
　　　　　丙、　因爲主詞是「飢餓」，用「咬嚙」較具有鮮明的意
　　　　　　　　象，且符合「那種痛苦是介於牙痛與傷心之間」

12. **B**

【解析】　甲、　因 X 射線可透視人體，所以稱露骨，且語帶雙關
　　　　　乙、　天即是宇宙，且談天語帶雙關
　　　　　丙、　檜木的原鄉阿里山，別無它意
　　　　　丁、　颱風、颶風、龍捲風帶來狂風暴雨，然無它意
　　　　　戊、　插花就是一種「拈花」、「惹草」的具體動作，語
　　　　　　　　帶雙關

13. **A**

【解析】　從「陰陽消息」可知是談論天地陰陽之道的易經；從
　　　　　「歌咏性情」可知是興觀群怨的詩經；從「條理節
　　　　　文」可知是注重節度儀則的禮經；從「欣喜和平」可
　　　　　知爲調和陶冶人格的樂經

14. **A**

　　【解析】甲、　杜牧〈書懷〉：從「無那」，無可如何，所以「鏡
　　　　　　　　　　中無那鬢絲何」，乃感懷歲月的易逝、不待人

　　　　　　　　乙、　陸遊〈塔子磯〉：寫經過塔子磯一地，想起屈原
　　　　　　　　　　的往事，並感嘆統治者未能用賢撥亂反正，抒發
　　　　　　　　　　因年事漸高、報國無門的悲哀

　　　　　　　　丙、　蘇軾〈澄邁驛通潮閣〉二首之二：青山一髮是
　　　　　　　　　　形容遠山微茫的樣子

　　　　　　　　丁、　王禹偁〈歲暮感懷〉：鬢垂華髮意指年紀老邁而
　　　　　　　　　　頭髮蒼白之象

　　　　　　　　戊、　辛棄疾〈賀新郎〉：將滿腔愛國的熱情轉而寄託
　　　　　　　　　　於山水花木之間，有種物我兩忘的興味

15. **B**

　　【解析】(A) 魯迅嘲諷梁實秋使用褒貶一類的偏義複詞失當，而
　　　　　　　　梁實秋一時不知如何以對？並非承認魯迅是對的

　　　　　　　(B) 陳之藩也找到魯迅類似的用法而大笑，就是一種
　　　　　　　　「借此還彼」、「以彼之道，還施彼身」的手法

　　　　　　　(C) 鄧小平題字，希望兩岸「兄弟在」「泯恩仇」

　　　　　　　(D) 魯迅此詩〈題三義塔〉乃贈日本生物學家西村眞
　　　　　　　　琴博士，與梁實秋此事無關

貳、多選題

16. **ABCE**

　　【解析】(A) 「不論」──儘管

(B) 「然後」──雖然

(C) 「而且」──但是

(E) 「但是」──所以

17. **ABDE**

【解析】 (C) 師說一文批判時人「恥於相師」，不知尊師重道

18. **AD**

【解析】 (B) 「桃花源記」乃陶潛寓託之烏托邦，與遊園賞花無涉

(C) 「醉翁亭記」乃歐陽修抒發與民同樂之旨趣，無關農田酒鄉

(E) 「黃州快哉亭記」為蘇轍慰藉張夢得之作，藉說明蘇轍命名「快哉」之由，闡發無入不自得之心境，談不上赤壁泛舟

19. **BCDE**

【解析】 (A) 唐代散文的代表是古文運動

20. **AD**

【解析】 (A) 程顥〈春日偶成〉寫悠然自得之樂

(B) 秦觀〈泗州東城晚望〉寫眼前之景

(C) 孟郊〈登科後〉寫科舉高中之樂

(D) 王維〈終南別業〉寫悠然自得之樂

(E) 杜甫〈聞官軍收河南河北〉寫官軍收復之樂

21. **BE**

【解析】(A)「其母」指曾子之妻

(C)「女」通「汝」，非女嬰

(D) 前一「之」字，連詞，「的」；後一「之」字，動詞，「往」

*語譯：

　　曾子的妻子去趕集，兒子哭也要跟去，她便哄他說：「你先回家，等我回來殺頭豬給你吃。」妻子趕集回來，曾子果真要動刀殺豬。妻子馬上阻止他說：「剛才不過是跟孩子開開玩笑罷了。」曾子正色道：「小孩不懂事，一切要靠父母引導，你欺騙他，等於是教他騙人，做母親的欺騙兒子，兒子就不會再相信母親。這種事是不能開玩笑的。」曾子於是殺了一頭豬烹煮給兒子吃。

22. **BCD**

【解析】(A) 是李廣自述從年輕起即與匈奴打過大小七十多仗

(E)「知與不知」是指認識與不認識的

*語譯：

　　到了大將軍幕府，李廣對他的部下說：「我從少年起與匈奴打過大小七十多仗，如今有幸跟隨大將軍出征同單于軍隊交戰，可是大將軍又調我的部隊去走迂回繞遠的路，偏又迷失道路，難道不是天意嗎！況且我已六十多歲了，畢竟不能再受那些刀筆吏的侮辱。」於是就拔刀自刎了。李廣軍中的所有將士都為之痛哭。百姓聽到這個消息，不論認識的不認識的，也不論老的少的都為李廣落淚

23. **BCDE**

　【解析】 (A) 顯示王安石自比孟子，雖千萬人吾往矣的堅決

　　　　　　　自信

第二部分：非選擇題

一、語文修正

　　1. 有夠衰→非常不幸

　　2. 氣到不行→非常生氣

　　3. 好好做反省的動作→好好反省

　　4. ：：＞－＜：：→淚水奪眶而出

　　5. 星座達人→星座專家

　　6. 被挨罵→被罵

　　7. 偶氣ㄅ要死→我氣壞了

　　8. 粉不錯吃滴→很好吃喔

　　9. 理一顆一百塊的頭→花一百塊理髮

二、議論評述

　　1. 對老師的評論：

　　　　　禮記學記云：「教也者，長善而救其失也。」文中的老師只重視功課，忽視了學校教育的目的乃是：從群體的生活中去訓練學生德、智、體、群、美五育均衡發展。當學生在任何一方面有特殊的表現，必須加以鼓勵；在偏差行為發生時要適時予以導正，才是「師者，可以傳道、授業、解惑」。

2. 對家長的評論：

　　　　孩子的人格發展，受家長觀念的影響最大。文中吳生
　會變成一個重視功利，忽視群體的學生，家長難辭其咎。
　家庭教育，必須讓學生能夠擁有獨立生活的能力，而非只
　重視讀書而變成一個功利的、自私的、百無一用的「書
　櫥」。

3. 對學生的評論：

　學生的偏差行為會發生，主要來自於環境與教育。文中家
　長、老師錯誤的觀念與鼓勵，反而使吳生誤以為「萬般皆
　下品，惟有讀書高」，甚至養成功利、自以為是、自私的觀
　念。殊不知在高 IQ 的表面下，卻是過低的 EQ 而不自知。

三、 情境寫作

雨季的故事

　　雨季來時，石頭上面長了些綠絨似的苔類。雨季一過，苔
已乾枯了，在一片未乾枯苔上正開著小小藍花白花，有細腳蜘
蛛在旁邊爬。河水從石罅間潄流，丁丁鼕鼕地奏著記憶的流歌，
帶著白色、藍色的花朵兒。這雨，下成一季白色、藍色的記憶。

　　突來的一場雨，忙亂中與傘下的你邂逅，跌撞在你的胸膛
前，傳來一股淡淡的香草味道，也許是紫羅蘭，也許是薰衣
草，那是一種甜甜的香氣。你抓著我臂膀，輕柔地問候：「還
好嗎？」嘴角掛著淺淺的微笑，我彷彿看見你背上的翅翼，是
上帝將你帶來的嗎？

　　「偶而飄來一陣雨，點點灑落了滿地，尋覓雨傘下，哪個背影最像你，也許這場雨下不停……」此刻大概只有張清芳的歌曲最契合這樣的情景。臂膀仍存有你手掌的餘溫，一場一場的雨把你的氣味帶了來，一陣陣甜甜的花草香，和細雨交織成的淡淡淺笑。

　　朦朧的夜，朦朧的雨，朦朧的街燈下，臉上交織的不知是淚、是雨？我在街頭佇立，心裡早已有了決定，卻不知小雨是否能將我打醒！

　　又是一陣雨下，下著只屬於你的白色的笑容，和著你獨特的藍色芬芳，我終於相信：雨就是我的守護，我再也不需要尋尋覓覓了！

九十五年度學科能力測驗（國文考科）

大考中心公佈答案

題　號	答　　案	題　號	答　　案
1	C	16	ABCE
2	D	17	ABDE
3	C	18	AD
4	A	19	BCDE
5	D	20	AD
6	C	21	BE
7	D	22	BCD
8	A	23	BCDE
9	B		
10	C		
11	B		
12	B		
13	A		
14	A		
15	B		

九十四年大學入學學科能力測驗試題
國文考科

第一部分：選擇題（佔 54 分）

壹、單選題（佔 30 分）

說明：第 1 題至第 15 題，每題選出一個最適當的選項，標示在答案
　　　卡之「選擇題答案區」。每題答對得 2 分，答錯不倒扣。

1. 下列各組「」內的字，讀音完全相同的選項是：
    (A) 「狙」擊／崩「殂」
    (B) 結「痂」／「袈」裟
    (C) 標「籤」／一語成「讖」
    (D) 「溽」暑／深耕易「耨」

2. 下列文句，完全沒有錯別字的選項是：
    (A) 板橋地方法院的檢察官日前受理一起兄弟鬩牆案，由於是公
        訴案件，所以雙方沒有和解的轉還空間
    (B) 中華職棒牛獅激戰，高潮疊起，在球員們咬牙力拚下，興農
        牛擊敗統一獅，奪下創隊以來首次總冠軍
    (C) 部分餐館以廉價牛肉充當高級牛排，媒體揭發之後，業者卻
        以「拼裝牛排」強加辯解，此種塘塞卸責之說詞，令人無法
        苟同
    (D) 南亞海嘯造成重大傷亡，無情巨浪吞噬數十萬人的生命，倖
        存的災民除遭親人離散之痛，尚得面對滿目瘡痍的家園，處
        境極為艱難

3. 下列各組詩歌中，前後都各有一含「來」字的語詞，其中「來」
　字意義<u>不同</u>的選項是：
　(A) 年皆過半百，來日苦無多／往者不可諫，來者猶可追
　(B) 別來春半，觸目愁腸斷／古來聖賢皆寂寞，唯有飲者留其名
　(C) 微雨從東來，好風與之俱／無邊落木蕭蕭下，不盡長江滾滾來
　(D) 歸來彷彿三更，家僮鼻息已雷鳴／爾來四萬八千歲，不與秦
　　　塞通人煙

4. 「（曹植）善屬文，太祖嘗視其文，謂植曰：『汝倩人邪？』植
　跪曰：『言出為論，下筆成章，顧當面試，奈何倩人？』」「倩
　人」一詞，從上下文意推敲，其意應為：
　(A) 請人代筆　　　　　　　(B) 模擬他人名作
　(C) 文章講求漂亮辭藻　　　(D) 文章有女性陰柔之美

5. 儒家著重德行、理想的追求，反對物質生活的耽溺，下列《論語》
　引文中，<u>並非</u>陳述此種意旨的選項是：
　(A) 君子憂道不憂貧
　(B) 士而懷居，不足以為士矣
　(C) 奢則不孫，儉則固；與其不孫也，寧固
　(D) 士志於道，而恥惡衣惡食者，未足與議也

6. 下列引文，依文意推敲，＿＿＿＿＿＿內最適宜填入的選項是：
　「我客居在 ＿＿＿＿＿＿ 的詩裏／金箔映照著西風中的翠鳥與玉樓／
　失火的絳唇冷去，轔轔的／兵車乍醒如戲／在一片澄黃的語字的景
　色裏／長安，是不能逼迫太甚的玻璃器皿／客來，借酒／春到，看
　花／群鷗日日的 ＿＿＿＿＿＿ 也好像是廣廈千萬了。」
　(A) 王先生（王維）／輞川　　(B) 杜先生（杜甫）／草堂
　(C) 李先生（李白）／青蓮鄉　(D) 孟先生（孟浩然）／終南山

7. 斟酌下列引文的文意脈絡，□□中最適合填入的選項是：

「禮是天理與人事之節文與儀則。同理，『藝術是聲和色的節文與儀則。』小貓爬到了洋琴的鍵盤上，各種聲音都有，但不成爲樂曲。畫家的調色板上，各種顏色都有，但不成爲畫。何以故？因爲祇有聲色而沒有節文與儀則的原故。故可知『□□』是造成藝術的一個重要條件。」

(A) 自由　　(B) 摹擬　　(C) 節制　　(D) 趣味

8. (甲) 一飯尚銘恩，況曾褓抱提攜，只少懷胎十月

　　　千金難報德，即論人情物理，也當泣血三年

(乙) 爲人如等邊矩形，處世若一次曲線，哭吾師竟至無窮遠點

　　　授業有強磁在身，解惑燃乙炔於夜，願先生風範長留人間

從上述甲乙二輓聯文意判斷，聯中所悼輓的對象分別應是：

(A) 母親／啓蒙教師　　　(B) 乳母／數理教師

(C) 祖母／啓蒙教師　　　(D) 父親／數理教師

9. 下引文字，依文意排列，順序最恰當的選項是：

「屋子裏沒有燈火，

(甲) 沒有線條，也沒有顏色的大輪廓

(乙) 橫順的在黑暗裏爬

(丙) 老人的眼淚在他有縐紋的臉上爬

(丁) 黑暗是一個大輪廓

(戊) 他的眼淚變成了無數的爬蟲子

個個從老人的内心出發」(蕭紅〈小城三月〉)

(A) 甲丁戊乙丙　　　　(B) 乙甲丙丁戊

(C) 丙乙戊甲丁　　　　(D) 丁甲丙乙戊

10. 斟酌下列文句，□□中最適合填入的選項是：

(甲) 夏夜，柳絲是些溫寂垂懸的□□，在月光裏睡著（司馬中原〈如歌的行板〉）

(乙) 許多美的人和美的事，錯綜起來像一天□□，而且萬顆奔星似的飛動著，同時又展開去，以至於無窮（魯迅〈好的故事〉）

(丙) 我看到紅色羽毛和黃色羽毛的朱鸝鳥，啄著葡萄架上的青葡萄。美麗的朱鸝鳥常常成群的飛進院子裡來……一粒粒的青色葡萄在往地上跌落，跌出碎細的□□（蕭白〈六月的眸光〉）

(A) 簾幕／霧靄／耳語　　　　(B) 簾幕／雲錦／珍珠
(C) 睫毛／雲錦／耳語　　　　(D) 睫毛／霧靄／珍珠

11. 「馬穿山徑菊初黃，信馬悠悠野興長。萬壑有聲含晚籟，數峰無語立斜陽。棠梨葉落胭脂色，蕎麥花開白雪香。何事吟餘忽惆悵？村橋原樹似吾鄉。」下列有關本詩的分析，不正確的選項是：

(A) 從形式上看，本詩應屬律詩
(B) 詩中所描寫的景色屬於秋景
(C) 全詩句句寫景亦兼寫情，自首至尾流露濃厚的秋之愁緒
(D) 詩人行遊所見，彷彿故鄉景物，所以勾起他惆悵的思鄉情懷

12-13為題組

請先閱讀下列短文，然後回答以下問題：

　　龐恭與太子質於邯鄲，謂魏王曰：「今一人言市有虎，王信之乎？」曰：「不信。」「二人言市有虎，王信之乎？」曰：「不信。」「三人言市有虎，王信之乎？」王曰：「寡人信之。」龐恭曰：「夫市之無虎也明矣，然而三人言而成虎。今邯鄲之去魏也遠於市，議臣者過於三人，願王察之。」龐恭從邯鄲反，竟不得見。

12. 下列文意解釋，正確的選項是：

(A) 龐恭從邯鄲反，意謂龐恭在邯鄲造反

(B) 今邯鄲之去魏也遠於市，意謂邯鄲距離市集很遠

(C) 三人言而成虎，意謂三人言詞機智，實有眞知灼見

(D) 龐恭與太子質於邯鄲，意謂龐恭與太子在邯鄲作人質

13. 龐恭所要向魏王闡述的論點是：

(A) 君子不以人廢言　　　　(B) 人言可畏，眾口鑠金

(C) 三人行，必有我師焉　　(D) 街談巷議，語多可採

14-15為題組

請先閱讀下列詩歌，然後回答以下問題：

你如果／如果你對我說過／一句一句／眞純的話／我早晨醒來／我便記得它年少的歲月／簡單的事／如果你說了／一句一句／淺淺深深／雲飛雪落的話

關切是問／而有時／關切／是／不問

倘或一無消息／如沈船後靜靜的／海面，其實也是／靜靜的記得

倘或在夏季之末／秋季之初／寫過一兩次／隱晦的字／影射那偶然／像是偶然的／落雨──也是記得

14. 依上引詩歌的詩意判斷，下列敘述正確的選項是：

(A) 詩人藉反覆「記得」，訴說自然無常、世事多變的感傷

(B) 詩人藉反覆「記得」，描寫由少至今沈浮起落的哀怨記憶

(C) 詩人藉「記得」的不斷強調，表達對一段情緣的深刻懷念

(D) 詩人藉「記得」的不斷強調，流露對年少輕狂時耽溺孽緣的懊悔

15. 下列歌詞的詞意，與上引詩中詩人內心深處的情感最為近似的選項是：

(A) 你不曾真的離去／你始終在我心裡／我對你仍有愛意／我對自己無能為力

(B) 兩個人一輩子不分離／你問我好在那裡／不是你不期待永恆的戀曲／你說最美的愛情叫做回憶

(C) 記得要忘記／忘記／我提醒自己／你已經是人海中的一個背影／長長時光／我應該要有新的回憶

(D) 親愛的你／我知道你會哭泣／面對回憶／我們還擁有過去／不要問我為什麼／我們承認吧／我們的愛情已遠離

貳、多選題（佔 24 分）

說明：第 16 題至第 23 題，每題的五個選項各自獨立，其中至少有一個選項是正確的，選出正確選項標示在答案卡之「選擇題答案區」。每題皆不倒扣，五個選項全部答對者得 3 分，只錯一個選項可得 1.5 分，錯兩個或兩個以上選項不給分。

16. 下列各組文句，「」內字義相同的選項是：

(A) 不貪於財，不「苟」於利／「苟」非其人，道不虛行

(B) 闔門懸車，不「豫」政事／凡事「豫」則立，不豫則廢

(C) 攜朋挈儔，去故「就」新／望之不似人君，「就」之而不見所畏焉

(D) 超然而上，「薄」乎雲霄，而不以為喜也／今者「薄」暮，舉網得魚，巨口細鱗，狀似松江之鱸

(E) 猶之用人，非畜道德者，「惡」能辨之不惑，議之不徇／夫上以至誠行之，而貴者知避上之所「惡」矣

17. 陶淵明〈歸去來辭〉一文中「策扶老以流憩」的「扶老」一詞是指「枴杖」，「扶」是動詞，「老」是名詞，「扶老」為一動賓（即動詞＋受詞）結構，但是整個詞結合起來作為名詞用。下文「」中的語詞，也具有同樣語法結構的選項是：

(A) 不惜歌者苦，但傷「知音」稀

(B) 正是江南好風景，「落花」時節又逢君

(C) 「屏風」有意障明月，燈火無情照獨眠

(D) 喉間猶是哽咽，心上還是亂跳，「枕頭」上已經濕透，肩背身心，但覺冰冷

(E) 有了「靠山」做主，就是八隻腳的螃蟹一般，豎了兩個大鉗，只管橫行將去

18. 「流行」一詞本有各種不同的意義，今日則最常用於說明某些人、事、物在一個特定時期與地區之中，受到眾人共同喜好、關注的程度，例如「流行歌」、「流行服飾」等。下列文句中「流行」一詞，與上述意義相同的選項是：

(A) 天災流行，國家代有。救災、恤鄰，道也。行道有福

(B) 習慣如自然，則莫非天理之流行而仁熟矣。聖賢同歸

(C) 孔子曰：「德之流行，速於置郵而傳命。」當今之時，萬乘之國行仁政，民之悅之，猶解倒懸也

(D) 劉兄⋯⋯在任逾歲，職修人治，州中稱無事。頗復增飾，從子弟而游其間；又作二十一詩以詠其事，流行京師，文士爭和之

(E) 時世粧，時世粧，出自城中傳四方。時世流行無遠近，顋不施朱面無粉。烏膏注脣脣似泥，雙眉畫作八字低。妍蚩黑白失本態，粧成盡似含悲啼

19. 儒家認為一個人的外在行止不唯與其內在修養相符相應、相生相
    成，抑且是禮義之道的開端，所以儒家極重視外在行止的講求。
    下列文句表現儒家此種觀點的選項是：
    (A) 外貌斯須不莊不敬，而易慢之心入之矣
    (B) 禮義之始，在於正容體，齊顏色，順辭令
    (C) 學有所得，不必在談經論道間，當於行事動容周旋中禮者
        得之
    (D) 臨民之時，容止可觀，進退可度，語言和謹，處事安詳，則
        不失其禮體矣
    (E) 君子所貴乎道者三：動容貌，斯遠暴慢矣；正顏色，斯近信
        矣；出辭氣，斯遠鄙倍矣

20. 下列關於「經」、「傳」的敘述，正確的選項是：
    (A) 孔子的著作稱「經」；仲尼弟子的著作稱「傳」
    (B) 《詩經》中的《雅》、《頌》是「經」；《國風》是「傳」
    (C) 《春秋》是「經」；《左氏》、《公羊》、《穀梁》是「傳」
    (D) 六經亦稱「六藝」，指《詩》、《書》、《禮》、《樂》、《易》、
        《春秋》六部經典
    (E) 《論語》、《孟子》本非「經」，後世才升格為「經」，可
        見經、傳的地位並非固定不變

21. 下列作品、作家、時代及體裁，對應完全正確的選項是：
    (A) 〈虯髯客傳〉／元稹／唐人傳奇小說
    (B) 《水滸傳》／施耐庵／宋人話本小說
    (C) 《老殘遊記》／劉鶚／清代章回小說
    (D) 《聊齋誌異》／蒲松齡／清代志怪小說
    (E) 《世說新語》／劉義慶／南朝宋志人小說

22-23為題組

請先閱讀下列引文，然後回答以下問題：

　　讓我們用比較跳躍的方式來想像「出版」這種複雜活動的起源吧。

　　大約二百萬年前，你知道那時直立原人已經躍上地球大舞台了，而且懂得用火來烹煮獵物或燒烤一封情書（那自然是一支鹿茸或樹枝之類的）。有一天，一個發情頻率甚高、酷愛張開長臂奔跑的原人發現了隱在灌木雜樹之間的一塊大草坡；第一次，他癡情地深呼吸起來，青草的芳香使他忘記必須在日落之前捕獵責任額內的獵物以繳交國庫（或族庫）。更要命的是，他的命運被草坡西邊一朵在風中顫抖的小花兒改變了。接著，他第一次感受到肢體流竄一股跟食慾無關的熱情，這使他陷入半癡半狂的狀態，於是拔腿奔跑起來，他必須找人傾訴那奇妙的體驗以免暈厥在起伏不定的情緒裡。很幸運地，他遇見另一位躺在樹蔭下思索有沒有比狩獵更重要的事的原人，他氣喘吁吁地拉起那位冥思中的原人，以當時僅有的粗糙語言加上手舞足蹈加上以物喻意，傾訴了他的情感。那位冥思原人盯著地上由枯枝、石片、土塊拼組成的「文字」，他終於了解激情原人要說的是：「草地，西邊，小花兒，美。」這是第一次他看到跟狩獵活動、工具製作以及遷徙決策無關的文字。他的命運也被改變了，微風拂動他那多毛的軀體，儘管幾隻小蟲爬上他那張扁平的臉引起癢意也不能阻止一滴無比清澈的淚水自眼眶溢出，那滴淚是文明的源頭，所有乾燥的內在都將因這顆淚珠而得以滋潤。他說：「我要，它（他指了指石片、土塊、枯枝組成的文字），走，很遠，很多人，看！」

　　就這樣，他攜帶那組文字行走天涯，拼給每一個他遇到的原人看，傳播草坡西邊一朵美麗小花兒的故事。他成為第一個出版人。

22. 文中的「激情原人」發現小花兒的美麗，內心激動，於是用枯枝、
　　石片、土塊拼組成文字，這就是「創作」的開始。下列文字說明
　　創作的起源與「激情原人」情形相似的選項是：

　　(A) 言氣質，言神韻，不如言境界。有境界，本也；氣質、神韻，
　　　　末也，有境界而二者隨之矣

　　(B) 春秋代序，陰陽慘舒，物色之動，心亦搖焉。……歲有其物，
　　　　物有其容；情以物遷，辭以情發

　　(C) 夫街談巷說，必有可采；擊轅之歌，有應風雅。匹夫之思，
　　　　未易輕棄也。辭賦小道，固未足以揄揚大義，彰示來世也

　　(D) 氣之動物，物之感人，故搖蕩性情，形諸舞踊。……若乃春
　　　　風春鳥，秋月秋蟬，夏雲暑雨，冬月祁寒，斯四候之感諸詩
　　　　者也

　　(E) 文以氣為主，氣之清濁有體，不可力強而致。譬諸音樂，曲
　　　　度雖均，節奏同檢，至於引氣不齊，巧拙有素，雖在父兄，
　　　　不能以移子弟

23. 下列關於引文中兩種「原人」的說明，正確的選項是：

　　(A) 「冥思原人」的行為無異於剽竊「激情原人」的文學情懷，
　　　　據為己有，這樣的海盜行為實為出版人之恥

　　(B) 「激情原人」的癡情與癲狂，見證了人類有一種超越衣食慾
　　　　望的需求，那種需求是人類美好的本質之一

　　(C) 「冥思原人」屬於統治階級，和「激情原人」不同，不需要
　　　　狩獵，因而有閒暇可以思考創作與出版的問題

　　(D) 「冥思原人」能欣賞「美」，並且努力的將其傳播給更多的
　　　　人—— 這隱然揭示了一個出版人應有的心懷與責任

　　(E) 文中說「冥思原人」的「那滴淚是文明的源頭」，可以滋潤
　　　　「所有乾燥的內在」，表現了出版事業對文明發展與文化傳
　　　　承的重大意義

第二部分：非選擇題（共三大題，佔54分）

說明：請依各題指示作答，答案務必寫在「答案卷」上，並標明題號
　　　一、二、三。

一、判讀（佔9分）

　　穴烏（jackdaw）如果找到了一個將來可以造窩的小洞，牠就會兇
狠狠地把其他穴烏一齊趕走，不管來搶地盤的鳥地位多高，牠是再也
不肯讓步的。同時牠會用又高又尖的調子，不停地喊出「即刻，即刻，
即刻」通知牠看中的雌鳥，新房子已經準備好了。穴烏的這種鳥類呼
喚伏窩（孵卵）的儀式在秋天裡特別頻繁，每逢秋高氣爽的天氣，這
些鳥兒就會出來找窩，同時會對求偶的活動特別感興趣，「即刻、即
刻」之聲幾乎不絕於耳。到了二月、三月，大白天裡「即刻」的聲音
幾乎不曾間斷；三月最後幾天裡，牠們的情緒到了最高潮，「即刻」
合唱在某個牆壁的凹窪處更是格外響亮。就在這時，從凹窪處響出來
的音色變了，換成一種比較深沈而豐富的調子，聽起來像是「也卜、
也卜、也卜」。愈唱到後來，節拍愈快，再往後，就成了一串急不可
辨的連音了。於是興奮的穴烏從各個方向一齊都擠到這個小洞的旁
邊，牠們把身上的羽毛抖了開來，分別擺出威嚇的架勢，一齊加入「也
卜」大合唱。

　　這到底是什麼意思呢？我花了好久的時間才找出原因：原來牠們
這套儀式完全是在對付社會的罪人時才有的表現。穴烏因為適宜造窩
的小洞實在太少，競爭非常劇烈。有時一隻非常強壯的鳥為了爭地盤，
會無情的攻擊一隻比牠弱小得多的同伴，這時「也卜」反應就產生了。
受侮的穴烏又急又憤，牠的「即刻」之聲逐漸提高加快，最後終於變
成「也卜」了。如果牠的妻子當時不在場，得了牠告急的訊號，就會
蓬鬆了身上的羽毛趕來助戰。如果這個挑釁者這時還不逃走，就會引
起難以置信的後果，所有聽見牠們「也卜」的穴烏都會憤怒地趕到現
場，於是原先「一觸即發」的戰事在一陣愈叫愈響，愈喊愈急的「也

卜」聲中立刻化爲烏有。趕來管閒事的鳥經過這樣的一頓發洩之後，就又散開了，留下原來的地主在牠重得和平的家裡，靜靜地「即刻、即刻」。

　　通常出來主持公道的鳥數目都不少，足夠使一場爭端平息。最古怪的是原來的挑釁者也會參與「也卜」大合唱，旁觀的我們如果把人的想法投射在鳥的身上，會以爲這隻生事的鳥兒，是爲了轉移大家的注意力才跟著喊「捉賊」的。事實上無論是那隻穴鳥，一聽到「也卜」的叫聲就會不由自主的加入行列。生事的鳥兒根本就不知道自己是引起哄鬧的原因，所以當牠「也卜」的時候，牠也和別的鳥兒一樣，一邊轉，一邊東張西望地找嫌疑犯。雖然旁觀的我們會覺得荒唐，但牠的每一個動作可都是誠心誠意的。(改寫自勞倫茲《所羅門王的指環》)

根據上引文字，判斷穴鳥所發出的「即刻」與「也卜」聲可能分別代表那些意義？

　　【注意】：須將「即刻」與「也卜」聲可能代表的種種意義，分項條列敘述，並扼要說明何以如此判讀，否則扣分。

二、闡述（佔18分）

　　對上文中生事的穴鳥也跟著叫「也卜」，你有什麼感想或看法？而看到穴鳥集體的「也卜」行爲，再對照人類在類似情況下的反應，你又有什麼感想或看法？請分別加以闡述，文長不限。

三、命題寫作（佔27分）

　　人生難免「失去」：我們有時沈浸在失去的感傷中；有時因失去才學會珍惜；有時明明已經失去，卻毫不自覺；而有時失去其實並非失去……

　　請根據自己的體驗，以「失去」爲題，寫作一篇首尾俱足、結構完整的文章，文長不限。

94年度學科能力測驗國文科試題詳解

第一部分：選擇題

壹、單一選擇題

1. **B**

   【解析】(A) ㄐㄩ／ㄘㄨˊ

   (B) ㄐㄧㄚ

   (C) ㄑㄧㄢˊ／ㄔㄣˋ

   (D) ㄇㄨˋ／ㄋㄡˋ

2. **D**

   【解析】(A) 轉「還」空間→圜

   (B) 「疊」起→迭

   (C) 「塘」塞→搪

3. **D**

   【解析】(A) 未來　　　　　(B) 以來

   (C) 過來　　　　　(D) 助詞，無義／以來

4. **A**

   【解析】倩有請託之意，檢視上下文句，倩人乃請人代筆之意。

5. **C**

   【解析】(C) 謂奢、儉皆不中禮，相較之下，奢之害為大。

6. **B**

【解析】 引文所敘，高中生可以從「車轔轔，馬蕭蕭，行人弓
箭各在腰」(兵車行)「舍南舍北皆春水，但見群鷗日
日來」(客至)「安得廣廈千萬間，大庇天下寒士俱歡
顏」(茅屋為秋風所破歌)，皆為杜甫詩作而知。

7. **C**

【解析】 引文不斷強調「節文和儀則」，是以可知「節制」是
造成藝術的一個重要條件。

8. **B**

【解析】 (甲)由「泣血三年」可判斷屬父母之喪，但「也當泣
血三年」，則必非親生父母，再加上「只少懷胎十
月」，選項範圍已先縮小。

(乙)由「等邊矩形、一次曲線、強磁、乙炔」可確定
為數理教師。

9. **D**

【解析】 首先由(甲)「也沒有顏色的大輪廓」可推敲出(丁)
「黑暗是一個大輪廓」當在(甲)句之前；其次(乙)
「橫順的在黑暗裏爬」的主語為何，就可以考慮
(丙)(戊)；最後由首句「沒有燈火」接(丁)「黑暗
…」；末句「個個…」故前一句為(戊)「…無數的爬
蟲子」，答案即可產生。

10. **C**

【解析】 □□前後有答題的關鍵，如(甲)「□□，在月光裏睡著」，所以選「睫毛」；(乙)「美的人和美的事，錯綜起來像一天□□」，由「美」「錯綜」「一天」所以選「雲錦」；(丙)「跌出碎細的□□」，由「碎細」所以選「耳語」。

11. **C**

【解析】 由「信馬悠悠野興長」可見詩人的興味悠長，中間兩聯寫景，都沒有「濃厚的秋之愁緒」。

12-13為題組

12. **D**

【解析】 (A) 「反」通「返」，「從邯鄲反」意謂從邯鄲回來。
(B) 言邯鄲距離魏比跟市集之距離更遠。
(C) 三人市虎乃衆口鑠金，人言可畏之意。

13. **B**

14-15為題組

14. **C**

15. **A**

貳、多選題

16. **CD**

【解析】 (A) 苟得／如果　　　　(B) 參與／預備
(C) 往，有接近之意　(D) 迫也，靠近
(E) 何／厭惡

17. **ACDE**

【解析】 (B) 落花為形容詞 + 名詞的結構。

18. **DE**

【解析】 (A) (B) (C) 傳播

19. **ABCDE**

20. **CDE**

【解析】 (A) 儒家視傳道之書為經，解經之文為傳，未必孔門師
　　　　　　生之關係。

　　　　　(B) 風雅頌乃詩經體裁。

21. **CDE**

【解析】 (A) 杜光庭

　　　　　(B) 元末章回小說

<u>22-23為題組</u>

22. **BD**

【解析】 (A) 言境界乃氣質神韻之本。

　　　　　(C) 只要真情流露，雖匹夫之作，自有其價值。

　　　　　(E) 文氣受個人體氣影響，無法強求。

23. **BDE**

【解析】 (A) 乃共鳴非剽竊。

　　　　　(C) 「一位躺在樹蔭下思索有沒有比狩獵更重要的
　　　　　　　事」，所以冥思原人非「統治階級」「不需要狩
　　　　　　　獵」。

第二部分：非選擇題

一、　判讀

　　說明：本題測驗考生判讀的能力，閱讀之後，可以發現穴烏的
　　　　　「即刻」與「也卜」叫聲有多種涵意。

　　　1.「即刻」所代表的涵意可能有「新房準備已妥，呼喚
　　　　伏窩」、「求偶」、「重得和平後的安詳」等。

　　　2.「也卜」可能的涵意有「告急、求救」、「嚇敵」、「集
　　　　體制裁」、「本能反應」等。

　　　注意要分項條列陳述，並扼要說明何以如此判讀。

二、　闡述

　　說明：同學可分別就「生事穴烏的也卜行為」和「穴烏跟人類
　　　　　的對比」發揮聯想，提出自己的看法。好比人類自掃門
　　　　　前雪，還不如穴烏的集體制裁……，只要言之有物，符
　　　　　合題幹要求，不難得到理想的分數。

三、　命題作文

　　說明：「失去」在同學成長的過程中，不乏這類體驗，只要真
　　　　　實呈現，不難引發共鳴。最忌諱欲言又止，想表達又多
　　　　　所顧忌；或為文造情，失之浮濫。大考中心強調「只要
　　　　　契合題旨，內容充實，文筆流暢，結構完整，即可得 A
　　　　　等」，供同學參考。

九十四年度學科能力測驗（國文考科）
大考中心公佈答案

題　號	答　　案	題　號	答　　案
1	B	16	CD
2	D	17	ACDE
3	D	18	DE
4	A	19	ABCDE
5	C	20	CDE
6	B	21	CDE
7	C	22	BD
8	B	23	BDE
9	D		
10	C		
11	C		
12	D		
13	B		
14	C		
15	A		

九十三年大學入學學科能力測驗試題 國文考科

第一部分：選擇題（佔50分）

壹、單一選擇題（佔32分）

說明：第1題至第16題，每題只有一個最適當的選項。請選出最適當的選項，將答案標示在答案卡之「選擇題答案區」。每題答對得2分，答錯不倒扣。

1. 下列文句「」中的字，字音標示完全正確的選項是：
   (A) 當記者問起最新的「緋」（ㄈㄟˋ）聞，這位新科影后只是露出狡「黠」（ㄐㄧㄚˊ）的笑容，什麼都沒說
   (B) 安理會主席「盱」（ㄩ）衡情勢，在敵對雙方之間進行「斡」（ㄨㄛˋ）旋，終於化解戰爭一觸即發的緊張氣氛
   (C) 此次國際貿易談判，氣氛詭「譎」（ㄐㄩˊ），部長「忖」（ㄘㄨㄣˇ）度著該如何應對，才能確保我方利益不受侵害
   (D) 世界衛生組織建議產婦分「娩」（ㄇㄧㄢˇ）後，立即讓新生兒吸「吮」（ㄕㄨㄣˇ）母親的乳房，對母乳分泌及嬰兒心理皆有好處

2. 下列文句「」中的詞語，與今日口語慣用的詞義相同的選項是：
   (A) 「馬上」相逢無紙筆，憑君傳語報平安
   (B) 舊時王謝堂前燕，飛入「尋常」百姓家
   (C) 臣聞改前轍者則車不傾，革往弊者則政「不爽」
   (D) 宿昔不梳頭，絲髮被兩肩。婉伸郎膝上，何處不「可憐」

3. 下列文句 ＿＿＿ 內，若依序加上標點符號，最適當的選項是：

「掛鐘孤獨的在數著永恆的數字 ＿①＿ 滴嗒 ＿②＿ 滴嗒 ＿③＿ 滴嗒 ＿④＿ 這響聲已替他累積長長的五十七年了 ＿⑤＿ 他走向月台，北上那邊，是逗人心慌意亂的長鳴 ＿⑥＿ 南下，一個拄著柺杖的傾斜身影。在鐵路頂端 ＿⑦＿ 兩條鐵軌交併成單線而隱入村落樹木的那裡，他看到淡淡的一縷黑煙。」

	①	②	③	④	⑤	⑥	⑦
(A)	，	，	，	……	。	；	：
(B)	！	、	、	，	。	？	，
(C)	，	、	、	……	。	；	——
(D)	！	、	、	……	！	：	——

4. 下列引文，依文意推敲，□□中最適合填入的選項是：

「然則，冷靜須與同情相輔相成，方不偏失入冷漠。『史記』一書之恆常感人處，正在於字裡行間每每有司馬遷個人的生命感思湧動，它絕不只是一堆死寂刻板的文字而已！□□，我則又逐漸了悟，□□寫學術論文，□□不能完全抹煞情感；□□冷靜與同情之間的斂放不踰矩，又委實是此類文章的高層次標的了。」

（林文月〈我的三種文筆〉）

(A) 近來／即使／仍然／至於　　(B) 而且／所以／仍然／其實
(C) 因此／至於／其實／即使　　(D) 所以／近來／因此／而且

5. 某報新聞報導：「本次娜莉颱風所帶來的豐沛雨量，雖紓解北台灣的旱象，也帶來傾盆大雨，在臺北市、臺北縣、基隆市、桃園縣等地造成部分地區淹水。」請問最適合作為這則新聞標題的選項是：

(A) 娜莉下雨　這裡淹水　　　　(B) 北部地區嚴防豪雨成災
(C) 娜莉發威　淹沒北臺灣　　　(D) 娜莉豪雨　解了旱災　興了水災

6. 下引文字，請依文意選出排列順序最恰當的選項：

「在十一月的玉米田裡製造音樂的風是匆忙的。

　　甲、隨風上下移動

　　乙、當雁群在遠方天空變模糊時

　　丙、我聽到最後的鳴叫

　　丁、聚集又分開

　　戊、雁群從低垂的雲朵間出現

　　那是夏天的熄燈號。」（李奧帕德《沙郡年記》）

(A) 乙丙戊丁甲 　　　　(B) 丙戊甲丁乙

(C) 丁丙甲乙戊 　　　　(D) 戊甲丁乙丙

7. 斟酌下列文句，□中最適合填入的選項是：

　　甲、河水是寂靜如常的，小風把河水□著極細的波浪（蕭紅
　　　　《呼蘭河傳》）

　　乙、我很悚然，一見她的眼□著我的，背上也就遭了芒刺一般
　　　　（魯迅〈祝福〉）

　　丙、時間，會一吋吋地把凡人的身軀□成枯草色，但我們望向
　　　　遠方的眼睛內，那抹因夢想的力量而持續蕩漾的煙波藍將
　　　　永遠存在（簡媜《天涯海角》）

(A) 拂／黏／染 　　　　(B) 皺／釘／烘

(C) 漾／瞅／釀 　　　　(D) 吹／攫／烤

8. 下列引文，依文意推敲，_____ 內最適宜填入的選項是：

「味要濃厚，不可油膩；味要清鮮，不可淡薄。此疑似之間，
_____。濃厚者，取精多而糟粕去之謂也；若徒貪肥膩，
不如專食豬油矣。清鮮者，真味出而俗塵無之謂也；若徒貪
淡薄，則不如飲水矣。」（袁枚《隨園食單》）

(A) 差之毫釐，失以千里 　　(B) 食之無味，棄之可惜

(C) 魚目混珠，濫竽充數 　　(D) 虛者實之，實者虛之

9. 下列引文，依文意推敲，『＿＿＿＿』內最適宜填入的句子是：

「與善人居，如入芝蘭之室，久而自芳也；與惡人居，如入鮑魚
　之肆，久而自臭也。墨子悲於染絲，是之謂矣。君子必慎交遊
　焉。孔子曰：『＿＿＿＿』顏、閔之徒，何可世得！但優於我，
　便足貴之。」（《顏氏家訓・慕賢篇》）

(A) 友善柔。

(B) 無友不如己者。

(C) 與朋友交言而有信。

(D) 後生可畏，焉知來者之不如今也？

10. 孟子曰：「仁者如射，射者正己而後發，發而不中，不怨勝己者，
　　反求諸己而已矣。」（〈公孫丑上〉）

這段話的意義，與下列孔子言論契合的選項是：

(A) 求仁而得仁，又何怨

(B) 為仁由己，而由人乎哉

(C) 唯仁者，能好人，能惡人

(D) 君子無所爭，必也射乎。揖讓而升，下而飲，其爭也君子

11-12為題組

以下是蘇軾貶謫惠州時期寫給蘇轍的一封書信，請閱讀後回答下列問
題：

　　「惠州市井寥落，然猶日殺一羊，不敢與仕者爭買，時囑屠者買
其脊骨耳。骨間亦有微肉，熟煮熱漉出（自注：不乘熱出，則抱水不
乾），漬酒中，點薄鹽炙微燋食之。終日抉剔，得銖兩於肯綮之間，意
甚喜之，如食蟹螯；率數日輒一食，甚覺有補。子由三年食堂庖，所
食芻豢，沒齒而不得骨，豈復知此味乎？戲書此紙遺之，雖戲語，實
可施用也。然此說行，則眾狗不悅矣。」（蘇軾〈與子由書〉）

11. 依文意推敲，下列敘述正確的選項是：

(A) 惠州物產不豐，但地方官規定每天仍然得殺一隻羊

(B) 蘇軾買羊脊骨，煮熟微烤料理後再拿去賣，賺得一點小錢

(C) 蘇軾不常吃羊脊骨，但每隔幾天就會吃蟹螯，覺得相當滋補

(D) 蘇軾說他獨門的羊脊骨料理如果風行，那狗兒們恐怕會大大不高興

12. 依文意推敲，下列敘述<u>不正確</u>的選項是：

(A) 蘇軾不敢與仕者爭買，可知他因自己乃待罪之身，故頗為謹慎戒懼

(B) 蘇軾表面上調侃蘇轍，實則想傳達他並不感到困頓憂苦，以安其心

(C) 蘇軾雖津津樂道羊脊骨肉之美味，實際上覺得食之無味，棄之可惜

(D) 可看出蘇軾之豁達，即使身處逆境，生活清苦，卻能無往而不自得

<u>13-14為題組</u>

甲、宋之野人耕而得玉，獻之司城子罕，子罕不受。野人請曰：「此野人之寶也，願相國為之賜而受之也。」子罕曰：「子以玉為寶，我以不受為寶。」故宋國之長者曰：「子罕非無寶也，所寶者異也。」(《呂氏春秋‧紀部‧異寶》)

乙、解扁為東封，上計而入三倍，有司請賞之。文侯曰：「吾土地非益廣也，人民非益眾也，入何以三倍？」對曰：「以冬伐木而積之，於春浮之河而鬻之。」文侯曰：「民春以力耕，夏以強耘，秋以收斂；冬間無事，又伐林而積之，負軛而浮之河，是用民不得休息也。民以敝矣，雖有三倍之入，將焉用之？」(《淮南子‧人間訓》)

13. 下列敘述，符合上述故事中人物形象的選項是：
    (A) 子罕：清廉高潔／文侯：愛惜民力
    (B) 子罕：口是心非／文侯：信口開河
    (C) 野人：野人獻曝／解扁：開源節流
    (D) 野人：營蠅狗苟／解扁：虛己受人

14. 上引文章「夏以強耘」中「強」的字義，與下列相同的選項是：
    (A) 雖愚必明，雖柔必「強」
    (B) 精兵八百，「強」弩千張
    (C) 如今上面添了一夥「強」人，紮下箇山寨
    (D) 儒有席上之珍以待聘，夙夜「強」學以待問，懷忠信以待舉，力行以待取，其自立有如此者

15-16為題組

請先閱讀下列短文，然後回答下列問題：

　　「她們往往寧願以一趟計程車費，換得小獸可以快樂尖叫的坐十幾次電動車，不然或可換取一份各速食店所推出的夏日套餐，可在冷氣間消磨好久，任小獸玩那蕃茄醬或可樂裡的冰塊或套餐所附贈的玩具，暫時不用纏母獸，母獸可發呆或偷偷打量張望陌生的周圍其他人，好奇那些無聊情話說不完的年輕男女，年紀差距與她最近卻是她最感遙遠的一群；也可能她剛剛狠心又幫小獸買了一雙史努比鞋（鞋並不貴，但問題是小獸已有四、五雙了），以為一趟計程車費可以抵銷一半鞋價……等等，但請不要誤會她們是貧窮、所以必須斤斤計較的一群。

　　其實，在並不很久以前，她們亦曾經是一群以一套當季流行服裝、一份下午茶、一本時尚雜誌作為貨幣計算單位的族群。這是不是拉近了一點你與她們的距離，使你漸漸想起她們也曾經是人，曾經如同你目前已熱烈追求、神祕莫測的女孩。」（朱天心〈袋鼠族物語〉）

15. 文中說：「年紀差距與她最近卻是她最感遙遠的一群」，原因是：
    (A) 她年紀太大，跟社會上的流行脈動已脫節
    (B) 她渴望能說著無聊情話，憧憬未可知的愛情
    (C) 她的生活重心轉向小獸，昔年單身歲月已飄然遠逝
    (D) 她羨慕那些可恣意揮霍的年輕人，憎恨目前捉襟見肘的經濟窘境

16. 推敲文意，下列敘述不正確的選項是：
    (A) 「袋鼠族」指的是撫育幼齡子女的母親
    (B) 「她們」把計程車費的開銷，轉換為小獸乘坐電動車、享受速食餐、購買鞋子，是一種母愛的表現
    (C) 「請不要誤會她們是貧窮、所以必須斤斤計較的一群」，表示斤斤計較是袋鼠族的特性，與貧富無關
    (D) 「她們也曾經是人，曾經如同你目前已熱烈追求、神祕莫測的女孩」，強調一般人容易把當媽媽的人侷限於「母親」角色，忽略她們也曾有豐富的人生面向

貳、多重選擇題（佔 18 分）

說明：第 17 題至第 22 題，每題的五個選項各自獨立，其中至少有一個選項是正確的。請選出正確選項，將答案標示在答案卡之「選擇題答案區」。每題皆不倒扣，五個選項全部答對者得 3 分，只錯一個選項可得 1.5 分，錯兩個或兩個以上選項不給分。

17. 古人常以流水比喻時間不停地消逝，例如孔子就有「逝者如斯夫，不舍晝夜」之嘆。下列同樣是感嘆時間流逝的選項為：
    (A) 水流心不競，雲在意俱遲
    (B) 江流天地外，山色有無中
    (C) 枯藤老樹昏鴉，小橋流水人家，古道西風瘦馬
    (D) 恨望西溪水，潺湲奈爾何。不驚春物少，只覺夕陽多
    (E) 君不見黃河之水天上來，奔流到海不復還；君不見高堂明鏡悲白髮，朝如青絲暮成雪

18. 今日常用的語詞，有些是出自古典小說或戲曲故事，如「空城計」即來自《三國演義》。下列文句「」中語詞，與其後出處搭配正確的選項爲：

(A) 我最喜歡當「紅娘」了，我來介紹你們認識吧／《西廂記》

(B) 他「過五關斬六將」，終於在全國比賽中獲得冠軍／《三國演義》

(C) 歷史告訴我們，吏治不清之時，人民會「揭竿起義」／《水滸傳》

(D) 放心，任憑他怎麼油滑，也「翻不出如來佛手掌心」／《西遊記》

(E) 這次到了巴黎，眞可說是「劉姥姥進大觀園」，大開眼界／《紅樓夢》

19. 下列各組「」中字、詞意義相同的選項爲：

(A) 吾愛孟夫子，「風流」天下聞／牡丹花下死，做鬼也「風流」

(B) 「向」之所欣，俛仰之間，已爲陳迹／「向」吾入而弔焉，有老者哭之，如哭其子；少者哭之，如哭其母

(C) 絕雲氣，負青天，然後圖南，且「適」南冥也／此時魯仲連「適」游趙，會秦圍趙，聞魏將欲令趙尊秦爲帝

(D) 居頃之，「會」燕太子丹質秦亡歸燕／李同遂與三千人赴秦軍，秦軍爲之卻三十里。亦「會」楚、魏救至，秦兵遂罷，邯鄲復存

(E) 見生枯瘠疥癘，殆非人狀。（李）娃意感焉，乃謂曰：豈非某郎也？生憤懣「絕倒」，口不能言，頷頤而已／王平子邁世有俊才，少所推服。每聞衛玠言，輒嘆息「絕倒」

20. 關於「三曹」（曹操、曹丕、曹植）與「三蘇」（蘇洵、蘇軾、蘇轍）的比較，下列敘述正確的選項是：

(A) 「三曹」、「三蘇」六人，都是當時文壇領袖，他們門下都有眾多追隨者，形成多元的創作風格

(B) 想閱讀「三曹」作品，可翻檢《昭明文選》；想閱讀「三蘇」作品，可翻檢《唐宋八大家文鈔》

(C) 曹操〈短歌行〉「周公吐哺，天下歸心」與蘇洵〈六國論〉「六國破滅，弊在賂秦」，均是借古諷今

(D) 「三曹」所創作的詩歌形式，包括四言詩、樂府詩以及近體詩；「三蘇」所創作的詩歌形式，則包括五、七言歌行與近體詩

(E) 「其在釜下燃，豆在釜中泣」與「但願人長久，千里共嬋娟」，正彰顯曹氏、蘇氏兄弟情誼之深淺有別，前者不睦而後者相知相惜

21. 如果我們把古代五經博士或經學專家請到現代社會，以其專業知識提供協助，就經書內容與職務作最適切組合的考量，下列安排適合的選項是：

(A) 請「尚書」博士擔任駐外大使

(B) 請「春秋」博士擔任國史館館長

(C) 請「易經」博士擔任法務部部長

(D) 請「儀禮」專家擔任警政署署長

(E) 請「爾雅」專家擔任國語辭典編纂顧問

22. 下列文字敘述正確的選項是：

(A) 唐宋八大家中，唐僅二人，宋則多達六人，據此足證：唐代古文成就遠不如宋代

(B) 韓愈、柳宗元、白居易、歐陽修、蘇軾、徐志摩、余光中、楊牧等，都是兼擅詩、文的作者

(C) 《左傳》、《公羊傳》、《穀梁傳》，稱「春秋三傳」；其中以
　　《左傳》的文學價值最高

(D) 《史記》一書開紀傳體之先例，《漢書》承之。二書雖爲史書，
　　都被後世文章家奉爲學習的典範

(E) 清代是小說發皇的時代，名作蠭出，《金瓶梅》、《紅樓夢》、
　　《聊齋志異》、《老殘遊記》等，爲其中佼佼者

第二部分：非選擇題（共三大題，佔 52 分）

說明：請依各題指示作答，答案務必寫在「答案卷」上，並標明題號
　　　一、二、三；第一題再分（一）、（二）。

一、描寫與擬想（佔 14 分）

　　下圖中人與蛙的神情、姿態十分有趣，請細細玩味後，（一）各
以 50 字左右之文字描寫他們的神情、姿態，（二）各以一、二句話
擬寫他們當下內心之所想。

　　【注意】：神情、姿態之描寫，與各自內心之所想，二者之間應
　　　　　　　相關、呼應，不可風馬牛不相及。

二、判讀（佔 14 分）

　　近一、二年來，「中高齡失業」成為台灣社會「沉重」的現象。所謂中高齡，泛指 45 歲到 65 歲。根據主計處 2003 年 10 月統計，50 至 54 歲平均待業期達 35.23 週（8.2個月），55 至 59 歲達 38.68 週（9 個月），年齡愈大愈不容易找到工作，他們的處境也就愈見艱難。

　　假設，你的鄰居陳先生也在這波中高齡失業潮裏。

　　陳先生今年 50 歲，他的太太來自越南，兩名子女分別就讀小學、幼稚園，一家四口僅靠他的薪水度日。一年前，陳先生任職的工廠遷往大陸，他因此失業了。雖然曾到「就業服務中心」登記，也應徵過幾個工作，然皆未獲回音。陳先生從事過紡織、餐飲、保全，最近更在社區大學上過電腦課，他迫切需要一份工作，但因文筆不佳，寄出的求職信往往石沉大海，因此拜託你幫他寫一封求職信。他特別強調，對工作性質、地點都不挑剔，希望待遇是 4 萬元。

　　<u>在寫這封求職信之前，你必須仔細衡量上述陳先生的狀況，從中選擇若干，做為訴求重點，以便打動僱主的心。那麼你會選擇那些重點呢？請逐項列出，並說明所以選擇其作為訴求重點的理由。</u>

　　【注意】：本題用意，並不在要求寫成完整的求職信，作答時，請逐項列出重點並說明理由即可。

三、閱讀下列資料，並依要求作答。（佔 24 分）

　　有一個人，人們叫他「大鬍子」，以下是關於他的報導。

甲、　　　義大利籍天主教靈醫會會士、澎湖惠民醫院院長何義士修士，1924 年生於義大利，十二歲加入天主教靈醫會，在斷絕財富、色慾、謹防意外三項會規外，何義士自己許下第四願：為

一切病患犧牲。1947年，何義士離開義大利，跟隨靈醫會的會士遠渡重洋到中國大陸雲南省行醫救人。

在雲南工作期間，眼見當地政府對痲瘋病人的漠視，當時年僅廿三歲、心懷公義與悲天憫人的何義士修士，總是難過地掉下眼淚，於是全力投入痲瘋病患的照護工作，並四處籌募基金，在雲南興建痲瘋病院和綜合醫院。詎料，他的作為，被當地政府視為具有政治意圖，最後只好黯然離開中國大陸。何義士回到義大利潛心學醫，希望學成後回到東方，繼續行醫。

1953年，何義士隨靈醫會的弟兄們來到當時十分落後的宜蘭縣羅東鎮、由靈醫會創設的羅東聖母醫院。他視病如親，遇有緊急狀況，不惜當場挽袖輸血給病人，一直到他辭世為止，總計捐給台灣人三萬七千五百西西的鮮血。

那裡偏僻，他就去那裡。1958年，他主動向修會申請，前往離島澎湖濟世行醫，更募款興建澎湖惠民醫院。1973年，他到台北三重創辦診所，1983年，何義士再度回到澎湖接任惠民醫院院長職務。他體恤醫護人員辛苦，又不放心病患，總是堅持親自值夜班，一天二十四小時不限時、地，為病患看診。不論多晚，只要有病人求診，他都能在極短的時間內趕走疲憊，改以笑臉面對病人和家屬。因為他堅信，醫師給病人的信心是最佳良藥。

乙、1999年8月剪報

1.　　　在澎湖奉獻近半世紀的天主教靈醫會惠民醫院院長何義士，於8月15日傍晚在未為人察覺的情況下，坐在院內客廳的椅子上安詳的走了，享年七十五歲。他生前曾獲頒三次的醫療貢獻獎，也曾獲得其祖國義大利頒發的最高榮譽騎士獎章，他的逝世留給各界無限的哀思。

惠民醫院修士韓國乾表示，何院長走得很安詳，臉上還泛著紅潤的光澤，如同在安睡中，在教會來說，這是天主因何義士爲中國病患付出一生而給的榮光。

韓修士回憶指出，15日上午，何義士還主持聖母昇天彌撒，神情愉快且精神飽滿，中午用餐後，騎著腳踏車外出運動，下午四時許回到院內，一如平常般，熱情地與人打招呼。接著獨自一人至院內五樓的客廳小憩，至六時許，韓修士依慣例至五樓客廳請他下樓用膳，只見何義士安詳的坐臥在椅上，狀似熟睡，韓修士輕搖他的肩膀，發現沒有反應，立即召請值班醫師急救，但已經晚了一步，醫師研判是心臟衰竭。

2.　　經何義士修士診治過的病人，對他留著美麗的大鬍子有著極深的印象。與他接近的人都知道，他之所以留著大鬍子，是因爲在他廿三歲離開故鄉時，母親曾對他說：「維護神職人員形象最好的方法，就要像個愛心的老者。」從小受母親影響甚深的年輕何修士，於是開始蓄留鬍鬚，立志做個有愛心的人，做個具有好形象的神職人員。

3.　　何義士最常掛在嘴邊的一句話就是：「人不能決定自己的容貌、身高，但卻可以選擇生命的樣式。」因此終其一生，他都決定選擇在雲南或是澎湖這些偏遠地區，爲病患服務。他自奉甚儉，別的修士不穿的衣服，只要能穿，他都會愛惜的撿拾來穿。他一輩子關心別人，爲他人設想，晚年仍時時掛念雲南的痲瘋病患，爲了興建那兒的第二座痲瘋病院，何義士正在趕寫一本有關雲南痲瘋病患的書，準備在聖誕節前出版，以便募款。爲此，他常趕稿至凌晨兩三點，過世的前一天晚上，他仍在熬夜趕書。

4.　　　何義士在澎湖的最後一段路程，僅有教友、院內同事及少
　　數曾被何義士救活的病患排在棺木兩旁陪著他，走得冷清，不
　　少人忍不住為他叫屈，當場痛哭起來。

　　現在，讓時間重回 1999 年 8 月 14 日晚間——也就是何義士生命的
最後一晚：他坐在桌前寫稿，忽然覺得身體不適，於是起身走動，回
座後深感自己已然年老，過往歲月一幕幕浮現於眼前，他不禁陷入沉
思之中……

　　此時此刻，他會想些什麼呢？又會向上天祈求什麼呢？閱讀上述
資料後，你對何義士修士的人格、襟懷與志業當有所認識、了解。在
此基礎之下，請<u>以其眼為眼、以其心為心，用第一人稱「我」寫出何
義士生命最後一晚的所思所感、所祈所願</u>。

　　【注意】：1. 不必訂題目，且文長不限。
　　　　　　　2. 不得直接重組、套用各則報導原文。

93年度學科能力測驗國文科試題詳解

第一部分：選擇題

壹、單一選擇題

1. **D**

   【解析】(A) 「緋」（ㄈㄟ）聞、狡「黠」（ㄒㄧㄚˊ）

   　　　　(B) 「盱」（ㄒㄩ）衡

   　　　　(C) 詭「譎」（ㄐㄩㄝˊ）

2. **B**

   【解析】(A) 「馬上」相逢——馬匹上；今日口語則為立刻之意

   　　　　(C) 政「不爽」——沒有差失；今日口語則為不悅之意

   　　　　(D) 不「可憐」——可愛；今日口語則為令人憐憫、同情之意

3. **C**

   【解析】本題宜用除錯法，首先由頓號（、）將 (A) 排除；再從「北上那邊……⑥南下，……」判斷⑥當為分號（；），則答案可知。

4. **A**

   【解析】連詞（連接詞）是用來連接字與字、詞語與詞語、句子與句子或段落與段落的一種詞類，可從文意是否轉折、因果等關係來推敲判斷。

5. **D**

【解析】(A)「這裡淹水」未明確標示淹水地區

(B)「嚴防豪雨成災」乃颱風來襲前的警示

(C)「淹沒北臺灣」與部分地區淹水的事實不符

6. **D**

【解析】首先由「戊、雁群……出現」「乙、當雁群……變模糊」判斷戊在乙前，選項縮小範圍為 (B)(D)；再從末句「那是夏天的熄燈號」推敲，前一句當為「丙、我聽到最後的鳴叫」，答案即可知。

7. **B**

【解析】由畫線部份推敲－甲、河水 皺 著極細的波浪

乙、她的眼 釘 著我的，背上也就遭了芒刺一般

丙、把凡人的身軀 烘 成枯草色。

8. **A**

【解析】關鍵句「疑似之間」，所以選「差之毫釐，失之千里」。

9. **B**

【解析】引文主旨在「君子必慎交遊」，(A) 友善柔乃損友、(C) 與朋友交言而有信乃強調誠信之要、(D) 後生可畏……乃訴求及時進取，所以選 (B)。

10. **B**

　　【解析】 孟子「仁者如射」著眼於人我之間的關係，由自己開
　　　　　　始，如有不合則反求諸己，蓋「仁者己欲立而立人…
　　　　　　…能近取譬，可謂仁之方」。(A) 求仁得仁乃適如其願、
　　　　　　(C) 仁者無私心，好惡皆合宜恰當、(D) 君子運動之爭
　　　　　　均與題旨不合。

11-12為題組

11. **D**

12. **C**

　　【解析】 惠州交易買賣冷清，猶曰殺一羊，蘇軾買羊脊骨熟煮
　　　　　　微烤料理後，終日挑剔僅得銖兩少許肉於脊背之間，
　　　　　　而味如食螯蟹，甚覺滋補，雖是戲語，也由於蘇軾豁
　　　　　　達，是以無入而不自得。

13-15為題組

13. **A**

14. **D**

　　【解析】 子罕不受野人所獻之玉可看出其清廉高潔；文侯不願
　　　　　　「用民不得休息也，民以敝矣」此為愛惜民力的表現。
　　　　　　14題可從詞性加以判斷，「強」耘、「強」學，勉力、
　　　　　　盡力之意，一目了然。

15. **C**

<u>16-18爲題組</u>

16. C 或 B

貳、多重選擇題

17. DE
【解析】(A) 寫內心的悠閒自適
(B)(C) 寫景，非感嘆時間流逝

18. ABDE
【解析】(C) 「揭竿起義」典出陳勝、吳廣起兵反抗暴秦

19. BD
【解析】(A) 風度、儀表／放蕩不羈的男女關係
(B) 先前
(C) 前往／恰巧
(D) 正好
(E) 哭暈過去／極其佩服

20. BE
【解析】(A) 三蘇非當時文壇領袖
(C) 曹操用「周公吐哺」乃表達一己於亂世中渴求賢才之心
(D) 三曹所創作的詩歌形式不會有近體詩

21. BE
【解析】(A) 尚書乃最早的史書，其內容與駐外大使無關
(C) 易經談天道人事之理與法務無關
(D) 儀禮爲生活禮儀規範與警政無關

22. **BCD**

　【解析】　(A) 唐、宋古文成就不可以人數多寡來論證

　　　　　　(E) 金瓶梅乃明代小說

第二部分：非選擇題

一、　描寫與擬想

　　說明：該圖典出劉海戲金蟾，然非答題重點，分別從人、蛙之
　　　　　神態做描寫，呈現彼此之互動，且能自圓其說，最後，
　　　　　以一、兩句畫龍點睛出人、蛙心中之所想，即可得分。

二、　判讀

　　說明：不需寫成一封完整的求職信，以打動僱主為前提，或動
　　　　　之以情（家計、境遇）或誘之以利（工作性質、地點都
　　　　　不挑），總之要說出個道理來。

三、　閱讀

　　說明：人的一生，當回首前塵往事，末了的心願應為最大的遺
　　　　　憾以第一人稱「我」敘寫，要將心比心，用何義士之
　　　　　言、之事，寫其心、抒其情。

九十三年度學科能力測驗（國文考科）
大考中心公佈答案

題　號	答　　案	題　　號	答　　　案
1	D	16	C 或 B
2	B	17	DE
3	C	18	ABDE
4	A	19	BD
5	D	20	BE
6	D	21	BE
7	B	22	BCD
8	A		
9	B		
10	B		
11	D		
12	C		
13	A		
14	D		
15	C		

九十二年大學入學學科能力測驗試題
國文考科

第一部分：選擇題（佔 51 分）

壹、單一選擇題（佔 36 分）

說明：第 1 題至第 18 題，每題選出一個最適當的選項，標示在答案卡
　　　之「選擇題答案區」。每題答對得 2 分，答錯不倒扣。

1. 下列各組「　」內的字，讀音相同的選項是：
   (A) 應「該」／「垓」下之圍
   (B) 驚「駭」／「欬」唾成珠
   (C) 彈「劾」／「刻」舟求劍
   (D) 審「核」／言簡意「賅」

2. 下列文句中由注音符號所代替的字，正確的字形依序是：
   小籠包抱著 ㄕˋ 死如歸的決心對泡麵說：「別以為你燙了頭髮，
   我就不認識你！我與你 ㄕˋ 不兩立！」泡麵也不甘 ㄕˋ 弱地
   說：「你若這麼愛惹 ㄕˋ 生非，我就奉陪到底！」
   (A) 誓／勢／勢／是　　　　　(B) 視／誓／示／是
   (C) 視／示／勢／事　　　　　(D) 誓／誓／勢／事

3. 《史記·魏公子列傳》：「魏王見公子，相與泣，而以上將軍印授
   公子，公子遂將。魏安釐王三十年，公子使使遍告諸侯。諸侯聞
   公子將，各遣將將兵救魏。」上引文字中的五個「將」字，作
   動詞用的有：
   (A) 二個　　　(B) 三個　　　(C) 四個　　　(D) 五個

4. 「直田積八百六十四步，且云『闊（寬）』少『長』十二步，問『長』、『闊』幾何？」上引是古代《算學寶鑑》中的一道數學題目，下列關於這道題目的理解，正確的選項是：

(A) 這道題目是問：面積八百六十四單位的田地，長、寬相差多少

(B) 問題中的「少」，與「始吾幼且少，為文章以辭為工」的「少」同義

(C) 若假設「長」為 X 單位，「闊」就是（X＋12）單位

(D) 若假設「闊」為 X，可將問題改為方程式「X（X＋12）＝864」進行求解

5. 下引是一段古代散文，請依文意選出排列順序最恰當的選項：
「人之所喻，由其所習，（甲）志乎義，（乙）所習在義，（丙）所習由其所志，（丁）則所習者必在於義，斯喻於義矣。」
（陸九淵＜白鹿洞書院講義＞）

(A) 甲丁乙丙　　　　　　(B) 乙甲丙丁

(C) 丙甲丁乙　　　　　　(D) 丁乙丙甲

6. 或謂「唐詩」和「宋詩」之別在於：唐詩重抒情，擅用以景托情的表現方式；宋詩則多寫日常生活，有「散文化」或「口語化」的傾向。若依據上述的分別，下列詩句，明顯具有「宋詩」風格的選項是：

(A) 移舟泊煙渚，日暮客愁新。野曠天低樹，江清月近人

(B) 香燈伴殘夢，楚國在天涯。月落子規歇，滿庭山杏花

(C) 宛丘先生長如丘，宛丘學舍小如舟。常時低頭誦經史，忽然欠伸屋打頭

(D) 寒雨連江夜入吳，平明送客楚山孤。洛陽親友如相問，一片冰心在玉壺

7. 一首理路清晰的現代詩，它的描寫、比喻、形容，必然是前後相關、彼此呼應的。下引三節現代詩，請依詩意仔細推敲，選出最適合填入□的選項：

　甲、「歸巢的鳥兒／儘管是倦了／還馱著斜陽回去

　　　　　雙翅一翻／把斜陽掉在江上

　　　　　頭白的蘆葦／也妝成一瞬的□□了」（劉大白〈秋晚的江上〉）

　乙、「小徑裡明月相窺

　　　　　枯枝——

　　　　　在雪地上／又□□的寫遍了相思」（冰心〈相思〉）

　丙、「開落在幽谷裡的花最香／無人記憶的朝露最有光

　　　　　我說妳是幸福的小玲玲

　　　　　沒有照過□□的小溪最清亮」（何其芳〈花環〉）

　(A) 紅顏／縱橫／影子
　(B) 紅顏／悄悄／鏡子
　(C) 青絲／縱橫／鏡子
　(D) 青絲／悄悄／影子

8. 有關下引文字的敘述，錯誤的選項是：

　「始先生以進士，三十有一仕歷官，其為御史、尚書郎、中書舍人，前後三貶，皆以疏陳治事，廷議不隨為罪。常惋佛、老氏法潰聖人之隄，乃唱而築之。及為刑部侍郎，遂章言憲宗□□□非是，任為身恥，震怒天顏，先生處之安然，就貶八千里海上。」

　(A) 「先生」應指韓愈

　(B) □□□可能是「迎佛骨」

　(C) 「就貶八千里海上」應指貶謫永州

　(D) 由「常惋佛、老氏法潰聖人之隄」可推知這位「先生」以傳承儒學自任

9. 漢字由於多數是「合體成字」，因而可以透過拆開、拼組的方式產生語文趣味，例如「何處合成愁？離人心上秋」，就是利用「秋」、「心」可拼成「愁」字來造句。下列對聯，也利用此一漢字的特性製造諧趣的選項是：

(A) 白店白雞啼白晝，黃村黃犬吠黃昏

(B) 鳥入風中，銜去蟲而作鳳；馬來蘆畔，吃盡草以為驢

(C) 坐南朝北吃西瓜，皮向東甩；思前想後看左傳，書往右翻

(D) 膏可吃，藥可吃，膏藥豈可吃；脾好醫，氣好醫，脾氣不好醫

10. 下引為徐志摩〈一個詩人〉中的一段文字，閱讀後請選出敘述正確的選項：

「我敢說，我不遲疑的替她說，她是在全神的看，在欣賞，在驚奇這室內新來的奇妙——火的光在她的眼裡閃動，熱在她的身上流布，如同一個詩人在靜觀一個秋林的晚照。我的貓，這一晌至少，是一個詩人，一個純粹的詩人。」

(A) 「她」代表詩人的靈感，像火光一樣閃爍又溫暖

(B) 「她」比喻詩人的妻子或情人，對詩人懷抱著無限熱情

(C) 徐志摩以貓喻人，藉冬夜火爐前的一隻貓，緬懷一位對寫詩狂熱的人

(D) 就徐志摩而言，能對新來的奇妙充滿驚奇，全神欣賞、靜觀的，可以稱之為「詩人」

11-12 為題組

請閱讀下列短文，回答 11-12 題。

初到黃，廩入既絕，人口不少，私甚憂之，但痛自節儉，日用不得過百五十。每月朔便取四千五百錢，斷為三十塊，掛屋梁上。平旦，用畫叉挑取一塊，即藏去叉，仍以大竹筒別貯，用不盡者，以待賓客，此賈耘老（註：人名）法也。度囊中尚可支一歲有餘，至時別作經畫，水到渠成，不須預慮，以此胸中都無一事。

11. 作者的經濟狀況是：
(A) 寬裕的　　　　　　　　(B) 困窘的
(C) 收支相抵的　　　　　　(D) 舉債度日的

12. 依據文中的地名和人物的生命態度來看，本文的作者應是：
(A) 陶潛　　　(B) 杜甫　　　(C) 白居易　　　(D) 蘇軾

13-15 為題組

請閱讀下列短文，回答 13-15 題。

　　　　長沮、桀溺耦而耕，孔子過之，使子路問津焉。長沮曰：「夫執輿者為誰？」子路曰：「為孔丘。」曰：「是魯孔丘與？」曰：「是也。」曰：「是知津矣。」問於桀溺，桀溺曰：「子為誰？」曰：「為仲由。」曰：「是魯孔丘之徒與？」對曰：「然。」曰：「滔滔者天下皆是也，而誰以易之？且而與其從辟人之士也，豈若從辟世之士哉？」耰而不輟。子路行以告。夫子憮然曰：「鳥獸不可與同群，吾非斯人之徒與而誰與？天下有道，丘不與易也。」（《論語‧微子》）

13. 子路向隱者問津，長沮卻回答「是知津矣」。長沮如此回答的語氣是：
(A) 讚美的　　(B) 責備的　　(C) 輕佻的　　　(D) 嘲諷的

14. 長沮、桀溺對於孔子的看法是：
(A) 孔子雖汲汲於仕途，但心中同樣渴望歸隱山林
(B) 孔子自以為能改善混亂的世局，實則無力改變
(C) 孔子打著救世的招牌招攬弟子，實為欺世盜名
(D) 孔子與弟子四體不勤、五穀不分，故不足效法

15. 下列敘述，何者<u>不符合</u>孔子的觀點？

   (A) 道家之流甘與鳥獸為伍，與禽獸無別

   (B) 不能苟同道家之流逃避對人群的責任

   (C) 世衰道微，儒者更須肩負起博施濟眾的使命

   (D) 即使於事無補，儒者仍不可放棄經世濟民的天職

16-18 為題組

下列短文有三個空格，請自參考選項中選出最適當的答案。

      不同時代的文學書寫，往往有不同的表現方式。以描繪「女子之美」為例：周代詩人運用大量的比喻，寫下「＿＿16＿＿」的句子；漢代＜羽林郎＞寫胡姬「長裾連理帶，廣袖合歡襦。頭上藍田玉，耳後大秦珠。兩鬟何窈窕，一世良所無」，具有鮮明的＿＿17＿＿風格；二者都著重於人物面貌、神情、衣飾的細膩刻畫。梁、陳兩代，結合民歌的直率與宮廷的淫靡，類似「＿＿18＿＿」將形體、姿態如此感官式的描寫盛極一時，形成文學史上所謂的「宮體詩」。

   (A) 樂府詩

   (B) 近體詩

   (C) 閨怨詩

   (D) 足下躡絲履，頭上玳瑁光。腰若流紈素，耳著明月璫

   (E) 夢笑開嬌靨，眠鬟壓落花。簟文生玉腕，香汗浸紅紗

   (F) 洞房昨夜停紅燭，待曉堂前拜舅姑。妝罷低聲問夫婿，畫眉深淺入時無

   (G) 手如柔荑，膚如凝脂。領如蝤蠐，齒如瓠犀。螓首蛾眉，巧笑倩兮，美目盼兮

貳、多重選擇題（佔 15 分）

說明：第 19 題至第 23 題，每題的五個選項各自獨立，其中至少有一
　　　個選項是正確的，選出正確選項標示在答案卡之「選擇題答案
　　　區」。每題皆不倒扣，五個選項全部答對者得 3 分，只錯一個
　　　選項可得 1.5 分，錯兩個或兩個以上選項不給分。

19. 文言文中的「者」，有作代名詞用，如「古之學『者』必有師」；有
　　作語助詞用，如「師『者』，所以傳道、受業、解惑也」。下列文句
　　的「者」，屬於「代名詞」的選項是：
　　(A) 政「者」，正也，子率以正，孰敢不正
　　(B) 聞舟船中夜彈琵琶「者」，聽其音，錚錚然
　　(C) 不仁「者」，不可以久處約，不可以長處樂
　　(D) 夫史「者」，民族之精神，而人群之龜鑑也
　　(E) 夫持法太急「者」，其鋒不可犯，其末可乘

20. 「草枯鷹眼疾，雪盡馬蹄輕」並未使用「因為」、「所以」，但前後
　　兩句仍各表達出一種因果關係，意思是「因為草枯萎了，所以鷹的
　　眼睛看得更清楚；因為雪融盡了，所以馬的步伐變得更輕快」。下
　　列詩句，屬於此一表達方式的選項是：
　　(A) 海內存知己，天涯若比鄰
　　(B) 寺遠僧來少，橋危客過稀
　　(C) 不才明主棄，多病故人疏
　　(D) 總為浮雲能蔽日，長安不見使人愁
　　(E) 盤飧市遠無兼味，樽酒家貧只舊醅

21. 語文中常見以「人體部位」為喻的詞彙，取義各有不同。例如「他是我的心肝」，是以「心肝」比喻「珍視、疼惜的人」。下列文句「」內的人體譬喻詞，是取「距離極近」之義的選項是：
    (A) 段考已經迫在「眉睫」，他還忙著玩樂
    (B) 這件事進行到現在，總算是有點「眉目」了
    (C) 沒想到是他的秘書陷害他，真是變生「肘腋」
    (D) 憑著他高明的「手腕」，總算平息公司內部的紛爭
    (E) 劉備視諸葛亮為「股肱」大臣，軍國大事都向他諮詢

22. 某文化出版公司打算製作一部介紹「唐代詩人生活」的三D動畫，做為教學輔助之用。下列內容，適合納入此部動畫的選項是：
    (A) 幾位詩人在酒樓小聚，歌女吟唱其中一位的詩：「黃河遠上白雲間，一片孤城萬仞山。羌笛何須怨楊柳，春風不度玉門關」
    (B) 詩人擔任駐邊將領的幕僚，寫下悲壯的邊塞詩：「秦時明月漢時關，萬里長征人未還。但使龍城飛將在，不教胡馬度陰山」
    (C) 詩人感慨家國淪亡，興復無望：「渺神京。干羽方懷遠，靜烽燧，且休兵。冠蓋使，紛馳騖，若為情。聞道中原遺老，常南望、翠葆霓旌」
    (D) 詩人創作戲劇，供達官貴人在宅院中觀賞，劇中主角的唱詞是：「原來姹紫嫣紅開遍，似這般都付與斷井頹垣。良辰美景奈何天，賞心樂事誰家院」
    (E) 詩人伏案窗前，代人寫情書：「展花箋欲寫幾句知心事，空教我停霜毫半晌無才思。往常得興時，一掃無瑕疵。今日箇病厭厭，剛寫下兩個相思字」

23. 請閱讀下文，選出適合做爲標題的選項：

開蘭舉人黃纘緒的老家，那傳統的三合院建築，在經濟掛帥的壓力下，一瞬間，化爲醜陋的建築工地。被怪手鏟除掉的，不只是傳統的建築文化，更是一段宜蘭人驕傲的開墾歷史。

宜蘭舊城有條優美的護城河，曾經悠悠地流過宜蘭人的心中，豐富了宜蘭人的鄉愁記憶。河中搖曳的水草、岸邊的垂柳，曾經是宜蘭人生活中的一部分。如今，站在已掩蓋的原址，過去護城河流經的地方，只見車來車往，一片匆忙。眞難想像失去河流滋潤的城市，就像乾枯的蘋果，怎會美麗得起來！

(A) 除舊與布新
(B) 被抹去的記憶
(C) 消失的宜蘭城
(D) 宜蘭舊城風物考
(E) 優美的傳統建築文化

第二部分：非選擇題（共二大題，佔51分）

說明：請依各題指示作答，答案務必寫在「答案卷」上，並標明「一」、「二」；「一」再分(一)、(二)。

一、閱讀下列資料，依框內要求作答。（佔24分）

2001 年，OECD（經濟合作發展組織）策劃了一項「PISA」（國際學生評量計畫），測驗 32 國二十六萬五千多名十五歲青少年，是否具備未來生活所需的知識與技能，結果排名前三名的是芬蘭、加拿大、紐西蘭。這項被喻爲「教育界的全球盃」、具有檢驗各國教育體制和未來人才競爭力的報告引起各國震撼，排名不理想的國家紛紛檢討「我們的學生很笨嗎？我們的國民讀得夠不夠？」再次正視閱讀的重要性。

　　近年來，在高科技時代、e 化浪潮中，傳統式閱讀卻重新成為許多國家教育改革的重點。在美國，無論是柯林頓任內「美國閱讀挑戰」運動或現任總統布希的「閱讀優先」方案，均見國家元首大力提倡。911 恐怖事件發生時，布希總統正在小學為小朋友說故事，情景令人記憶猶新。在英國，布萊爾首相在施政報告中連續重覆三次「教育、教育、教育」以表達其迫切性，政府更訂定「閱讀年」，與媒體、企業、民間組織合作，要打造「一個舉國皆是讀書人的國度」。在澳洲，小學生的家庭作業包括唸一本書，「至少唸二十分鐘才能停」。芬蘭的學生在 PISA 調查中名列前茅，不但閱讀能力最強，18 % 的芬蘭中學生每天花一、二小時，單純只為了享受閱讀的樂趣而閱讀。

　　台灣雖未參與 PISA 評量，但據文建會調查：十五歲以上民眾從不看書或幾個月才看一次的比例達 38.7 %，半年內不曾買書或雜誌者佔 51.2 %，而 46 % 小朋友的休閒活動是玩電腦、看電視。以芬蘭為例，其首都市民平均每人每年從圖書館借閱 16 本書，而台北市民則只有兩本。學者專家憂心台灣中小學生「看電視、玩電腦，不看書，要看也只看教科書、參考書」。

(一) 讀完上列資料，回顧自己的讀書生涯，此時最深的感想是什麼？文長至少 **200 字**。(佔 12 分)

(二) 有一所偏遠地區的小學，全校師生約兩百人，圖書欠缺、設備老舊、經費短絀，且家長對學校的參與度甚低。現在假設你是這所小學的校長，看了上列資料，決心推動全校閱讀，請寫下你的「閱讀推動計畫」，文長至少 **200 字**。(佔 12 分)

　　【注意】：計畫內容必須具體。

二、閱讀下列資料，依框內要求作答。（佔27分）

A 香米

　　「香米」，顧名思義即是煮熟後會散發出香味的米。民國66年，農業試驗所嘉義分所開始從事香米育種研究，引進國外香米品種與台灣優良水稻品種進行雜交育種。

B 益全香米

　　益全香米穀粒大而飽實，米粒透明度佳，黏度適中、彈性優、口感Q。據實驗，其單位面積產量比一般稻作多，育苗時間短，對於稻熱病的抵抗力強。益全香米具獨特的芋頭香，據吃過的人表示，掀開飯鍋時，會被那股香芋味感動。……

C 台農71號

　　「台農71號」是繼「台稉4號」及「台農72號」之後，在台灣地區育成的第三個稉型香米品種。「台稉4號」是民國79年由花蓮區農業改良場命名；「台農72號」則是於民國76年由農試所嘉義分所命名，兩種米雖然都有香味，但各有缺點，雖曾推廣種植，卻成效不佳。

　　「台農71號」是以「台稉4號」為父本，取其具有國人喜愛的芋頭香味，母本則為外觀、品質均佳的「日本絹光米」。農試所自民國81年起正式將「台稉4號」與「絹光米」進行雜交，據參與育種的人員指出，「台農71號」不僅是二十幾年來農試所自行雜交育種成功的第一個稻作新品種，也是農業界首度跳脫舊框架，以品質而非產量或抗病性為主要育種目的的新品種。專家表示，連栽種方法也不能再循舊有模式，農民必須配合新香米的生長特性作改變。

D 關於郭益全

姓　　　名	郭益全
籍　　　貫	台南縣鹽水鎮
生　卒　年	民國35年生，民國89年9月9日猝逝，享年55歲。
死　　　因	家族本有心血管疾病病史，又因工作過勞，引起胸口悶痛卻不察，導致心臟病發，送醫不治。
學　　　歷	美國德州農工大學博士，研究「水稻遺傳與育種」。
經　　　歷	民國81年起，擔任農試所「水稻育種計畫」主持人，帶領團隊投入高品質香米品種改良工作。民國89年10月25日，正式通過農委會之審查登記，命名為「台農71號」。
工作信念	「要種稻，就要種好稻；要吃米，就要吃好米」
讚　　　譽	1. 農試所同仁讚譽他是「接受正統水稻遺傳育種訓練，在台灣從事相關研究的第一人」。 2. 農委會視「台農71號」為革命性稻作品種，為紀念郭益全，特訂名為「益全香米」。
其　　　他	1. 郭益全猝逝後，同事接手他未完成的事務，見堆積如山的資料，才體會到他對工作的投入有多深。 2. 郭夫人說：「每天洗米的時候就會想到他，如果他能吃一口香米再走，該有多好！」

E 加入 WTO

　　加入「世界貿易組織」（WTO）後，世界各國的米將大舉進軍台灣，從日本高級米「越光米」、泰國皇家御用米到美國米、澳洲米、……，對稻農而言無疑是一大打擊。

　　　閱畢上列資料，相信你對台灣香米育種歷史及「益全香米」靈魂人物郭益全博士已有初步的認識。香米的育種過程讓我們看見，即使是最尋常的東西，也藏有無名英雄的心血。

　　　現在假設要立一座「香米碑」，告訴民眾香米的故事，請將上列資料<u>融會貫通</u>，並<u>運用文學想像</u>，以「香米碑」為題，鋪寫一篇<u>紀念郭益全博士並記述台灣香米育種歷史</u>的文章，<u>文長不限</u>。

　　　【注意】：無須拘泥於碑文體製。

92年度學科能力測驗國文科試題詳解

第一部分：選擇題

壹、單一選擇題

1. **A**

【解析】(A)ㄍㄞ

(B)ㄏㄞˋ／ㄎㄞˋ

(C)ㄏㄜˊ／ㄎㄜˋ

(D)ㄏㄜˊ／ㄍㄞ

2. **B**

【解析】「視」死如歸／「誓」不兩立／不甘「示」弱／惹「是」生非。

3. **B**

【解析】上「將」軍－名詞。公子遂「將」、聞公子「將」、「將」兵救魏－動詞，率領。遣「將」－名詞，兵將。

4. **D**

【解析】「闊」少「長」十二步意謂「寬」少「長」十二步，若假設「闊」為 x，則闊長相乘為 x×(x + 12) = 864 步

(A) 問的是長寬各為多少

(B) 始吾幼且「少」的「少」，年紀小

(C) 若假設「長」為 x 單位，「闊」為(x − 12)單位

5. **C**

【解析】 此段古文只要應用頂眞、層遞等修辭即可順利破解，句首爲「其<u>所習</u>」，後接 (丙)「<u>所習</u>由其<u>所志</u>」；再來 (甲)「<u>志</u>乎義」；(丁)「則<u>所習</u>者必在於義」；(乙)「所習在義」，斯喩於義矣，先後瞭然。

6. **C**

【解析】 唐詩重抒情：(A)(B)(D)，宋詩多寫日常生活，有散文口語化的傾向：(C)。

7. **A**

【解析】 甲、 因前面有「歸巢的鳥、馱著斜陽」，所以後面選妝成一瞬的「紅顏」。

乙、 因爲「寫遍」所以選「縱橫」，意謂遍地相思，縱橫滿布。

丙、 相對於後面的「清亮」，因此選「沒有照過「影子」的小溪」。

8. **C**

【解析】 由關鍵字：三貶、常愍佛、老法潰聖人之隄，憲宗，可知爲韓愈排佛老、諫憲宗迎佛骨，「一封朝奏九重天，夕貶潮陽路八千」——貶潮州。

9. **B**

【解析】 「鳥」入「風」中去「虫」(蟲)字爲「鳳」，「馬」來「蘆」畔吃掉「艹」(草)爲「驢」字，故符合漢字拼組特性諧趣。

10. **D**

【解析】 「她」(我的貓)當全神欣賞、眼中有火光、身上有熱流，就如同一位靜觀晚照的詩人。

11-12為題組

11. **B**

【解析】 由「廩入既絕，人口不少，私甚憂之」，可見其初至黃
州經濟甚為困窘，但爾後蘇軾以『量入為出』之法，
加以豁達之胸襟，「不須預慮，以此胸中都無一事」。

12. **D**

【解析】 由「初到黃」－黃州，乃東坡生命之轉捩點，及達觀
超然的生命態度來看，故選 (D) 蘇軾。

13-15為題組

13. **D**

【解析】 嘲諷孔子不是要引導世人走出「迷津」嗎？長沮認為
這是愛做官的表現。

14. **B**

【解析】 長沮、桀溺認為天下混亂，孔子所到之處，眾人避之
唯恐不及，何能有所改變？

15. **A**

【解析】 孔子「知其不可而為之」，是以對隱者、遁跡山林的作
為不以為然。

16-18為題組

16. **G**

【解析】 手「如」柔荑，膚「如」凝脂，領「如」蝤蠐，齒「如」
瓠犀，就是「運用大量的比喻」。再者「周代詩人」指
的是以四言詩句為主體的詩經。

17. **A**

【解析】 漢代不會有 (B) 近體詩，再就〈羽林郎〉的描寫來說，也非 (C) 閨怨，而是敘事的樂府風格。

18. **E**

【解析】 從形體、姿態、感官描寫來判斷。

貳、多重選擇題

19. **BCE**

【解析】 (A)(D) 者，語助詞，無義

20. **BCE**

【解析】 (A) (D) 為前一句因、後一句果，不符合題幹「前後兩句各表達出一種因果關係」的要求。

21. **AC**

【解析】 (A) 「眉睫」－意謂「很接近」

　　　　(B) 「眉目」－意謂「頭緒」

　　　　(C) 「肘腋」－意謂「貼身、親近」

　　　　(D) 「手腕」－意謂「手段」

　　　　(E) 「股肱」－意謂「左右、重要」。

22. **AB**

【解析】 由 (C) (D) (E) 皆長短句，即可判斷非整齊的近體詩，(C) 為詞，(D) (E) 為曲。

23. **BC**

第二部分：非選擇題

一、　回顧自己的讀書生涯，隨著年齡與閱歷的增長，知識的島嶼越大，令人驚奇的海岸線便越長。

　　　昔日縱使在寒夜對燈獨坐，忍對天地的黑暗昏沉，但書中的智慧猶如萬道光芒，吸引我的目光，照亮我思想的澄明與清澈。我的心如乾渴的荒田，有了文字篇章的充盈而綠意盎然；閱讀經驗使我荒蕪的生命因書香而充實。

　　　讀書如登山，「登高必自卑，行遠必自邇」，人生的風景因為閱讀而有了更好的視野。「少年讀書，如隙中窺月；中年讀書，如庭中望月；老年讀書，如台上玩月。」現在的我，尚未爬到半山腰，距登頂仍有待努力，期望有朝一日，「一覽眾山小」。

二、　本計畫分四方面進行：「人」、「事」、「地」、「物」：首先，「人」的方面，分三方向：對校長而言，可訂定鼓勵閱讀政策，並與學校周遭社區達成共識。對師生而言，推動課外書籍的閱讀，針對低年級同學，以說故事等活潑方式進行；中高年級同學，可效法澳洲規定家庭作業來增加閱讀頻率。並將課外參考書籍融入教材，另外帶領學生參觀圖書館及鼓勵借閱。對家長而言，先與老師溝通後，進而認同學校、老師理念，並扮演推動及鼓勵者角色，以身作則。「事」的方面：一、送書，凡校園中表現優良者，以送書作為獎賞和鼓勵。二、舉辦相關比賽，如：查字典比賽，提高學生對工具書的使用能力；三、成立跳蚤市場，讓好書互相流傳，同學間彼此交流，更進一步可以在各個班級中，設立小小圖書館。四、外界贈書和社區鼓勵捐出亦同步進行，讓書籍的來源不虞匱乏，學生接觸的層面也會隨之廣泛。「地」的方面，實行區域為該小學及學生的家庭，並更深層將此風氣帶入學校周遭的社區，鼓勵學校和社區閱讀等資訊的交流。「物」的方面，圖書的欠缺和設備可由社區或相關的團體共同來支持和捐助，校園經費縱使再短絀，也應維持一定比率在圖書設備和買書的項目上，提倡「好書大家看」的口號，互相借閱。

三、　香米——珍珠般渾圓飽滿，隱隱透出半透明的光，猶似人們眼
　　眶中的淚珠，珍藏思念的慾望。如果生命是琴，粒粒香米便
　　是跳躍的音符，彈奏出郭益全博士的生命之歌。

　　　郭博士秉持著「要種稻，就要種好稻；要吃米，就要吃
好米。」的工作理念，創造出第一個稻作新品種——「台農71
號」，「台農71號」是繼「台稉4號」及「台農72號」之後，
在台灣地區育成的第三個稉型香米品種。

　　　「台農71號」是以「台稉4號」為父本，取其具有國人
喜愛的芋頭香味，母本則為外觀、品質均佳的「日本絹光米」。
農試所自民國81年起正式將「台稉4號」與「絹光米」」進行
雜交，「台農71號」不僅是二十幾年來農試所自行雜交育種成
功的第一個稻作新品種，也是農業界的一大步，農委會特訂名
為「益全香米」，以紀念他。

　　　孟子說「天將降大任於斯人也，必先苦其心志，勞其筋骨，
餓其體膚，空乏其身，行拂亂其所為，所以動心忍性，增益其
所不能。」平穩的道路通向平穩的終程；崎嶇的道路通向璀璨
的前途，郭益全博士就是最好的見證。

　　　人最大的悲哀不是死亡，而是沒有實現夢想，值得讚賞的，
不是成功所帶來的心滿意足，而是成功背後所支付的努力。郭
博士的投入和用心，就像萌芽於牆角的小草，雖然看不到，可
是依然存在。

九十二年度學科能力測驗（國文考科）

大考中心公佈答案

題　號	答　案	題　號	答　案
1	A	16	G
2	B	17	A
3	B	18	E
4	D	19	BCE
5	C	20	BCE
6	C	21	AC
7	A	22	AB
8	C	23	BC
9	B		
10	D		
11	B		
12	D		
13	D		
14	B		
15	A		

九十一年大學入學學科能力測驗試題
國文考科①

第一部分：選擇題（佔 54 分）

壹、單一選擇題（佔 36 分）

說明：第 1 題至第 18 題，每題選出一個最適當的選項，標示在答案卡之「選擇題答案區」。每題答對得 2 分，答錯不倒扣。

1. 下列各組「」內的字，讀音<u>不同</u>的選項是：
   甲、自「暴」自棄／自「暴」其短
   乙、滿腹經「綸」／羽扇「綸」巾
   丙、湯「匙」碗盤／車門鑰「匙」
   丁、強力遊「說」／「說」服技巧
   戊、蠻「橫」無理／「橫」行霸道
   己、頑「強」抵抗／脾氣倔「強」
   (A) 甲乙丙丁
   (B) 甲乙丙己
   (C) 乙丁戊己
   (D) 丙丁戊己

2. 文字所屬的「部首」，往往與「字義」相關。下列與文字部首相關的敘述，<u>錯誤</u>的選項是：
   (A) 「相」與「目視」有關，故屬於「目」部
   (B) 「韌」與「皮革」有關，故屬於「韋」部
   (C) 「魚」須「火烤」才能吃，故屬於「火」部
   (D) 「席」是「織物」的一種，故屬於「巾」部

3. 下列文句□內的用字若完全正確，則□中應填入的詞語依序是：
「唉，經濟不景氣，就連多利集團也傳出跳票，聽說他們的財務
狀況□□可危哩。」「你說的是那家□□大名、擁有數十家連鎖店
的大企業？」「沒錯。現在他們的員工、下游廠商和投資者全都憂
心□□。」「怎麼會這樣？」「這原因可複雜了，且聽我□□道來。」
(A) 急急／頂頂／沖沖／委委
(B) 急急／鼎鼎／沖沖／委委
(C) 岌岌／頂頂／忡忡／娓娓
(D) 岌岌／鼎鼎／忡忡／娓娓

4. 下列文句「」內的「許」字，<u>不屬於</u>動詞的選項是：
(A) 以粒如粟米「許」，投水中，俄而滿大盂也
(B) 沛令善公，求之不與，何自妄「許」與劉季
(C) 夫子當路於齊，管仲、晏子之功，可復「許」乎
(D) 明足以察秋毫之末，而不見輿薪，則王「許」之乎

5. 下引是一段現代散文，請依文意選出排列順序最恰當的選項：
「山中一夜，　　　（甲）天光從蛇藤的臂膀之隙流瀉下來，
（乙）無夢，　　　（丙）卻被吹落在臉上的葉子拍醒，
（丁）像千萬隻山靈的眼睛，　　好奇地打量著我。」
（簡媜＜布衣老人＞）
(A) 甲丁乙丙
(B) 乙丙甲丁
(C) 丙丁甲乙
(D) 丁乙丙甲

6. 一貫以「回憶」為主題，表現親情的溫暖與人性的美好，從而樹
立其特殊風格，奠定其散文史地位的女作家是：
(A) 琦君　　　　　　　　　(B) 林海音
(C) 林文月　　　　　　　　(D) 張秀亞

7. 下引兩段散文□內的詞語，請依文意仔細推敲，選出最適合填入的選項。

甲、「這天下著大雨，而且風勢猛勁，黃浦江上濁浪□□，好像一鍋煮開了的水，正在沸騰。」（白先勇〈等〉）

乙、「驚蟄以來，幾場天轟地動的大雷雨當頂□□，沙田一帶，嫩綠稚青養眼的草木，到處都是水汪汪的，真有□□□□的意思。」（余光中〈牛蛙記〉）

(A) 排空／瀉下／霧失樓臺　　(B) 千尺／灌下／芳草萋萋

(C) 滔滔／注下／煙靄茫茫　　(D) 滾滾／砸下／江湖滿地

8. 每個人說話的口吻通常與他的性格相應，因此作家在塑造人物時，也會藉言談來凸顯其性格。下列引文為《紅樓夢》某位人物所說的話，依據你對《紅樓夢》人物的認識，最可能講這番話的人是：

「你尤家的丫頭沒人要了？偷著只往賈家送！難道賈家的人都是好的？普天下死絕了男人了！你就願意給，也要三媒六證，大家說明，成個體統才是！你痰迷了心，脂油蒙了竅，國孝家孝兩重在身，就把個人送來了。這會子被人家告我們，我又是個沒腳蟹，連官場中都知道我利害吃醋，如今指名提我，要休我，我來了你家，幹錯了什麼不是，你這等害我？」

(A) 王熙鳳　　　　　　　　(B) 林黛玉

(C) 薛寶釵　　　　　　　　(D) 劉姥姥

9 下列四句本為一副對聯，請依文意與對聯的一般原則，選出最適當的排列方式：

甲、眾纔一旅　　　　　　　乙、人惟八千

丙、項籍用江東之子弟　　　丁、孫策以天下為三分

(A) 甲，乙；丙，丁。　　　(B) 乙，丁；甲，丙。

(C) 丙，乙；丁，甲。　　　(D) 丁，甲；丙，乙。

10. 下引兩首絕句□內最適合填入的詞語是：

甲、「曉覺茅檐片月低，依稀鄉國夢中□。世間何物催人老？半是雞聲半馬啼。」（王九齡＜題旅店＞）

乙、「月黑見漁燈，孤光一點□。微微風簇浪，散作滿河□。」（查慎行＜舟夜書所見＞）

(A) 離／青／燈　　　　　(B) 移／明／鱗

(C) 迷／螢／星　　　　　(D) 期／紅／情

11. 下列一段史書文字，若依<u>文意及史書體例</u>推斷，敘述正確的選項是：

「明年八月，熹宗疾□□，召王入，受遺命。丁巳，即皇帝位，○○○○，以明年爲△△△△△。九月甲申，追諡生母賢妃曰孝純皇后。丁亥，停刑。庚寅，册妃周氏爲皇后。」（《明史》）

(A) □□應是國君的身體狀況，或爲「已瘥」

(B) ○○○○應是新君即位後的措施，或爲「大赦天下」

(C) △△△△△應是新君即位後的年號，或爲「莊烈帝元年」

(D) 從記錄的內容來看，這段文字最可能見於史書中的「列傳」

<u>12-15 爲題組</u>

下列短文有四個空格，請自參考選項中選出最適當的答案。

　　　現代社會講求高 EQ，然而和諧的人際關係，必須以「無怨」爲基礎。針對如何減低人我之間的怨，《論語》中有許多精闢的見解。例如埋怨、生氣往往來自他人輕忽我們的才能、誤解我們的理想，所以孔子便以　12　勸勉我們在此情況下要處之泰然。而當別人對我們產生怨尤，我們便該反省自己是不是做錯了什麼？　13　就是提醒我們：凡事貪好處、佔便宜，必定惹人討厭。相反的，如果凡事設身處地爲人著想，自然到哪裡都不會得罪人，正是孔子說的　14　。至於若遭別人欺負，該以什麼態度回應呢？孔子認爲應該　15　，才能維持人與人之間公平、合理的相處之道。

(A) 「以直報怨」

(B) 「以德報怨」

(C) 「貧而無怨」

(D) 「放於利而行，多怨」

(E) 「人不知而不慍，不亦君子乎」

(F) 「願車馬衣裘，與朋友共，敝之而無憾」

(G) 「詩可以興，可以觀，可以群，可以怨」

(H) 「士志於道，而恥惡衣惡食者，未足與議也」

(I) 「己所不欲，勿施於人，在邦無怨，在家無怨」

(J) 「事父母幾諫，見志不從，又敬不違，勞而不怨」

16-18 為題組

下列短文有三個空格，請自各題參考選項中選出最適當的答案。

　　　古人對於女性的態度，有許多值得商榷的地方。像 __16__ 的說法，就強化了「男尊女卑」的觀念，將女性矮化為被宰制的角色。正因如此，一旦女性涉入原屬男性所掌控的領域，便引起男性的不安，成語 __17__ 即帶有對女性「竊位」的排拒。而在諸多維護男權、貶抑女性的言論中，最偏差者莫過於將男性在政治上的失敗歸咎於女性，例如「商之興也以簡狄，及其亡也以妲己；周之興也以文母，及其亡也以 __18__ 」的歷史解釋，竟要女性擔起傾覆國家的罪名，無疑是替男性昏君卸責的託辭。類似這些既不客觀、也不公平的看法，是我們今天必須揚棄的。

16. (A) 「君子之道，造端於夫婦」

　　(B) 「夫不御婦，則威儀廢缺；婦不事夫，則義理墮闕」

　　(C) 「有萬物然後有男女，有男女然後有夫婦，有夫婦然後有父子」

　　(D) 「天子聽外治，后聽內職。教順成俗，內外和順，國家治理，此之謂盛德」

17. (A) 「牝雞司晨」　　　　　(B) 「傾國傾城」

　　(C) 「陰盛陽衰」　　　　　(D) 「越俎代庖」

18. (A) 貂蟬　　　　　　　　　(B) 西施

　　(C) 褒姒　　　　　　　　　(D) 妹喜

貳、多重選擇題（佔 18 分）

說明：第 19 題至第 24 題，每題的五個選項各自獨立，其中至少有一個選項是正確的，選出正確選項標示在答案卡之「選擇題答案區」。每題皆不倒扣，五個選項全部答對者得 3 分，只錯一個選項可得 1.5 分，錯兩個或兩個以上選項不給分。

19. 文字在使用時，常由字面原本的意義，轉變為另外的意義，例如「他幾度上籃，都被對方蓋火鍋」，句中「蓋火鍋」即非字面「蓋上火鍋」之意，而是指「籃球被拍下」。下列文句「」內的詞，亦屬此類的選項是：

　　(A) 車多擁擠時，十字路口仍應保持「淨空」，以避免交通阻塞

　　(B) 選前最後一夜，各政黨輔選明星忙著陪候選人「掃街」拜票

　　(C) 面對恐怖份子再度發動攻擊的傳言不斷，白宮忙著「消毒」以安人心

　　(D) 他曾飽受流言的困擾，又同時面對失業的打擊，但如今都已安然度過，總算是「雨過天青」

　　(E) 部分百貨業以開架銷售的方式刺激化妝品的買氣，一天的營業額竟高達數百萬元，同業無不「跌破眼鏡」

20. 下列是一段有關古典詩歌發展的敘述，其中對＿＿＿＿處敘述正確的
選項是：

「中國古典詩歌的發展，先秦時期有北方的《詩經》與南方的
《楚辭》，前者句型以＿(a)＿為主，自有莊重之音；後者則以帶有
＿(b)＿字的語氣詞構句，別成曼妙之調。＿(c)＿，五言詩的寫作
已臻於成熟，由一群侠名文人所作的＿(d)＿，即為此時的代表作。
到了＿(e)＿，七言詩也日益流行，並漸漸注重聲韻格律。迄唐代
繼承前代句型與聲律的實驗成果，終於確立近體詩的規範。」

(A) ＿(a)＿ 應填入「四言」

(B) ＿(b)＿ 應填入「兮」

(C) ＿(c)＿ 應填入「西漢末期」

(D) ＿(d)＿ 應填入「古詩十九首」

(E) ＿(e)＿ 應填入「東漢初期」

21. 「紅色」在民間傳統中具有吉祥之意，如撮合姻緣稱為「牽紅線」，
以「紅包」代稱禮金等。但與「紅色」相關的詞彙，由於形成時各
有背景，運用上也各有慣例，因此「紅」的意義也不一定相同。下
列與「紅（赤）」相關詞彙的敘述，正確的選項是：

(A) 「紅」可用來指「行情好」，如稱深受歡迎的歌手為「當紅炸
子雞」，股價指數止跌回升為「由黑翻紅」

(B) 用「紅」來形容眼睛，有時是亢奮之意，如「歹徒殺紅了眼」；
有時是讚歎之意，如「他的表現令人眼紅」

(C) 「紅顏」在古文中有時指美女，如「衝冠一怒為紅顏」；有時
則指年少，如「紅顏棄軒冕，白首臥松雲」

(D) 由於前蘇聯使用紅色旗幟，因此「赤化」一詞便成為受共產主
義支配的代稱，如「古巴遭赤化」

(E) 西式簿記用紅色字記錄透支賬目，因此「赤字」一詞即指支出
超過收入，如「預算出現赤字」

22. 文學創作使用具體物象設喻，往往可使讀者對被描寫的事物獲致更鮮明的印象。下列詩句，運用這種技巧的選項是：

(A) 香煙攤老李的二胡／把我們家的巷子／拉成一綹長長的濕髮

(B) 我的妝鏡是一隻弓背的貓／不住地變換它底眼瞳／致令我的形象變異如流水

(C) 風／像一個太悲涼了的老婦，緊緊地跟隨著／伸出寒冷的指爪／拉扯著行人的衣襟

(D) 山寺的長檐有好的磬聲／江南的小樓多是鄰水的／水面的浮萍被晚風拂去／藍天從水底躍出

(E) 黃昏的林子是黑色而柔和的／林子裡的池沼是閃著白光的／而使我沉溺地承受它的撫慰的風呵／一陣陣地帶給我以田野的氣息

23. 詩歌有直接抒發主觀情感者，也有安排人物、事件、對話加以敘述者。下列詩句，屬於後者的選項是：

(A) 對酒當歌，人生幾何？譬如朝露，去日苦多。慨當以慷，憂思難忘

(B) 下馬飲君酒，問君何所之？君言不得意，歸臥南山陲。但去莫復問，白雲無盡時

(C) 君不見，黃河之水天上來，奔流到海不復回；君不見，高堂明鏡悲白髮，朝如青絲暮成雪

(D) 吏呼一何怒！婦啼一何苦！聽婦前致詞，三男鄴城戍，一男附書至，二男新戰死。存者且偷生，死者長已矣

(E) 問女何所思？問女何所憶？女亦無所思，女亦無所憶。昨夜見軍帖，可汗大點兵。軍書十二卷，卷卷有爺名

24. 下列文字是《三國志‧蜀書》有關「劉備託孤於諸葛亮」一事的
    記載,仔細閱讀後,選出下列敘述正確的選項:

    「章武三年春,先主於永安病篤,召亮於成都,屬以後事,謂亮
    曰:『君才十倍曹丕,必能安國,終定大事。若嗣子可輔,輔之;
    如其不才,君可自取。』亮涕泣曰:『臣敢竭股肱之力,效忠貞
    之節,繼之以死!』先主又爲詔敕後主曰:『汝與丞相從事,事
    之如父。』」

    (A) 本段文字有三個人物,主角是劉備
    (B) 後主在文中完全沒有對話,可說僅是整個事件的一個道具而已
    (C) 劉備告訴諸葛亮:「如其不才,君可自取」,可能是眞心話,
        也可能是一種權謀
    (D) 先主薨後,諸葛亮的作爲堪稱符合孔子所說「可以託六尺之
        孤,可以寄百里之命,臨大節而不可奪也,君子人與?君子
        人也」
    (E) 讀歷史不僅是看故事而已,還應培養在文字背後尋找眞相的
        能力。上列引文看似單純敘事,實深寓言外之意

第二部分:非選擇題(共三大題,佔54分)

說明:請依各題指示作答,答案務必寫在「答案卷」上,並標明
    「一」、「二」、「三」。

一、圖表判讀(佔9分)

    下圖顯示的是傳染病 X 從民國 85 年到 88 年各年度四季之間的發
生率。圖的橫軸是不同年度,縱軸是每十萬人發生的個案數(單位:
人數/十萬人)。請判讀本圖,歸納、分析它所傳達的訊息,並以條列
方式陳述。

注意: 1. 請分點列舉,力求簡明扼要。
    2. 不必詳述具體數字。

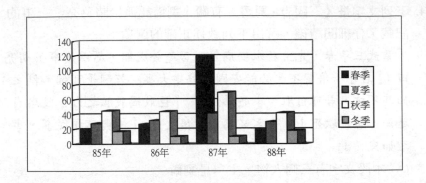

二、文章改寫（佔 18 分）

寫作時，適度而精確的使用口語與成語，可使文章增色，但若濫用、誤用，反不可取。下面是一封情書，除粗陋的口語外，更充斥俗濫與錯誤的成語。<u>請在不違背其本意的前提下，用真切、自然的文字加以改寫</u>。

注意：　1. 改寫時須保留原信的時間、地點、人物、情節。
　　　　2. 不可使用粗陋的口語，並避免濫用成語。

「上個禮拜六在校刊編輯會議首度看到你，就被你煞得很慘。你長得稱得上是閉月羞花，聲音也像鶯啼燕囀。從此，你在我心中音容宛在，害我臥薪嚐膽、形容枯槁。我老媽看不下去，斥責我馬齒徒長、尸位素餐，不知奮發圖強，難道要等到名落孫山、墓木已拱才甘心嗎？我也有自知之明，這封信對你而言只是九牛一毛，你一定棄之如敝屣。但我相信愚公移山的偉大教訓，也就是人定勝天，如果你給我機會讓我向你表白我自己，你會恍然大悟我是個很善良的人。期待你的隻字片語，若收到回音，那一定是我一生中最快樂的一天了！」

三、情境寫作（佔 27 分）

　　台灣已進入高齡化社會，但一般人對老人世界仍缺乏了解，也欠缺了解的興趣。相對於兒童、青少年，老人似乎愈來愈處於社會的邊緣。下面是一位老人的日誌，平實記錄的背後，頗有心情寄託，例如：30 日的日誌中「三十年老屋，不知如何修起？」既說屋況，也正是說自己，讀者細細推敲，自能體會其中調侃與蒼涼的況味。**請以「1 月 4 日星期五的日誌」為對象，並以老人原本所記二事為基礎，鋪寫成首尾完整的文章，文長不限。**

注意：　1. 不必訂題目。

　　　　2. 先仔細閱讀每一則日誌，體會老人的心情、了解老人的身體與家庭狀況，以便發揮；但不得直接重組、套用各則日誌原文。

　　　　3. 以老人為第一人稱，用他自己的口吻與觀點加以撰寫，務必表現出老人的心境與感懷。

30 Sun.	31 Mon.	1 Tue. 元旦	2 Wed.	3 Thu. 十一月廿日	4 Fri. 小寒	5 Sat.
隔壁修房，今日動工，云：舊曆年前可畢。 客廳牆壁滲水，三十年老屋，不知如何修起？ 至書店給孫子、女買禮物。	上午回心臟內科吳醫師門診領藥掛 49 號。 下午看眼科白內障，掛 20 號 （明天記得帶禮物）	中午 12:00 祥園小館家聚。（記得帶禮物） 家聚取消，孫子補習，孫女準備考試。兒獨來，坐十五分鐘，留錢一包、撒尿一泡，走人。	午，與妻兩人至麵館小酌慶生。吾言：若得老妻、老友、老狗相伴、身懷「老本」，家旁有老館，老不足懼！妻云：無聊！	昨晚得知，老友逝，心肌梗塞……料吾大去之期亦不遠矣！	至公園小坐，冬寒乍暖。見幼稚園老師帶小朋友遊戲。 幾個外傭推老人出來排排坐，聊天，一景也。	冷鋒至，與妻合力搬出電暖爐。兒來電，問好不好？答以好。問血壓正常否？答以正常。問三餐服藥否？答以服！服！服！

✣ 91年度學科能力測驗國文科試題①詳解 ✣

第一部分：選擇題
壹、單一選擇題

1. B

　【解析】(甲) ㄅㄠˋ／ㄆㄨˋ

　　　　　(乙) ㄉㄨㄣˊ／ㄍㄨㄢˇ

　　　　　(丙) ㄔˊ／ㄕ˙

　　　　　(丁) ㄕㄨㄟˋ

　　　　　(戊) ㄏㄥˋ／ㄏㄥˊ

　　　　　(己) ㄑㄧㄤˊ／ㄐㄧㄤˋ

2. C

　【解析】(C) 魚，象形，上象頭，中象鱗，下象尾，屬魚部

3. D

　【解析】岌岌可危：謂瀕於危殆

　　　　　鼎鼎大名：鼎鼎，盛大的樣子

　　　　　憂心忡忡：形容憂愁

　　　　　娓娓道來：娓娓，言語不斷的樣子

4. A

　【解析】(A) 許、是、此，概指之稱 —— 指示代詞

　　　　　(B) 許、與也，許與 —— 動詞

　　　　　(C) 許、猶興也，興起 —— 動詞

　　　　　(D) 許、信也，相信 —— 動詞

5. **B**

【解析】 由末句「好奇地打量著我。」推敲，前一句當是 (丁) 像千萬隻山靈的眼睛，其實答案就呼之欲出。

6. **A**

【解析】 琦君所有作品中，最受到讀者喜愛的是散文，而散文中最具特色的是懷舊之文，堪稱現代「回憶文學」之典範。

7. **D**

【解析】 由「好像一鍋煮開了的水，正在沸騰」可以判斷「黃浦江上濁浪□□」□內的詞語為滾滾。而「幾場天轟地動的大雷雨當頂□□……到處都是水汪汪的，真有□□□□的意思。」除了□前的文字線索外，還可從余光中詩化散文的特色，形象化的遣詞鍊句來判斷。

8. **A**

【解析】 (A) 王熙鳳外號鳳辣子，精明能幹，個性好強狠辣
(B) 林黛玉，聰明秀麗，惟體弱多病，多愁善感
(C) 薛寶釵，氣度大方，端凝莊重
(D) 劉姥姥，樸實淳厚，卻善體人意，詼諧風趣

9. **D**

【解析】 對聯的一般原則：仄放平收，故丁、甲為上聯，丙、乙為下聯（旅，仄聲；千，平聲），丙乙用八千江東子弟的典故，原文出自庾信〈哀江南賦〉。

10. **C**

【解析】 依韻腳判斷，答案已可知；再配合其意，更加篤定。

11. B

　　【解析】　原文——「明年八月，熹宗疾大漸，召王入，受遺命。
　　　　　　　丁巳，即皇帝位，大赦天下，以明年爲崇禎元年。九月
　　　　　　　甲申，追諡生母賢妃曰孝純皇后。丁亥，停刑。庚寅，
　　　　　　　册封周氏爲皇后」（明史本紀第二十三，莊烈帝一）
　　　　　　　(A) 從「受遺命」可知國君身體狀況不當爲「已瘉」
　　　　　　　(C) 既爲年號，不當爲諡號「莊烈愍皇帝」
　　　　　　　(D) 帝王屬「本紀」

12. E

　　【解析】　「人不知而不慍，不亦君子乎」，慍ㄩㄣˋ，怒也。

13. D

　　【解析】　「放於利而行，多怨」，放ㄈㄤˇ，依也。

14. I

　　【解析】　「己所不欲，勿施於人，在邦無怨，在家無怨」。

15. A

　　【解析】　「以直報怨，以德報德」

16. B

　　【解析】　「夫不御婦，則威儀廢缺；婦不事夫，則義理墮闕（缺）」

17. A

　　【解析】　「牝雞司晨」謂婦人當權用事

18. C

　　【解析】　周幽王寵褒姒，「褒姒不好笑……幽王爲烽燧大鼓，有
　　　　　　　寇至則舉烽火，諸侯悉至，至而無寇，褒姒乃大笑……
　　　　　　　犬戎攻幽王，幽王舉烽火徵兵，兵莫至，遂殺幽王酈山
　　　　　　　下」（史記周本紀）

19. **BCDE**

【解析】 (A) 「淨空」用字面原本的意義

20. **ABD**

【解析】 (C) 五言詩以班固的詠史詩爲最早，東漢末年的古詩十

九首則爲膾炙人口的代表作

(E) 現存文人詩作中最早、最完整的七言詩，要屬曹丕

的燕歌行

21. **ACDE**

【解析】 (B) 「殺紅了眼」激怒的樣子

「他的表現令人眼紅」，謂又羨又妒

22. **ABC**

【解析】 (A) 二胡…拉成一綹長長的濕髮

(B) 我的妝鏡是一隻弓背的貓

(C) 風像一個太悲涼了的老婦

23. **BDE**

【解析】 (A) (C) 都是直接抒發主觀情感者

24. **ABCDE 或 ABCE**

【解析】 (D) 「可以託六尺之孤……」乃曾子之言，非孔子所

說，大考中心後來修正答案，說出處非命題重點，

故可選可不選。

九十一年大學入學學科能力測驗試題
國文考科②

第一部分：選擇題（佔 54 分）

壹、單一選擇題（佔 36 分）

說明：第 1 題至第 18 題，每題選出一個最適當的選項，標示在答案卡之「選擇題答案區」。每題答對得 2 分，答錯不倒扣。

1. 下列各組「」內兩個「偏旁」相同的字，讀音卻<u>不同</u>的是：
   甲、模「稜」／「綾」羅綢緞
   乙、逮「捕」／「哺」育幼子
   丙、震「懾」／「躡」手躡腳
   丁、「誥」命／陣容「浩」大
   戊、「撻」伐／驅除「韃」虜
   己、「凜」列／正義「懍」然
   (A) 甲丙戊
   (B) 乙丁己
   (C) 甲丙丁戊
   (D) 乙丙丁己

2. 下列文句，完全無錯別字的選項是：
   (A) 這對曾被喻為天作之合的銀幕情侶，如今已貌和神離，極少往來
   (B) 這次的資訊展，廠商無不使出渾身解數吸引顧客，展覽場處處人聲頂沸
   (C) 對不夠了解的知識，固然應追根究柢；但對他人的無心之過，則應既往不咎
   (D) 每到尖峰時間，各橋樑與聯外道路便見穿流不息的車潮，因此，紓解交通實仍當務之急

3. 下列『　』內的文字，以現代標點符號斷句，最適當的選項是：
「聞古之人有舜者，其爲人也，仁義人也；求其所以爲舜者，責
于己曰：『彼人也予人也彼能是而我乃不能是』早夜以思，去其不
如舜者，就其如舜者。」
(A) 彼人也，予人也。彼能是，而我乃不能是！
(B) 彼人也；予人也。彼能是，而我乃不能是？
(C) 彼，人也。予，人也。彼能是，而我乃不能是？
(D) 彼，人也；予，人也。彼能是，而我乃不能是！

4. 下列是一段古文，請依文意與句法結構選出排列順序最恰當的選項：
「夫自衒自媒者，士女之醜行，
　(甲) 其故何也，　　　　(乙) 是以聖人韜光，賢人循世，
　(丙) 含德之至，莫逾于道，　　　(丁) 明達之用心，
　(戊) 不伐不求者，
親己之切，無重于身。」(蕭統＜陶淵明集序＞)
(A) 甲丙戊丁乙　　　　(B) 丙乙甲戊丁
(C) 丁丙乙甲戊　　　　(D) 戊丁乙甲丙

5. 下引散文□內最適合填入的詞語是：
「這時我忽然看到，山路的兩旁，□□著雨後盛開的幾百樹幾千
樹的櫻花！這櫻花，一堆堆，一層層，好像□□似的，在朝陽下
緋紅萬頃，溢彩流光。當曲折的山路被這無邊的花雲遮蓋了的時
候，我們就像坐在十一隻首尾相接的□□之中，凌駕著駘蕩的東
風，兩舷濺起嘩嘩的花浪，迅捷地向著初升的太陽前進！」
(冰心＜櫻花讚＞)
(A) 綻放／流星／花車
(B) 綻放／雲海／花車
(C) 簇擁／雲海／輕舟
(D) 簇擁／流星／輕舟

6. 下列文句「」內的「打」字，並非「打擊」、「打鬥」之意的選項是：

甲、我「打」江南走過

乙、樓上一幫地痞們，盡是「打」手

丙、他一看到情況不對，便想「打」退堂鼓

丁、英美聯軍攻「打」阿富汗，神學士政權節節敗退

戊、賈母有了年紀的人，「打」從寶玉病起，日夜不寧

己、歌手發片，總忙著上電視及電台節目「打」歌宣傳

(A) 甲戊己   (B) 乙丙丁

(C) 甲乙戊己   (D) 乙丙丁戊

7. 下列世界盃棒球賽的加油標語，屬於將對手國名稱做音、義雙關的選項是：

甲、送美零   乙、荷抱蛋   丙、后羿射日

丁、棒打紅毛番   戊、韓恨九泉   己、美況愈下

(A) 甲乙戊己   (B) 甲乙丙戊己

(C) 甲乙丁戊己   (D) 甲乙丙丁戊己

8. 某事「目錄」於第 N 章有下列三個子目：一、「為時而著」與「為事而作」；二、「補察時政」與「洩導人情」；三、對樂府詩的重視。則第 N 章的標題最可能的選項是：

(A) 「韓愈柳宗元的文學思想」

(B) 「元稹白居易的文學思想」

(C) 「明代公安派的文學思想」

(D) 「清代桐城派的文學思想」

9 下列文句，不屬於對偶的選項是：

(A) 憑欄垂絳袖，倚石護青煙

(B) 香融金谷酒，花媚玉堂人

(C) 軟襯三春草，柔拖一縷香

(D) 杏帘招客飲，在望有山莊

10. 為古書配上可以概括其內容的新標題，不但能彰顯該書的特色，更能使讀者樂於接近。如果你是書店的店長，行銷組送來下列四則「古籍特賣」的海報標題，你認為哪一個標題與書的內容最不相符？

(A) 「先民占卜的智慧」:《易經》

(B) 「魏晉名流的軼聞」:《世說新語》

(C) 「歷史興衰的明鏡」:《資治通鑑》

(D) 「知識分子的風骨」:《儒林外史》

11. 中國著名古典小說，均有其特殊人物與空間的設計，請依據相關知識，推測下列文字敘述，最可能的選項是：

「八方共域，異性一家。天地顯罡煞之精，人境合傑靈之美。千里面朝夕相見，一寸心死生可同。……其人則有帝子神孫、富豪將吏、並三教九流，乃至獵戶漁人、屠兒劊子，都一般兒哥弟稱呼，不分貴賤。」

(A) 花果山　　　　　　　(B) 開封府

(C) 大觀園　　　　　　　(D) 梁山泊

12. 下列文句，表達思念遊子之情的選項是：

(A) 陌上紅塵逐日飛，何曾塵裡見人歸。經春歷夏無消息，檢點秋風又寄衣

(B) 牛羊踐履多新草，冠蓋縱橫半舊卿。歌泣不成天已暮，悲風日夜起江聲

(C) 夢回荒館月籠秋，何處砧聲喚客愁。深夜無風蓮葉響，水寒更有未眠鷗

(D) 九十日來鄉夢斷，三千里外客愁疏。涼軒登火清砧月，惱亂翻因一紙書

13. 文學的發展有傳承,也有變遷。作家的年代容或不一,但風格的模仿或繼承則有時而見。下列是葉珊(楊牧)(陽光海岸)的一段文字,如果就其句型結構及情感表達方式推敲,其風格與哪位作家最為接近?

「然後我就要離開這片陽光海岸了。臨走我不斷回頭,因為我不願意離開你,我喜歡這片海岸,我更喜歡看你坐在領事館的短垣上,我喜歡看星星從你的髮絲間升起,我喜歡看你坐在碼頭上。我說我要回去了,這海岸到底不屬於我。你說,但我屬於你。我說我要回去寫詩了,我是屬於寫詩的人,我要寫一首七節的抒情詩。臨走前我們在路上話別,這一次離開你,便不再離開你了。」

(A) 徐志摩
(B) 豐子愷
(C) 梁實秋
(D) 胡適

14-15 為題組

閱讀下列文章,回答 14-15 題。

　　國朝廟謨弘遠,增其式廓,……凡所以養士、治民者,漸次修舉,易政刑而為德禮,撫綏勞來之方,靡不備至。於是鄉之中,士知孝弟,民皆力田,詩書弦誦之業、農工商賈之事,各無廢職。夫士之子恆為士、農之子恆為農,非定論也。今臺士之彬彬者,其父兄非農工即商賈也,求其以世業相承者,百不一二。

(《台灣府志·風土志》)

14. 下列文句「 」內解釋正確的選項是:

(A) 「易」政刑而為德禮:簡化
(B) 撫綏「勞」來之方:勞役
(C) 民皆「力田」:勤勞耕種
(D) 各無「廢職」:失業

15. 本文末段:「夫士之子恆爲士,……百不一二」,意謂:
(A) 台灣社會階層相當穩定,士、農、工、商大多世代相襲
(B) 台灣早期社會人民多務農或經商,至其子弟才逐漸形成士人階層
(C) 台灣社會階層變動不居,商人可能轉業爲農人,士人也會轉業爲工人
(D) 台灣人民常爲獲取更多收入而經營多種產業,士人可能兼做買賣,商人可能兼營田產

16-18 爲題組

閱讀下列文章,回答 16-18 題。

　　漢世有人,年老無子,家富,性儉嗇,惡衣蔬食,侵晨而起,侵夜而息,營理產業,聚斂無厭,而不敢自用。或人從之求丐者,不得已而入內,取錢十,自堂而出,隨步輒減。比至於外,才餘半在,□□以授乞者,尋復囑云:「我傾家贍君,慎勿他說,復相效而來。」老人餓死,田宅沒官,貨財充於內帑矣。
（邯鄲淳《笑林》）

16. 上文□處,若用以描寫老人授錢予乞者時既不得已又極痛惜之狀,則最貼切的動作應是:
(A) 閉目　　　(B) 怒視　　　(C) 橫眉　　　(D) 齜鼻

17. 文中對老人性格刻畫相當精彩,其中最具形象感與戲劇張力、充分表現其吝嗇之態的文句應是:
(A) 惡衣蔬食,侵晨而起,侵夜而息
(B) 營理產業,聚斂無厭,而不敢自用
(C) 取錢十,自堂而出,隨步輒減。比至於外,才餘半在
(D) 尋復囑云:「我傾家贍君,慎勿他說,復相效而來。」

18. 本文敘述老人最後「餓死」的下場，寓有何意？

(A) 憐憫　　　　　　　　(B) 嘲諷

(C) 惋惜　　　　　　　　(D) 戒慎

貳、多重選擇題 (佔 18 分)

說明：第 19 題至第 24 題，每題的五個選項各自獨立，其中至少有一個選項是正確的，選出正確選項標示在答案卡之「選擇題答案區」。每題皆不倒扣，五個選項全部答對者得 3 分，只錯一個選項可得 1.5 分，錯兩個或兩個以上選項不給分。

19. 下列是一段有關古代散文發展的敘述，其中對＿＿＿＿處敘述正確的選項是：

「中國散文早在先秦時期即已成熟，＿(a)＿等對歷史事件與人物的記述，尤其精彩生動。六朝時期，講求平仄的＿(b)＿日益興盛，至中唐＿(c)＿並起，致力倡導＿(d)＿，北宗＿(e)＿更紹續而發揚之，並提攜三蘇、王安石等人，散文始確立日後不移的地位。」

(A) ＿(a)＿應填「《左傳》、《國語》、《戰國策》」

(B) ＿(b)＿應填「律賦」

(C) ＿(c)＿應填「韓愈、柳宗元」

(D) ＿(d)＿應填「古文」

(E) ＿(e)＿應填「歐陽修」

20. 「教育部將設立社區學院，闢建高等教育的另一條『國道』。」
   句中的「國道」原屬交通方面的語彙，此處借指教育方面的國
   家級管道。下列文句「 」內詞彙的運用，也屬同樣表達方式的
   選項是：
   (A) 在編輯群的辛勤「灌溉」下，電子報藝文版總算是「開花結
      果」了
   (B) 縣府特別請專家為令人頭痛的交通問題「把脈」，以求「對症
      下藥」
   (C) 不少候選人在政見發表會上猛「開支票」，並保證當選後絕不
      「跳票」
   (D) 這次資格檢定考試，大部分同學都「安全上壘」，有一班甚至
      擊出漂亮的「全壘打」
   (E) 老師剛剛發了一頓脾氣，已經讓教室籠罩在「低氣壓」中，你
      最好還是規矩一些，不然待會兒就要「颳颱風」了

21. 下列文句「 」內的「□而不○」，意指某種「中和態度」的選項
   是：
   (A) 「人而不仁」，如禮何
   (B) 君子「和而不同」，小人同而不合
   (C) 子溫而厲，「威而不猛」，恭而安
   (D) 學而不思則罔，「思而不學」則殆
   (E) 說而不繹，「從而不改」，吾末如之何也已矣

22. 甲、由於涉案關係人各說各話，使得這件弊案宛如「羅生門」

乙、選舉生態丕變，使得多位資深立委在選戰中都慘遭「滑鐵盧」

丙、候選人自詡要為選民捍衛權利、守護正義，誓做立法院的「藍波」

丁、他們最近總是神秘兮兮地集體外出，真該找個「007」好好調查一下

戊、「那魯灣」台灣大聯盟包括太陽、金剛、勇士、雷公四支職業棒球隊

上列資料乃某高中國文課預備分組討論「社會語言現象」，某小組所蒐集到的語料。根據這些語料，該小組提出的觀察心得可以包括那些選項：

(A) 語言不是封閉的系統，詞彙必然隨著時代改變而不斷推陳出新

(B) 「外來語音譯」是新詞彙的來源之一，甲、乙、丙、丁「」內皆屬此類

(C) 國語吸收方言詞彙是台灣語言的特色，如「那魯灣」即來自原住民語言

(D) 「羅生門」原非中文詞彙，目前在國語中多用來形容「真相難明，如墮五里霧中」

(E) 現代電影文化對語言影響甚大，上列語料中的「007」、「藍波」即因電影賣座而成為新詞彙

23. 下列詩詞對植物的描繪，並不僅客觀寫實，且已映現作者心理、情感，其中<u>不屬於</u>悲傷之情的選項是：
    (A) 赤鼻磯頭落照，肥水橋邊衰草，渺渺喚人愁
    (B) 短夢依然江表，老淚灑西州，一字無題處，落葉都愁
    (C) 戰場花是血，驛路柳為邊，荒壠關山隔，憑誰寄紙錢
    (D) 梅子留酸軟齒牙，芭蕉分綠與窗紗。日長睡起無情思，閒看兒童捉柳花
    (E) 荷盡已無擎雨蓋，菊殘猶有傲霜枝。一年好景君須記，最是橙黃橘綠時

24. 孔子對從政的基本態度是：政治清明時，應積極貢獻心力；若執政者失道，則暫時退出權力結構。下列《論語》文句，表現此一態度的選項是：
    (A) 不在其位，不謀其政
    (B) 其身正，不令而行；其身不正，雖令不從
    (C) 危邦不入，亂邦不居，天下有道則見，無道則隱
    (D) 邦有道，貧且賤焉，恥也；邦無道，富且貴焉，恥也
    (E) 滔滔者，天下皆是也，而誰以易之？且而與其從辟人之士也，豈若從辟世之士哉

第二部分：非選擇題（共三大題，佔54分）

說明：請依各題指示作答，答案務必寫在「答案卷」上，並標明
　　　「一」、「二」、「三」。

一、資料判讀（佔9分）

　　下面的「圖表」與「觀察紀錄」，是某位自然觀察者從民國89年1
月到6月對台灣西部某地區「昆蟲甲」與「昆蟲乙」的生態觀察資料。
其中「昆蟲甲」主要生長在水源附近的灌木叢中，「昆蟲乙」則沒有特
定的生長地形。請根據這兩項資料，歸納、分析「昆蟲甲」及「昆蟲
乙」的族群變化情形，並以條列方式陳述。

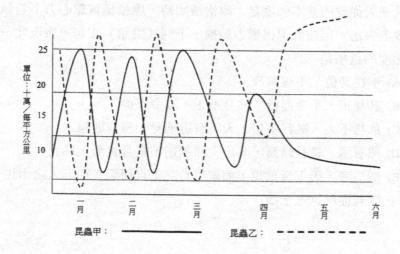

圖：台灣西部某地區「昆蟲甲」及「昆蟲乙」族群數量變化

▲觀察紀錄：從三月底開始，灌木林發生某種傳染病，大片灌木林
相繼凋萎

注意：　1. 務請分點列舉，力求簡明扼要。
　　　　2. 不必詳述具體數字。

二、書寫撰寫（佔 18 分）

下面是有關「喜憨兒」及「喜憨兒烘焙屋」的介紹。現在你所居住的社區即將於五月五日開一家新的「喜憨兒烘焙屋」，<u>請你寫一封公開信給社區內的民眾，讓他們了解「喜憨兒」及「喜憨兒烘焙屋」，並籲請大家能以支持及關懷的態度，歡迎這家店的開幕。</u>

注意：　1. 可斟酌適度使用所提供的資料。

2. 公開信的重點是讓社區居民對「喜憨兒」與「喜憨兒烘焙屋」有所了解，從而呼籲大家對此店的開張表示歡迎。

3. 書信所用「提稱語」（如「尊鑒」）、「結尾敬語」（如「敬請大安」）、「署名」等，<u>一律省略</u>。

4. 文長 300 字左右。

☆　│永遠的小孩│

▲「每個人都曾經是小孩，但世上沒有人永遠是小孩，除了喜憨兒……。」

▲「喜憨兒」是一群心智障礙的小朋友。在台灣，平均每一天就有一個憨兒誕生，據估計，全台灣約有 40 萬名憨兒。

▲憨兒是父母心中永遠的傷痛，他們多數不能照顧自己，不能獨立生活，必須仰賴家庭、社會妥善地安排、有系統地規畫才能安頓。許多失去照顧的憨兒在社會邊緣流浪，上演悲劇，是嚴重的社會問題。

▲成年後的憨兒需要一份工作，一個家。他們期盼生活在社區中，得到社區民眾的關懷與接納，而不是孤獨地被隔離起來。

☆　│喜憨兒烘焙屋│

▲「嗨，我是憨兒的媽媽。當我嘴裡吃到憨兒做出的麵包時，我覺得這是我一生中吃過最好吃的麵包。」

▲ 在麵包師傅的帶領下，一群憨兒認真地學習烘焙技術。他們分工合作，做出各式各樣具有專業水準的麵包，也負責提供親切的服務。

▲ 烘焙屋的開設地點均以社區為考量，希望促進憨兒與居民的溝通。

▲ 由於社會大眾對憨兒不了解，曾發生烘焙屋遭潑灑污物與搗毀等事件。

☆ 　現場實況

▲「歡迎光臨！」當你走進「喜憨兒烘焙屋」，你會聽到開朗而真誠的歡迎光臨聲此起彼落地響起。

▲ 很多人會問：「我要如何和憨兒相處？」其實，最基本也最簡單的相處之道就是「尊重」。憨兒就像孩子，感受非常敏感、直接，只要你是充滿善意的，即使是不認識的陌生人，他們一樣可以感覺得到。所以，當你踏入烘焙屋時，不妨大方地說：「你好，我是 xx，你的名字是？」

▲ 曾經有個憨兒幫客人加水並說了「請慢用」之後，客人沒說「謝謝」，這個憨兒就一直站在桌旁等待，不知該怎麼辦，這舉動也讓客人不知所措，還好職訓老師趕緊來解圍。原來，在憨兒的認知裡，一定要等到客人說「謝謝」，他再回答「不客氣」，這個服務才算完成。

三、命題作文（佔 27 分）

　　河流不只是地表上最動人的線條，也與人類的生活、文明有密切的關係，若沒有黃河，就沒有中國文化；沒有恆河，就沒有印度文明。請以「河流」為題，寫一篇文章，文長不限。

提示：　可以運用歷史、地理、生態、文學方面的知識；也可以從自己的生活經驗出發，加以撰寫。

❋ 91年度學科能力測驗國文科試題②詳解 ❋

第一部分：選擇題

壹、單一選擇題

1. C

【解析】 (甲) ㄉㄥˊ／ㄉㄧㄥˋ

(乙) ㄅㄨˇ

(丙) ㄕㄜˋ；ㄓㄜˊ／ㄋㄧㄝˋ

(丁) ㄍㄠˋ／ㄏㄠˋ

(戊) ㄊㄚˋ／ㄉㄚˇ

(己) ㄉㄧㄣˇ

2. C

【解析】 (A) 貌「合」神離

(B) 人聲「鼎」沸

(D) 「川」流不息

3. D

【解析】 語譯——「他，是人；我，是人。他能這樣，而我竟不能這樣」

4. D

【解析】 依句法結構判斷——「夫自炫自媒者，士女之醜行」，與「(戊)不忮不求者(丁) 明達之用心」排偶；末句「親己之切，無重于身」其前為「(丙) 含德之至，莫逾于道」，則答案可知。

5. **C**

　　【解析】　由「兩舷濺起嘩嘩的花浪」得知「我們就像坐在十一隻
　　　　　　首尾相接的□□之中」□適合填入的詞語是輕舟而非花
　　　　　　車；」再由「這櫻花，一堆堆，一層層」推敲，「好像□
　　　　　　□似的」□當填雲海而非流星，故選 (C)。

6. **A**

　　【解析】　甲、戊 —— 打，從也，介詞。
　　　　　　己 —— 打，某些動作的代稱。

7. **B**

　　【解析】　甲、送「美」零
　　　　　　乙、「荷」抱蛋
　　　　　　丙、后羿射「日」
　　　　　　丁、棒打「紅毛番」—— 非音義雙關
　　　　　　戊、「韓」恨九泉
　　　　　　己、「美」況愈下
　　　　　　除丁外皆音義雙關

8. **B**

　　【解析】　中唐元稹、白居易提倡新樂府運動，主張「文章合為時
　　　　　　而著，歌詩合為事而作」，用來「泄導人情」、「補察時
　　　　　　政」。

9. **D**

　　【解析】　用詞性來分辨。

10. **D**

　　【解析】　儒林外史批判揭露知識分子求取科舉功名的醜態。

11. **D**

【解析】 「天地顯罡煞之精」意謂梁山泊一百零八條好漢 ——
「三十六員天罡星，七十二座地煞星」；「都一般兒哥
弟稱呼，不分貴賤。」正是水滸精神。

12. **A**

【解析】 由「何曾塵裡見人歸」看出遊子未歸，而「經春歷夏
無消息，檢點秋風又寄衣」正是思念之寫照。

13. **A**

【解析】 楊牧致力於散文與詩之創作，其散文重抒情，貴唯美
與徐志摩「詩化散文」近似。

14. **C**

【解析】 (A) 易：改變

(B) 勞：慰問

(D) 廢職：放棄正業

15. **B**

【解析】 「士之彬彬者，其父兄非農工即商賈」而「以世業相
承，百不一二」就是說職業世代相傳，不到百分之一、
二。

16. **A**

17. **C**

18. **B**

貳、多重選擇題

19. **ACDE**

【解析】 (B) ___(b)___ 應填「駢文」。

20. **ABCDE**

21. **BC**
   【解析】 (A) 「人而不仁」—— 人如果沒有仁德之心
       (B) 「和而不同」—— 和順而不苟同
       (C) 「威而不猛」—— 威嚴而不凶猛
       (D) 「思而不學」—— 空想卻不學習
       (E) 「從而不改」—— 表面聽從，內心卻不改

22. **ACDE**
   【解析】 (B) 丁、「007」非音譯

23. **DE**
   【解析】 (D) 「閒」看兒童捉柳花
       (E) 一年「好」景君須記

24. **CD**
   【解析】 (A) 戒人不可越職侵權
       (B) 為政以修身正己為先
       (E) 桀溺嘲諷孔子愛做官，告訴子路不如避世隱退。

九十一年度學科能力測驗（國文考科）
大考中心公佈答案

題　號	答　　案	題　　號	答　　案
1	B	16	B
2	C	17	A
3	D	18	C
4	A	19	BCDE
5	B	20	ABD
6	A	21	ACDE
7	D	22	ABC
8	A	23	BDE
9	D	24	ABCDE 或 ABCE
10	C		
11	B		
12	E		
13	D		
14	I		
15	A		

九十一年度學科能力測驗（國文考科）
大考中心公佈答案（補考）

題　號	答　　案	題　號	答　　案
1	C	16	A
2	C	17	C
3	D	18	B
4	D	19	ACDE
5	C	20	ABCDE
6	A	21	BC
7	B	22	ACDE
8	B	23	DE
9	D	24	CD
10	D		
11	D		
12	A		
13	A		
14	C		
15	B		

九十年大學入學學科能力測驗試題
國文考科

第壹部分：選擇題（佔55分）

一、單一選擇題（佔34分）

說明：第1題至第17題，每題選出一個最適當的選項，標示在答案卡之「選擇題答案區」。每題答對得2分，答錯不倒扣。

1. 下列各組「」內三個「偏旁」相同的字，讀音卻完全不同的選項是：
   (A) 「裨」益／「稗」官野史／「睥」睨群雄
   (B) 「娉」婷／敦「聘」專家／遊目「騁」懷
   (C) 「縞」素／形容枯「槁」／「犒」賞三軍
   (D) 「俳」優／中傷「誹」謗／不「悱」不發

2. 「總公司財務左支右□的消息上了報，果然引起□然大波。這都是因為高層主管一向偏□小人，才會弄出這麼大的□漏。」上列文句□內的用字若完全正確，則□中應填入的字依序是：
   (A) 絀／掀／坦／皮
   (B) 絀／軒／袒／紕
   (C) 拙／渲／袒／皮
   (D) 拙／喧／坦／紕

3. 下列文句「」內的字義相同的選項是：
   (A) 世衰道微，邪說暴行有「作」／聖人「作」而萬物睹
   (B) 朝「濟」而夕設版焉／知周乎萬物，而道「濟」天下
   (C) 仰矚俯映，「彌」習彌佳／離宮別館，「彌」山跨谷
   (D) 千乘之國，可使治其「賦」也／「賦」性愚直，好談古今得失

4. 「木柵動物園裡的國王企鵝近來可謂集眾人目光焦點於一身，尤其在一對企鵝生蛋之後，對牠們孵蛋過程的關心與報導，更是達到舉國若狂的地步。這對企鵝夫妻原本□□□□，相處融洽，但自從母企鵝產下企鵝蛋後，□□□□的企鵝爸爸便搶著孵蛋，甚至為了爭蛋，不惜與企鵝媽媽大打出手。在孵蛋的六十五天裡，企鵝爸爸甚至創下連續三十四天未進食、六十二天未換班的驚人記錄。如此超級新好爸爸，卻仍然不敵大自然的力量，嚐到小企鵝未出生便夭折的□□□□。」下列文句□內最適合使用的語詞依序是：
(A) 宜室宜家／鵲巢鳩佔／切膚之痛
(B) 比翼雙飛／喧賓奪主／折翼之痛
(C) 鶼鰈情深／盼子心切／喪子之痛
(D) 形影不離／舐犢情深／手足之痛

5. 「車急駛／那把箭較眼快／一隻鳥不為什麼側滑下來／天空便斜得站不住／將滿眼的藍滿海裡倒」（羅門＜車入自然＞）
下列選項，何者最貼近詩句描述的境況？
(A) 車子飛馳於坍方的海岸，險象環生，令人心驚膽跳
(B) 車子奔馳於筆直的海岸線，車速太快，彷彿衝向海裡
(C) 車子奔馳於寧靜的海岸，唯有飛鳥、藍天與碧綠的海水相伴
(D) 車子飛馳於海岸，隨著車身的擺動，飛鳥、天空與海水都傾斜了

6. (甲) 小□□／栽樹忙／栽在自己頭頂上／不澆水／不施肥／一片葉子都不長
(乙) 春天是一匹／世界最美麗的彩布／□□是個賣布郎／他隨身帶著一把剪刀／每天忙碌地東飛飛／西剪剪／把春天一寸寸賣光了
上引兩段文句，若依文意內涵，推敲其形象特徵，則□內最適合填入的選項是：
(A) 兔子／楊柳　　　　(B) 綿羊／蝴蝶
(C) 花鹿／燕子　　　　(D) 園丁／時間

7. (甲)滿州國奉天城裡有一條福康街，福康街上有一座四合大院。這
　　宅院門前是兩棵大槐樹，槐葉密密輕輕□□著兩扇獅頭銅環紅
　　漆大門

　(乙)兩人緩緩步出大門，循路走著，夾道的茅屋草房莫不高掛燈籠。
　　月亮昇起來了，光暈凝脂，□□得只照三家子一村

　(丙)她覺得右肩上暖溼溼的，愈漫愈多，像自己在流血，驚得只是要
　　仰臉看，使勁仰臉看，千重大大的眼睛是□□□□的夜空，淚珠
　　兒銀閃閃的一直往下流

　上引鐘曉陽《停車暫借問》中的文句，□內的詞最適合填入的選
　項是：

　(A) 交疊／偏心／星光燦爛　　(B) 庇蔭／鍾情／星河洶湧

　(C) 環繞／縱情／月如銀盤　　(D) 摩挲／專心／月色皎潔

8. 下面是校園網站「聊天室」的對話：

小五說：我們國文老師在教完林文月女士〈蒼蠅與我〉後，給我們

　　　　一首紀弦先生的現代詩〈蒼蠅與茉莉〉，可是句子是亂的，

　　　　誰幫我看一下我排得對不對？

　　　　一隻大眼睛的蒼蠅，停歇在含苞待放在茉莉花朵上

　　　　(乙) 應該拿 DDT 來懲罰

　　　　(丙) 不時用牠的兩隻後腳刷刷牠的一雙翅翼，非常愛好
　　　　　　清潔和講究體面的樣子

　　　　(甲) 也許這是對於美的一種褻瀆

　　　　(丁) 但是誰也不能證明牠不是上帝造的

　　　　　　誰也不能證明牠在上帝眼中是一個／醜惡的存在

小六對小五說：不對啦！應該是□□□□才對啦！

小五說：你怎麼知道？

小六對小五說：嘿嘿嘿……因為我就是國文老師啊！

　上文□中依序應填入的是：

　(A) 甲乙丁丙　　　　　　(B) 乙丙甲丁

　(C) 丙甲乙丁　　　　　　(D) 丁丙甲乙

9. 「請名人代言」是提高廣告說服力的好方法。下列四則廣告標題，如單就文字意義，尋找背景相契合的古代名人來代言，則<u>最不恰當</u>的組合是：
(A) 請莊子代言「自然就是美」
(B) 請子路代言「心動不如馬上行動」
(C) 請蘇秦、張儀代言「做個不可思議的溝通高手」
(D) 請司馬先、王安石代言「好東西要和好朋友分享」

10. 文學作品使用典故，除了直接引用之外，還有轉用、化用的情形。如李白「相看兩不厭，只有敬亭山」，寫人與自然的冥合，在辛棄疾筆下則轉化為「我見青山多嫵媚，料青山見我應如是」。歐陽修〈醉翁亭記〉「人知從太守遊而樂，而不知太守之樂其樂」，其所鎔鑄改造的典故應是：
(A) 王安石〈遊褒禪山記〉「極夫遊之樂也」的探幽訪勝之樂
(B) 陶潛〈飲酒詩〉「山氣日夕佳，飛鳥相與還」的自然和諧之樂
(C) 范仲淹〈岳陽樓記〉「先天下之憂而憂，後天下之樂而樂」的先憂後樂之樂
(D) 《孟子・梁惠王》「獨樂樂，……不若與人。……與少樂樂，不若與眾」的與民同樂之樂

11. 仔細閱讀下文，確認甲、乙、丙、丁各為何人，選出正確的選項：
「甲是乙的學生，為新月詩派代表人物，其詩作〈再別康橋〉等均膾炙人口；乙的文章風格獨特，當時號為『新民叢報體』；丙是甲的朋友，提倡白話文學運動，《嘗試集》為其新詩集；丁曾是甲愛戀的對象，後嫁給乙的長子，並成為中國建築史學者。」

	甲	乙	丙	丁
(A)	徐志摩	梁實秋	胡適	林徽音
(B)	徐志摩	梁啓超	胡適	林徽音
(C)	胡適	梁實秋	羅家倫	陸小曼
(D)	胡適	梁啓超	羅家倫	陸小曼

12. 「人在青、少年時期免不了對自己的前途有很多幻想或疑惑　①　
我將來到底能成為一個什麼樣的人　②　我如果確實知道將來會
幸福　③　現在我甘願吃苦　④　如果將來確實能富有　⑤　
我現在願意節省　⑥　」
上列文句___內若依序加上標點符號，最適當的選項是：

	①	②	③	④	⑤	⑥
(A)	——	？	，	；	，	。
(B)	。	！	，	。	，	。
(C)	！	！	，	！	，	！
(D)	，	？	——	！	，	。

13. 羅董事長的三位朋友分別在今天過七十大壽、喬遷新居、分店開
幕。如果你是董事長的秘書，下面三副對聯該如何送才恰當？
(甲) 大啓爾宇，長發其祥
(乙) 交以道接以禮，近者悅遠者來
(丙) 室有芝蘭春自永，人如松柏歲長新
(A) 甲送喬遷新居者；乙送分店開幕者；丙送過七十大壽者
(B) 甲送分店開幕者；乙送喬遷新居者；丙送過七十大壽者
(C) 甲送過七十大壽者；乙送喬遷新居者；丙送分店開幕者
(D) 甲送過七十大壽者；乙送分店開幕者；丙送喬遷新居者

14-17 為組題

下列短文有四個空格，請從文後提供之參考選項中選出最適當者填入。

　　多數人都希望自己能出人頭地，可別誤以為孔子只知道「辟人之士」，從他自言＿＿14＿＿，不難發現孔子還是期待受重用的。想出人頭地，首先應該以＿＿15＿＿的態度累積實力，使自己成為有價值的千里馬。其次，最好能在適當的場合表現最佳的自己，主動吸引伯樂，例如＿＿16＿＿，一方面敢選擇「收債」這種吃力不討好的任務，一方面又以出人意表的手法來操作，果然令他的上司刮目相看。此外，尋找適合自己的位置也很重要，例如以＿＿17＿＿的才能，先前憑著一時的義憤當了刺客，實在是走錯方向；後來他改當軍師，不但充分發揮他運籌帷幄的專長，更為他的上司爭得整個天下。

(A) 馮諼　　(B) 荊軻　　(C) 李斯　　(D) 張良　　(E) 諸葛亮

(F) 「不患人之不己知，患不知人也」

(G) 「沽之哉！沽之哉！我待賈者也」

(H) 「日知其所亡，月無忘其所能」

(I) 「後生可畏，焉知來者之不如今也」

(J) 「權，然後知輕重；度，然後知短長」

二、多重選擇題（佔 21 分）

說明：第 18 至第 24 題，每題的五個選項各自獨立，其中至少有一個
　　　選項是正確的，選出正確選項標示在答案卡之「選擇題答案
　　　區」。每題皆不倒扣，五個選項全部答對者得 3 分，只錯一個
　　　選項可得 1.5 分，錯兩個或兩個以上選項不給分。

18. 儒家認為「個人」、「社會」、「國家」是彼此依存、相互影響的共同體。下列文句，符合此一觀念的選項是：

(A) 覆巢之下無完卵

(B) 成則為王，敗則為寇

(C) 天下之本在國，國之本在家，家之本在身

(D) 君子之於天下也，無適也，無莫也，義之與比

(E) 要恆產而有恆心者，惟士為能。若民，則要恆產，因無恆心

19. 文學作品中「空間」的安排，常具有特別的意義。下列敘述，正確的選項是：

(A) 〈項脊軒志〉藉由庭中原本相通，日後卻設籬、築牆、東犬西吠的重重改變，顯示親族隔閡日深

(B) 〈桃花源記〉中漁人經過狹窄的山洞才進入桃花源，作者即用此一山洞區隔現實世界與理想世界

(C) 〈始得西山宴遊記〉以西山居高臨下，不與培塿為類的地勢，暗喻國君剛愎自用，放逐賢臣

(D) 〈岳陽樓記〉藉由晴天、雨天兩種不同面貌的洞庭湖，比喻仁人有「居廟堂之高，則憂其民」、「處江湖之遠，則憂其君」兩種心態

(E) 〈與元微之書〉「憶昔封書與君夜，金鑾殿後欲明天。今夜封書在何處？廬山庵裡曉燈前」，藉由金鑾殿後、廬山庵裡的空間變化顯示其遭逢貶謫

20. 某些與「方位」相關的詞,常有特別的文化意涵。例如中國向來以「南面」爲「君臨天下」的代稱,以「北面」爲「俯首稱臣」的代稱。下列有關「左」、「右」構成的詞,敘述正確的選項是:
   (A) 現代通常稱主張較激進者爲「左派」,稱主張較保守者爲「右派」
   (B) 以「旁門左道」稱不爲正統所接納者,以「難出其右」讚譽才學登峰造極者
   (C) 古代「右」有「崇尚」之意,故「國家恢儒右文」的「右文」意謂崇尚文治
   (D) 古代「左」有「貶降」之意,故「國君虛左以待」的「虛左」意謂貶降惡吏,以待賢人
   (E) 古代多以「右」爲尊,故「王子直,字孝正,京兆杜陵人也,世爲郡右族」的「右族」應指豪門望族

21. 中國理想的「生命之美」,往往不在感官的愉悅或際遇的騰達,而在追求一種超出外在現實限制,屬於內心坦然自在的安適。下列文句,表現此種生命情趣的選項是:
   (A) 飯疏食,飲水,曲肱而枕之,樂亦在其中矣
   (B) 結廬在人境,而無車馬喧。問君何能爾,心遠地自偏
   (C) 不以物傷性,不以謫爲患,無適而不自快,無入而不自得
   (D) 文武爭馳,君臣無事,可以盡豫遊之樂,可以養松喬之壽
   (E) 自耕稼陶漁,以至爲帝,無非取於人者。取諸人以爲善,是與人爲善者也

22. 中文翻譯外國詞語時,或採「音譯」,或採「義譯」,通常會儘量做到「音譯兼義譯」。不過,翻譯要兼顧音、義兩方面有時也有其困難,因此所謂「音譯兼義譯」常常只能照顧到某些部分的聲音與意義。例如「Utopia」譯爲「烏托邦」,不但照顧到聲音,也兼有「寄託於虛構中的理想國」之意。下列文句「」中的外來詞,屬於此種「音譯與義譯」的選項是:

(A) 近來電視「叩應」（call-in）節目當道，不少觀衆熱中此道

(B) 老趙與人爭吵時「歇斯底里」（hysteria）的神情，實在令人不敢恭維

(C) 現今某些立法委員質詢時，唱作俱佳，宛如表演「脫口秀」（talk show）

(D) 各國政府重要部門，爲了防患電腦「駭客」（hacker）入侵，莫不鞏固電腦防備設施，嚴陣以待

(E) 金門居民最近發現空中常出現一種弧形光圈，此現象是否屬於外太空的「幽浮」（UFO）頓時成爲熱門話題

23. 現今大衆傳播媒體時有用語失當、語意矛盾的情形。下列來自傳播媒體的語句，犯了上述弊病的選項是：

(A) 兢兢業業的學生們爲了準備大考，平日裡莫不汲汲營營勤奮讀書

(B) 旅法華裔作家高行健，經瑞典皇家科學院宣佈，榮獲本屆諾貝爾文學獎

(C) 黑幫分子彼此之間爲了利益擺不平而起內鬨，甚至義憤塡膺的相互廝殺

(D) 此刻，運動場上的數萬名群衆正作壁上觀，準備欣賞精彩的奧運開幕典禮

(E) 關於本次空難，記者在現場爲您轉播來自美聯社的本臺第一手獨家新聞報導

24. 新聞報導的第一要義是儘可以客觀的態度呈現事實，不宜加入太多主觀的評斷，也不宜誇張失實。下列報導文字，與上述要義<u>不符</u>的選項是：

(A) 台灣地區自十二月起，東北季風逼漸增強，這也是每年酸雨最嚴重的季節，膚質較敏感的民眾應該攜帶雨具，以免引起皮膚不適

(B) 世紀末美國的總統大選，選戰空前激烈，小布希和高爾票數不相上下，這麼緊張的氣氛，把佛羅里達州州長住家牆上的漆都給溶化了

(C) 根據本臺可靠消息來源，政壇緋聞案的主角有直逼層峰的態勢。想知道更勁爆的內幕，請讓心臟停止三分鐘，廣告之後，我們馬上回來

(D) 近來，為了賺取金錢而從事「援助交際」的青少年日益增加，教育團體對此一現象感到憂心，籲請社會共同注意青少年價值觀扭曲的危機

(E) 黑色奇萊山發生空前絕後、駭人聽聞的山難，截至目前為止，已知有兩人重傷，一人輕傷，一人下落不明，英勇熱心的救難隊已經進入山區援救，相信不久之後，就會傳來令人賞心悅目的畫面

第貳部分：非選擇題（共兩大題，佔44分）

說明：1. 請依各題指示作答。答案務必寫在「答案卷」上，並標明題號。

　　　2. 第一大題為「簡答」，計6小題，佔8分。

　　　3. 第二大題為「作文」，佔36分。

一、簡答（佔8分）

注意：<u>本大題務必將各小題之題號標示清楚，否則不予計分。</u>

　　中文語句常有「省略主語」的情形，閱讀時須由上下文來判斷其意義。如賈島〈尋隱者不遇〉：「松下問童子，言師採藥去。只在此中山，雲深不知處。」雖然每一句的主語都是省略的，但讀者仍可在細讀之後，判斷出各句的主語與經過何種轉變——首句為尋者，次句變為童子，三、四句變為隱者。

閱讀下列〈甲〉、〈乙〉兩段文字，回答框線內 1-1～2-2 的問題。

甲、「怡然敬父執，問我來何方。問答未及已，驅兒羅酒漿。」
　　（杜甫〈贈衛八處士〉）

```
　試分別說明各詩句的主語：
　1-1 「怡然敬父執」的主語為何？（1分）
　1-2 「問我來何方」的主語為何？（1分）
　1-3 「問答未及已」的主語為何？（1分）
　1-4 「驅兒羅酒漿」的主語為何？（1分）
```

乙、有獻不死之藥於荆王者，謁者操以入。中射之士（左右侍從之官）
　　問曰：「可食乎？」曰：「可。」因奪而食之。王怒，使人殺中射
　　之士。中射之士使人說王曰：「臣問謁者，謁者曰『可食』，臣故
　　食之。是臣無罪，而罪在謁者也。」
　　（《戰國策·楚策四》）

```
上文「中射之士」的回答顯然是詭辯。試問：
2-1 中射之士問謁者：「可食乎？」從上下文來看，中射之士故意
　　　省略的主語是什麼？（2分）
2-2 謁者直接回答中射之士「可食」，是因為謁者以為中射之士所
　　　問的「可食乎？」的主語是什麼？（2分）
```

二、作文（佔 36 分）

注意：1. <u>〈甲〉、〈乙〉二題，任擇一題作答，不可二題皆答，違者</u>
　　　　<u>扣分</u>。

　　　2. <u>須抄題，違者扣分</u>。

　　〈甲〉

　　什麼是最遙遠的距離？

　　有人以天文學的角度說：還在不斷擴大、無從探測邊界的宇宙，就是最遙遠的距離；也有人說：最遙遠的距離，是生與死的永遠分別；更有人說：最遙遠的距離，是我就站在你面前，你卻不知道我愛你。

試就你自己的感覺、經驗、知識或省思，以「<u>最遙遠的距離</u>」為題，寫一篇文章，文長不限。

提示：文章可以全然抒情而寫得很感性，也可以運用知識而寫得充滿
　　　知性，當然也可以融會二者，兼具知性與感性。

　　〈乙〉

　　從前，「慢」是成事的基礎——好湯得靠「慢火」燉煮，健康要從「細嚼慢嚥」開始，「欲速則不達」是孔子善意的提醒，「慢工出細活」更是品質的保證，總之，「一切慢慢來！快了出錯划不來！」

　　現在，「快」是前進的動力——有「速食麵」就不怕肚子餓，有「捷運」、「高速鐵路」就不怕塞車，有「寬頻」就不怕資料下載中斷，有「宅急便」就不怕禮物交寄太晚，身邊的事物都告訴我們：「快！否則你就跟不上時代！」

　　不同的時代總有不同的想法，但「慢」在今天是否已經過時？「快」在今天又是否真的必要？

試以「<u>快與慢</u>」為題，闡述自己的觀點，文長不限。

90年度學科能力測驗國文科試題詳解

第一部分：選擇題

壹、單一選擇題

1. **B**

【解析】(A) ㄅㄧˋ　ㄅㄞˋ　ㄅㄧˋ
(B) ㄆㄥˊ　ㄆㄥˊˋ　ㄔㄥˇ
(C) ㄍㄠˇ　ㄍㄠˇ　ㄎㄠˋ
(D) ㄆㄞˊ　ㄈㄟˇ　ㄈㄟˇ

2. **B**

【解析】左支右絀：謂周轉不靈或顧此失彼之狀
軒然大波：謂大風波也
偏袒：偏護一方
紕漏：錯誤疏略

3. **A**

【解析】(A) 興起 / 興起
(B) 渡河 / 救濟
(C) 愈 / 越過
(D) 軍事 / 天性

4. **C**

【解析】「宜室宜家」乃祝賀嫁女之辭
「折翼之痛」用於喪兄或喪弟

5. **D**

6. **C**

　　【解析】　花鹿頭上有似樹枝的角，不澆水，不施肥，一片葉子都
　　　　　　　不長

　　　　　　　燕子的尾巴好似把剪刀，東飛飛，西剪剪，把春天一寸
　　　　　　　寸賣光了

7. **B**

　　【解析】　(丙)「千重大大的的的眼睛……淚珠兒銀閃閃」，所以像
　　　　　　　「星河洶湧」的夜空
　　　　　　　(甲)槐葉用庇蔭比交疊來得好

8. **C**

　　【解析】　由首句「蒼蠅停歇在……花朵上」，所以用(丙)接續描寫，
　　　　　　　轉而以(甲)「也許這是……」(乙)「應該……」的因果關
　　　　　　　係做一轉折，最後由末句「誰也不能証明……」判斷。
　　　　　　　(丁)「但是誰也不能證明……」的排比關係得到答案

9. **D**

　　【解析】　司馬光與王安石的理念不同，北宋新舊黨爭紛紛擾擾，
　　　　　　　故不適宜代言「好東西要和好朋友分享」之廣告

10. **D**

　　【解析】　因「太守之樂其樂」乃以人民之樂為一己之樂，其所鎔
　　　　　　　鑄改造的典故應是孟子與民同樂之樂

11. **B**

【解析】　由新月詩派代表人物，其詩作〈再別康橋〉得知甲是徐志摩；由新民叢報體得知乙是梁啓超；由提倡白話文等運動、嘗試集為其新詩集得知丙是胡適，答案就已然肯定，而林徽音曾是徐志摩愛戀的對象，後嫁給梁啓超的長子梁思成就只是對答案的再次確認罷了

12. **A**

【解析】　關鍵在④，「我如果確實知道將來會幸福，現在我甘願吃苦」與「如果將來確實能富有，我現在願意節省」為二個並立分向所以中間用④分號分開

13. **A**

14. **G**

【解析】　孔子自言：「沽之哉！沽之哉！我待賈者也」謂孔子期待明王的禮遇重用

15. **H**

【解析】　以「日知其所亡，月無忘其所能」的態度累積實力

16. **A**

【解析】　馮諼為孟嘗君收債於薛

17. **D**

【解析】　張良於博浪沙狙擊秦始皇，後佐高祖得天下

18. **AC**

　　【解析】（B）言個人之成敗

　　　　　　（D）君子行事不固執成見，以義為取捨標準

　　　　　　（E）孟子說明社會分工之理念，或勞心，或勞力

19. **ABE**

　　【解析】（C）以西山之高，不與培塿為類，暗喻孤芳自賞，不隨
　　　　　　　　　波逐流之意

　　　　　　（D）藉由晴天，雨天兩種不同面貌的洞庭湖，寫遷客騷
　　　　　　　　　人悲喜的兩種心態

20. **ABCE**

　　【解析】「虛左以待」謂留尊位以待賢者也

21. **ABC**

　　【解析】（D）國君原積德義，則文武百官爭相效力，君臣無事，
　　　　　　　　　不言而化

　　　　　　（E）稱頌舜的行為

22. **ACDE**

　　【解析】（B）為純音譯

23. **ACDE 或 ABCDE**

　　【解析】（A）汲汲營營形容急速馳逐於名利，不適用於學生勤奮
　　　　　　　　　讀書

　　　　　　（B）高行健乃旅法華人作家，華裔乃華人後代，答案是
　　　　　　　　　大考中心後來修訂。

(C) 義憤填膺乃為正義而發之氣填充塞於胸中，用於黑幫分子失當。

(D) 作壁上觀形容不關己事，不適用於此

(E) 現場為你轉播來自美聯社的第一手報導，語意矛盾

24. **BCE**

【解析】 (B) 「住家牆上的漆都給溶化了」

(C) 「讓心臟停止三分鐘」

(E) 「賞心悅的畫面」

簡答

【解析】 1-1 衛八之兒女

1-2 衛八之兒女

1-3 杜甫與衛八之兒女

1-4 衛八處士

2-1 中射之士

2-2 荊王的不死之藥

九十年度學科能力測驗（國文考科）

大考中心公佈答案

題　號	答　　　案	題　　號	答　　　案
1	B	16	A
2	B	17	D
3	A	18	AC
4	C	19	ABE
5	D	20	ABCE
6	C	21	ABC
7	B	22	ACDE
8	C	23	ACDE 或 ABCDE
9	D	24	BCE
10	D		
11	B		
12	A		
13	A		
14	G		
15	H		

八十九年大學入學學科能力測驗試題
國文考科

第一部分：選擇題

壹、單一選擇題

說明：第 1 至第 14 題，每題選出一個最適當的選項，標示在答案卡之「選擇題答案區」。每題答對得 2 分，答錯不倒扣。

1. 下列文句完全無錯別字的選項是：
   (A) 宋濂〈秦士錄〉一文寫形摹神，筆酣墨飽，秦士風範栩栩然活耀眼前
   (B) 豐子愷是中國漫畫藝術的先趨，他的漫畫在寥寥數筆中表現無窮的韻味
   (C) 〈醉翁亭記〉借釋亭名抒發胸臆，全文以樂字為主線，環環相扣，層層生發，脈絡清晰
   (D) 馬克・吐溫的作品文字淺白，詼諧生動，《湯姆歷險記》、《頑童流浪記》最為膾炙人口。

2. 下列文句中，成語使用完全正確的選項是：
   (A) 現今社會流行犬馬之養，飼養寵物大行其道
   (B) 動物園中的無尾熊，一見到尤加利樹，就立刻行將就木，準備飽餐一頓
   (C) 老高不務正業，行搶為生，兒子又克紹箕裘，擄人勒贖，終至父子同時銀鐺下獄
   (D) 緋聞纏身的影星，提起自己的拍片計畫，說得頭頭是道；一詢及緋聞事件，立刻閃爍其詞，顯得諱莫如深。

3. 下列文句中,「」內的字義相同的選項是:

(A) 所以動心忍性,「曾」益其所不能／有酒食,先生饌,「曾」是以爲孝乎

(B) 宰我問曰:仁者,雖告之曰:井有「仁」焉,其從之也／子曰:「人」而不仁,如禮何?人而不仁,如樂何

(C) 臣聞求木之長者,必固「其」根本／況爲大臣而無所不取,無所不爲,則天下「其」有不亂,國家其有不亡者乎

(D) 宗族「稱」孝焉,鄉黨稱弟焉／太史公疑子房以爲魁梧奇偉,而其狀貌乃如婦人女子,不「稱」其志氣。

4. 下列文句中,「」內詞義解釋正確的選項是:

(A) 「若舍鄭以爲東道主,行李之往來,共其乏困,君亦無所害。」「行李」指使者

(B) 「太尉曰:吾未晡食,請假設草具。既食,曰:吾疾作,願留宿門下。」「晡食」即餵食

(C) 「晉獻文子成室,晉大夫發焉。張老曰:美哉輪焉,美哉奐焉。」「成室」即結婚

(D) 「若乃綜述性靈,敷寫器象,鏤心鳥跡之中,織辭魚網之上,其爲彪炳,縟采名矣。」「鳥跡」指大自然之景物。

5. 由於受到外來文化的影響,漢語中常有梵文譯音的語詞,下列「」內的字詞與梵文譯音無關的選項是:

(A) 永「劫」　　　　　(B) 「浮圖」

(C) 「瑜珈」　　　　　(D) 「功德」。

6. (甲)蔣碧月身上那襲紅旗袍如同一團火焰,一下子明晃晃的□到了程參謀的身上,程參謀衣領上那幾枚金梅花,便像火星子般,跳躍了起來

(乙) 竇夫人回轉身，便向著露臺走了上來，錢夫人看見她身上那塊
白披肩，在月光下，像朵雲似的□□著她。一陣風掠過去，
週遭的椰樹都沙沙的鳴了起來，把竇夫人身上那塊大披肩吹得
姍姍揚起

(丙) 一條寬敞的石級引上了樓前一個弧形的大露臺，露臺的石欄邊
沿上卻整整齊齊的置了十來盆一排齊胸的桂木，錢夫人一踏上
露臺，一陣桂花的濃香便□□過來了

上引白先勇〈遊園驚夢〉中的文句，□中的字最適合填入的選項是：

(A) 映／包圍／遊移   (B) 燒／簇擁／侵襲

(C) 照／伴隨／漂浮   (D) 燃／籠罩／掩蓋。

7.「又早是夕陽西下，

是被青溪的姐妹們所薰染的嗎
　　　　　甲

寂寂的河水
　　乙

河上妝成一抹胭脂的薄媚
　　　　　　丙

還是勻得她們臉上的殘脂呢
　　　　　　丁

隨雙槳打它，終是沒言語。」(俞平伯〈槳聲燈影裡的秦淮河〉)

上引文句為一段現代散文，請依文意選出排列順序最恰當的選項：

(A) 甲丙丁乙   (B) 乙甲丙丁

(C) 丙甲丁乙   (D) 丙乙甲丁。

8. 下列詩句，沒有對仗的選項是：

(A) 青青河畔草，緜緜思遠道

(B) 掬水月在手，弄花香滿衣

(C) 芳樹籠秦棧，春流遶蜀城

(D) 曉鏡但愁雲鬢改，夜吟應覺月光寒。

9. 中國語文中的量詞，常因使用情境的不同，而有不同的意義。如
「一片」或爲「些少、微小」之意，或爲「寬闊、綿長」之意。
下列詩句中的「一片」，意爲「寬闊、綿長」的選項是：
(A) 稻花香裡說豐年，聽取蛙聲一片
(B) 一片風帆望已極，三湘煙水返何時
(C) 樹頭樹底覓殘紅，一片西飛一片東
(D) 一片花飛減卻春，風飄萬點正愁人。

10. 《史記》〈項羽本紀〉：「吾聞先即制人，後則爲人所制。」句中
的「爲」字與下列各句的「給」字用法、意義相同的選項是：
(A) 你「給」我過來
(B) 誰知道那孩子又會「給」狼啣去呢
(C) 妳跟我講小的在哭，我「給」妳說管他去哭
(D) 這隻手鐲，是你小時回來那次，太太「給」我的。

11. 如果你想到圖書館借閱具寓言性質的作品，下列哪一書籍最應列
爲優先選擇？
(A) 左傳   (B) 孟子
(C) 莊子   (D) 呂氏春秋。

12. 人類的道德，有的來自社會的規範，有的來自於人的「同理心」，
如「己所不欲，勿施於人」，此一道德修養即爲同理心的表現。
下列所述，屬於人之同理心的選項是：
(A) 居廟堂之高，則憂其民；處江湖之遠，則憂其君
(B) 季文子相三君，妾不衣帛，馬不食粟，君子以爲忠
(C) 禹思天下有溺者，由己溺之也；稷思天下有飢者，由己飢之也
(D) 子貢曰：紂之不善，不如是之甚也。是以君子惡居下流，天
下之惡皆歸焉。

13. 儒家曾提出一些「察人之法」，下列哪一選項<u>不是</u>察人之法？

(A) 眾惡之，必察焉；眾好之，必察焉

(B) 雖小道，必有可觀者焉；致遠恐泥，是以君子不為也

(C) 視其所以，觀其所由，察其所安，人焉廋哉？人焉廋哉

(D) 存乎其人者，莫良於眸子。眸子不能掩其惡。胸中正，則眸子瞭焉；胸中不正，則眸子眊焉。

14. 依照應用文的普通準則判斷，下列四個「學生寫信給老師」的範例，正確無誤的選項是：

(A) 大文先生左右：頃悉　先生退休在即，^{敝人}深感惆悵。唯望日後能續有機會向　先生請益。　　　　　　　　　　^{敝人}陳大明鈞啟

(B) 大文先生左右：頃悉　先生退休在即，^{學生}深感惆悵。唯望日後能續有機會向　先生請益。　　　　　　　　　　^{學生}陳大明鈞啟

(C) 大文吾師道席：頃悉　吾師退休在即，^{敝人}深感惆悵。唯望日後能續有機會向　吾師請益。　　　　　　　　　　^{敝人}陳大明敬啟

(D) 大文吾師道席：頃悉　吾師退休在即，^{學生}深感惆悵。唯望日後能續有機會向　吾師請益。　　　　　　　　　　^{學生}陳大明敬啟

貳、多重選擇題

說明：第 15 至 23 題，每題的五個選項各自獨立，其中至少有一個選項是正確的，選出正確選項標示在答案卡之「選擇題答案區」。每題答對得 3 分，答錯不倒扣，未答者不給分。只錯一個可得 1.5 分，錯兩個或兩個以上不給分。

15. 下列有關課文的敘述，正確的選項是：

(A) 〈秦士錄〉中的鄧弼，是個博通經史，又驍勇善戰的文武全才，其狂言狂行的背後，有其憂國憂民的胸襟，及對自我懷才不遇的憤懣

(B) 劉大櫆的〈騾說〉以為：就「行止出於其心而堅不可拔」而論，騾賤而馬貴；就人之「軼之而不善，檟楚以威之而可以入之善者」而言，人貴而騾賤

(C) 歐陽修〈縱囚論〉基於「堯舜三王之治，必本於人情；不立異以為高，不逆情以干譽」的信念，批判唐太宗之縱囚，實為立異干譽，上下相賊，並不可取

(D) 《左傳》〈宮之奇諫假道〉中，宮之奇引「皇天無親，惟德是輔」、「黍稷非馨，明德惟馨」、「民不易物，惟德繄物」等三句，以說明「吾享祀豐潔，神必據我」的道理

(E) 《呂氏春秋》〈察今〉言：「凡先王之法，有要於時也。時不與法俱至，法雖今而至，猶若不可法。」意謂：法必須適應時代的需要，客觀形勢不斷變化，法令規章也應隨之改變。

16. 下列有關文學史的敘述，正確的選項是：
(A) 古體詩指先秦兩漢的詩，近體詩指魏晉隋唐的詩
(B) 關漢卿與張可久同為元曲大家，前者以劇曲著稱，後者以小令擅場
(C) 韓愈與柳宗元，共同推動古文運動，提倡言之有物、形式自由的散文
(D) 白居易早年熱情而有理想，思以詩歌改革政治，與杜甫同倡新樂府運動
(E) 現今通行的《三國演義》，相傳乃羅貫中以《三國志平話》為藍本，加以增補而成。

17. 孔子教育學生的方式，常因對象的不同、時空的差異而有所不同。下列有關於孔子教育方式的說明，正確的選項是：
(A) 子路、曾皙、冉有、公西華侍坐，孔子命各言其志。此乃採輕鬆問答的引導式教法

(B) 孺悲欲見孔子，孔子辭以疾。將命者出戶，取瑟而歌，使之聞之。此乃探不屑之教的激勵式教法

(C) 孔子之武城，聞弦歌之聲，莞爾而笑曰：「割雞焉用牛刀？」此乃探幽默風趣方式的勸勉式教法

(D) 子路曰：「子行三軍，則誰與？」子曰：「暴虎馮河，死而無悔者，吾不與也。」乃針對子路好勇而探訓誡式的教法

(E) 冉求曰：「非不說子之道，力不足也。」子曰：「力不足者，中道而廢；今女畫。」乃肯定冉求有自知之明，能安於天分的啓發式教法。

18. 中國語文在表達數量時，為了修辭、音韻、節奏等需要，往往不直接道出，而使用拆數相乘的手法，如「五五之喪」，指守二十五個月的喪期，意即三年之喪。下列敘述，使用這種數量表示法的選項是：

(A) 蓋予所至，比好遊者尚不能「十一」

(B) 「三五」之夜，明月半牆，桂影斑駁

(C) 年時「二八」新紅臉，宜笑宜歌羞更斂

(D) 讀書一事，也必須有「一二」知己為伴，時常大家討論，纔能進益

(E) 莫春者，春服既成；冠者「五六」人，童子「六七」人，浴乎沂，風乎舞雩，詠而歸。

19. 以形象化的語言描繪抽象的情思，可使讀者獲得更鮮明的印象、更確實的感動，如「母愛是曬衣場上曬乾的衣服，暖暖的，有太陽的氣味」，比「母愛是世間最溫馨無私的愛」更加具體可感。下列運用這種技巧的選項是：

(A) 砌下落梅如雪亂，拂了一身還滿

(B) 西湖最盛，為春為月。一日之盛，為朝煙，為夕嵐

(C) 是夜大霧漫天，長江之中，霧氣更甚，對面不相見

(D) 孤獨是一匹衰老的獸／潛伏在我亂石磊磊的心裡

(E) 忽然想起／但傷感是微微的了／如遠去的船／船邊的水紋。

20. 語言裡有時會有將語音合併的「合音連讀」現象，如現今口語中
「最ㄅㄧㄤˋ的感覺」，其中「ㄅㄧㄤˋ」的語音就是「不一樣」
三個字的合音。此種合音連讀現象有時可用文字形式呈現。下列
有關合音的敘述，正確的選項是：

(A) 「焉用亡鄭以陪鄰」，「陪」為「匹配」二字的合音連讀

(B) 「子路問：聞斯行諸」，「諸」為「之乎」二字的合音連讀

(C) 「這個自然，何消吩咐」，「消」為「需要」二字的合音連讀

(D) 「胡屠戶被衆人局不過」，「局」為「急逼」二字的合音連讀

(E) 「關於那件事，以後就甭提了」，「甭」為「不用」二字的合
音連讀。

21. 適度的將方言與外來語融入日常語言中，可增加語言的活力與親和
力，如「英英美代子」，諧擬閩南語「閒閒沒事幹」；又如「摩登」，
擬英語 MODERN，意指時髦。下列語言現象中同屬「擬方言」或
「擬外來語」的選項是：

(A) 你難道腦筋「秀逗」了嗎？竟記不得家裡的電話號碼

(B) 面對前衛的新世代，許多人自嘲已經淪為「LKK」族了

(C) 多少網路情人日夜期盼電腦螢幕傳來的「伊媚兒」，安慰自
己孤獨的心靈

(D) 街上小販遙遙搖著博浪鼓，那懵懂的「不愣登……不愣登」
裡面有著無數老去的孩子們的回憶

(E) 這幾天爸爸常拿著那麼一薄本米色皮的小書喊「幽默」，弟
弟自然不懂什麼叫「幽默」，而聽成了油抹。

22. 詩的語言常有別於日常的語言，為了在簡鍊的文字中得到最大的藝術效果，詩人往往改變詩句關鍵字的詞性，以創造更為鮮活的語言，如杜甫詩：「異方初艷菊，故里亦高桐」，句中的「艷」與「高」本都是形容詞，在此卻都具有動詞義，分別為「開放得十分艷麗」、「挺起」之意。下列詩句「 」內的字，也具有此種技巧的選項是：

(A) 春風又「綠」江南岸

(B) 「寒」山轉蒼翠，秋水日潺湲

(C) 白髮逐梳落，「朱」顏辭鏡去

(D) 心猶未死杯中物，春不能「朱」鏡裏顏

(E) 遠上寒山石徑「斜」，白雲生處有人家。

23. 閱讀中國古典詩歌往往需要注意詩中聲音、意義的搭配，方能體會其精緻與優美。如王維〈觀獵〉：「草枯鷹眼疾，雪盡馬蹄輕。忽過新豐市，還歸細柳營。」不但可在「疾」、「輕」的聲音中感受到鷹眼的敏銳、馬蹄飛馳的輕捷，也可在「忽過」、「還歸」的地點快速轉換中，體會出行進的速度感。下列詩句同樣表達出「快速行進感」的選項是：

(A) 曹植〈白馬篇〉：仰手接飛猱，俯身散馬蹄。狡捷過猴猿，勇剽若豹螭

(B) 黃庭堅〈登快閣〉：癡兒了卻公家事，快閣東西倚晚晴。落木千山天遠大，澄江一道月分明

(C) 李白〈早發白帝城〉：朝辭白帝彩雲間，千里江陵一日還。兩岸猿聲啼不住，輕舟已過萬重山

(D) 杜甫〈聞官軍收河南河北〉：白日放歌須縱酒，青春作伴好還鄉。即從巴峽穿巫峽，便下襄陽向洛陽

(E) 李白〈黃鶴樓送孟浩然之廣陵〉：故人西辭黃鶴樓，煙花三月下揚州。孤帆遠影碧山盡，惟見長江天際流。

第二部分：非選擇題

說明：1. 請依各題指示作答。答案務必寫在「答案卷」上，並標明
　　　　 題號
　　　 2. 「文章賞析」必答
　　　 3. 「作文」二題任選一題作答,必須抄題

一、文章賞析

　　荖濃溪營地附近，雪深數尺。溪水有一段已結冰。冷杉林下的箭竹
全埋在雪下。冷杉枝葉上也全是厚厚的白，似棉花的堆積，似刨冰。
有時因枝葉承受不住重量，雪塊嘩然滑落，滑落中往往撞到下層的
枝葉，雪塊因而四下碎散飛濺，滑落和碰撞的聲音則有如岩石的崩
落，在冰冷謐靜的原始森林間迴響。

　　這是陳列〈八通關種種〉裡的一段文字，其中沒有任何艱難晦澀的
詞句，可是寫得非常精彩。請細細咀嚼，加以鑑賞分析。

提示：請就上引文字，由「遣詞造句」、「氣氛營造」、「文章風格」
　　　三方面綜合賞析

二、作文

注意：須抄題;二題任擇一題作答，不可二題皆答。

(一) 許多人都有傾注心力，投入某一件事的經驗，其原因不一而足：
　　 或出於興趣，或迫於無奈，或機緣巧合……。

請以「我最投入的事」為題，寫一篇文章，文長不限。

提示：內容應包括：　(1) 投入的對象

　　　　　　　　　　　(2) 投入的過程、心情

　　　　　　　　　　　(3) 投入的得失、感想

(二) 讀過〈桃花源記〉的人都知道，「桃花源」是陶淵明心目中的
　　「烏托邦」。對你而言，「烏托邦」或許是太遙遠的世界，但
　　只要是人，都有他的「嚮往」。這「嚮往」也許是一個具體的
　　目標，也許是一種抽象的境界，或許只是區區卑微的願望，
　　也或是永不可能達成的幻想，卻都代表了內心的願景。

請以「我的嚮往」為題，寫一篇文章，文長不限。

提示：內容應包括：　(1) 自己的嚮往是什麼

　　　　　　　　　　　(2) 為何有這樣的嚮往

　　　　　　　　　　　(3) 如何追求這嚮往

　　　　　　　　　　　(4) 自我的感懷

89年度學科能力測驗國文科試題詳解

第一部分：選擇題

壹、單一選擇題

1. C

【解析】(A) 活「躍」眼前

(B) 先「驅」

(D) 「膾」炙人口。

2. D

【解析】(A) 「犬馬之養」比喻奉養父母無恭敬之心，如飼養犬馬

(B) 「行將就木」比喻人快死了

(C) 「克紹箕裘」能夠繼先人的事業（用在正面的事物）

(D) 「閃爍其詞」：言談吞吞吐吐，不願揭露實情；「諱莫如深」：隱諱之深非能比擬。

3. B

【解析】(A) 增加／竟然

(B) 皆指「人」

(C) 它的指代樹木／豈、難道

(D) 稱許／相當。

4. A

【解析】(B) 晚餐

(C) 新居落成

(D) 借代文字。

5. **D**

【解析】(A) 梵語音譯，指永遠的時間

(B) 梵語音譯，也作「浮屠」、「佛陀」、「比丘」、「寶塔」

(C) 梵語音譯，指思維，健身術的一種

(A)(B)(C)皆為佛家語。

6. **B**

【解析】(甲)上文「一團火焰」下接「燒」字語意連貫

(乙)上文白披肩圍繞，下接「簇擁」

(丙)用「侵襲」形容撲鼻而來的桂花香。一陣桂花的濃香，是錢夫人踏上露臺，突然聞到，故用「侵襲」。

7. **C**

【解析】夕陽西下後接「河上妝成一抹胭脂的薄媚」；「是……」排在「還是……」前面；最後「隨雙槳打它……」前加上主詞「寂寂的河水」，故丙甲丁乙。

8. **A**

【解析】(A)　青青　河畔　草　　緜緜　思　遠道
　　　　　　　　名詞　名詞　　　動詞　名詞

故詞性不相合。

9. **A**

【解析】(A)「蛙聲一片」中「一片」有大量、眾多的意味，且上文為「豐年」，不可能指「些少、微小」

(B)「一片風帆」借代一艘帆船

(C)(D) 皆指一片花瓣。

10. **B**

【解析】 題幹的「爲」是「被」的意思，故只有 (B) 合
(A)(C) 爲閩南語語法
(D) 施與。

11. **C**

【解析】 莊子內容想像豐富，誇張大膽，比喻形象，語言生動
活潑，創作大量寓言故事。

12. **C**

【解析】 (C) 即「人飢己飢、人溺己溺」的同理心。

13. **B**

【解析】 (B) 「小道」指小技藝，君子器度恢宏，故不爲，非察
人之法。

14. **D**

【解析】 (D) 學生寫信給老師，提稱語應用「道席」(左右用於
平輩)，自稱「學生」，禮告敬辭用「敬啓」(鈞啓
是對尊長的啓緘用語)。
(A) 錯在「先生」「左右」「敝人」「鈞啓」
(B) 錯在「先生」「左右」「鈞啓」
(C) 錯在「敝人」。

15. **ACE**

【解析】(B)「行止出於其心而堅不可拔」：馬賤而驟貴；

「軼之而不善，櫪楚以威之而可以入之善者」：人賤而驟貴

(D) 此三句說明「國之存亡在君德，非鬼神」。

此三句都是在反駁「吾享祀豐潔，神必據我」的道理。

16. **BCE**

【解析】(A) 近體詩指唐代新興格律化的詩體，近體詩興起後，唐人稱以前的詩為古體詩，所以古體詩和近體詩的分期不是朝代時間，而是格律形式。

(D)「杜甫」改為元稹。

17. **ABCD**

【解析】(E)有責冉求畫地自限之意，而採訓誡式的教法。

18. **BC**

【解析】(A) 十分之一

(B)「三五」指十五

(C)「二八」年十六

(D) 約略估算：一個或兩個左右

(E) 約略估算：五個或六個左右，六個或七個左右。

19. **ADE**

【解析】(A) 譬喻愁思揮不去　　　　(B) 僅敘述

(C) 僅景物描寫　　　　　　　(D) 暗喻

(E) 明喻。

20. BCE
【解析】(A) 「陪」-增益
(D) 「局」-逼迫。

21. ABCE
【解析】(A) short-擬外來語　　　　(B) 擬方言
(C) E-mail-擬外來語　　　　(D) 狀聲詞
(E) humor-擬外來語。

22. AD
【解析】(A) 「綠」有「染綠」的意思
(D) 「朱」有「增豔」之意
(A)(D) 形容詞具動詞義，轉品修辭
(B)(C)(E) 僅是形容詞。

23. ACD
【解析】(A) 藉動作之轉換表現行進的快速
猱，音ㄋㄠˊ。螭，音ㄔ
(B) 夜晚登樓景緻
(C) 藉周遭猿聲襯出行進之快速
(D) 藉地名轉換表現行進的快速
(E) 送別友人的不捨情感。

八十八年大學入學學科能力測驗試題
國文考科

第一部分：選擇題

壹、單一選擇題

說明：第 1 題至第 14 題，每題選出一個最適當的選項，標示在答案卡之「選擇題答案區」。每題答對得 2 分，答錯不倒扣。

1. 甲、地產「掮」客：ㄑㄧㄢˊ　　乙、「撙」節開支：ㄗㄨㄣˇ
   丙、帥哥「靚」妹：ㄐㄧㄢˋ　　丁、獲得青「睞」：ㄌㄞˋ
   戊、支票「兌」現：ㄊㄨㄟˋ　　己、加蓋郵「戳」：ㄔㄨㄛ
   庚、品嚐大「閘」蟹：ㄐㄧㄚˊ　辛：打開話「匣」子：ㄐㄧㄚˊ
   上列「」內各字讀音皆正確的選項是：
   (A) 甲乙丁己　　(B) 甲乙庚辛　　(C) 乙丙己庚　　(D) 丁戊己辛

2. 下列文句，完全無錯別字的選項是：
   (A) 這座佔地千坪的豪華餐廳，一夕之間竟被夷為平地，實在令人匪疑所思
   (B) 由於籌措不到足夠的應急款項，公司的董事們個個憂心如焚，一愁莫展
   (C) 面對接踵而至的危機，總經理決定從新整頓業務，不再重蹈相同的錯誤
   (D) 經過七場激烈的纏鬥，本校籃球隊終於擊敗強勁的對手，蟬聯年度冠軍

3. 甲、手屈一指　乙、沽名釣譽　丙、劍拔弩張　丁、恭逢其盛　戊、一股作氣
   上述成語，完全無錯別字的選項是：
   (A) 甲丙　　(B) 乙丙　　(C) 乙丁　　(D) 丁戊

4. 下列各組文句「」內字義相同的選項是：
   (A) 君子不「重」則不威，學則不固／況乎視之以至疏之勢，「重」之以疲敝之餘
   (B) 家人習奢已久，不能「頓」儉，必致失所／數十年之後，甲兵「頓」敝，而人民日以安於佚樂
   (C) 一冬一春，「靡」屈不伸；一起一伏，無往不復／起自隋代，終於割讓，縱橫上下，鉅細「靡」遺
   (D) 以五十步笑百步，則何如？曰：不可，「直」不百步耳，是亦走也／勞之，來之，匡之，「直」之，輔之，翼之，使自得之。

5. 下列有關稱謂與禮俗的敘述，不正確的選項是：
   (A) 古人稱公婆為「翁姑」
   (B) 設宴送人遠行稱「餞行」
   (C) 「七秩晉二壽誕」意即七十二歲生日
   (D) 訃文上稱「先慈王母張太夫人」，則死者本姓王，夫家姓張。

6. 下列「」內的詞語，解釋正確的選項是：
   (A) 操則存，舍則亡；出入無時，莫知其鄉。「莫知其鄉」意謂忘卻自己的故鄉
   (B) 僕自到九江，已涉三載，形骸且健，方寸甚安。「方寸甚安」意謂住處雖小，但足夠安身
   (C) 禹惡旨酒，而好善言；湯執中，立賢無方。「立賢無方」意謂任用賢人，不計較其出身
   (D) 孝德震恐，召太尉曰：將奈何？太尉曰：無傷也，請辭於軍。「請辭於軍」意謂將辭去軍務，解甲歸田。

7. 「只有翅翼而無身軀的鳥，在哭和笑之間不斷飛翔」上述若為一首描繪身體部位的現代詩，其所描繪的對象應是：
   (A) 手　　(B) 眉　　(C) 脣　　(D) 眼。

8. 下列是一段現代散文，請依文意選出排列順序最恰當的選項。
「<u>猶太</u>人是佔領者，　<u>一個年輕的以色列女人被殺了，</u>
　　　　　　　　　　　　　　甲

<u>仇恨中卻長不出和平</u>，<u>阿拉伯人是被奴役者，</u>
　　乙　　　　　　　　丙

<u>沙漠中也許可以長出青荽</u>，一歲多的孩子在屍體邊哇哇大哭。」
　　丁
（<u>龍應台</u>〈在受難路上〉）

(A) 甲丁乙丙　　(B) 乙丁丙甲　　(C) 丙丁乙甲　　(D) 丁乙甲丙

9. 「此刻正像是水底的世界／一切已沈澱，靜寂
那些遠近朦朧的樹枝／如□　□叢生海裡
藍空上緩泛過光潔的浮雲／是片片無聲的□　□
只有一隻古代的象牙舟／在珍珠的海上徐划」（<u>夏菁</u>〈月色散步〉）
上引為一節現代詩，□□內最適合填入的詞語分別是：
(A) 寶石／柳絮　　　　(B) 珊瑚／浪花
(C) 枯藤／泡沫　　　　(D) 秀髮／雪花。

10. 找名人依其處世態度或學識經驗，撰寫職場應用書籍，可說是近來出版的潮流。如果讓古人寫一系列「實用智慧叢書」，就作者經歷與著作內容須做最適切組合的考量下，<u>最不可能</u>提出那一個編輯企畫？
(A) 請<u>馮諼</u>寫《如何讓主管重用你》
(B) 請<u>馮道</u>寫《亂世謀職三十六計》
(C) 請<u>諸葛亮</u>寫《競爭策略》
(D) 請<u>孟子</u>寫《二十一世紀圓融處世法則》。

11. 「<u>荊</u>人有遺弓者而不肯索曰<u>荊</u>人遺之<u>荊</u>人得之又何索焉<u>孔子</u>聞之曰去其<u>荊</u>而可矣<u>老聃</u>聞之曰去其人而可矣故<u>老聃</u>則至公矣」，上列文字，以現代標點符號斷句，最適當的選項是：

(A) 荊人有遺弓者，而不肯索。曰：「荊人遺之？荊人得之？又何索焉！」孔子聞之曰：「去其『荊』而可矣？」老聃聞之曰：「去其『人』而可矣？」故老聃則至公矣。

(B) 荊人有遺弓者，而不肯索。曰：「荊人遺之，荊人得之，又何索焉？」孔子聞之曰：「去其『荊』而可矣。」老聃聞之曰：「去其『人』而可矣。」故老聃則至公矣。

(C) 荊人有遺弓者，而不肯索曰：「荊人遺之，荊人得之，又何索焉！」孔子聞之曰，去其「荊」而可矣；老聃聞之曰，去其「人」而可矣。故老聃則至公矣。

(D) 荊人有遺弓者，而不肯索曰：「荊人遺之！荊人得之！又何索焉！」孔子聞之曰：「去其荊而可矣！」老聃聞之曰：「去其人而可矣！」故老聃則至公矣！

12～14 為題組

請參照下圖並閱讀下列文字，從參考選項中選出最適當者填入各空格。

（大眾傳播「拉斯威爾公式」）

現代人溝通常以電話為媒介，古人與皇帝溝通則多以書面奏疏為媒介。在溝通的過程中，「傳送者」應先分析「接受者」的特質，以便決定說服策略。例如＿＿12.＿＿和＿＿13.＿＿，同樣是與皇帝溝通，前者便以前朝老臣自居，試圖藉先帝的殊遇來爭取認同；後者則以淒涼的身世博取同情，試圖延緩出仕的時間。至於「訊息」的安排，也關係著溝通能否達到目的。而最具說服力的訊息，應莫過於「利害」了。以＿＿14.＿＿而言，重申前期君主因厚招天下之士而成就霸業，固然言之成理，但真正讓接受者警覺的，恐怕還是「卻客不納」、「虛己資敵」可能引發的嚴重後果吧！

(A) 蘇軾〈教戰守策〉　　　　(B) 蘇洵〈六國論〉
(C) 《左傳》〈宮之奇諫假道〉　(D) 李密〈陳情表〉
(E) 諸葛亮〈出師表〉　　　　(F) 魏徵〈諫太宗十思疏〉
(G) 李斯〈諫逐客書〉　　　　(H) 歐陽修〈縱囚論〉
(I) 方孝儒〈指喻〉

貳、多重選擇題

說明：第 15 題至第 23 題，每題的五個選項各自獨立，其中至少有
　　　一個選項是正確的，選出正確選項，標示在答案卡之「選擇
　　　題答案區」。每題答對得 3 分，答錯不倒扣。未答者不給分。
　　　只錯一個可獲 1.5 分，錯兩個或兩個以上不給分。

15. 古文中表示數學上的「幾分之幾」，多以兩個數字並列，前者為
　　「分母」，後者「分子」。下列文句「」內屬於此一表意方式的選
　　項是：
　　(A) 蓋予所至，比好遊者尚不能「十一」
　　(B) 安見方六七十，如五「六十」，而非邦也者
　　(C) 夫物之不齊，物之情也，或相倍蓰，或相「什百」
　　(D) 飛來雙白鵠，乃從西北來，十十「五五」，羅列成行
　　(E) 下士冤民，能至闕者，萬無數人；其得省問者，不過「百一」

16. 下列文句「」內屬於「人稱代詞」的選項是：
　　(A) 吾不忍其觳觫，「若」無罪而就死地
　　(B) 嫗每謂余曰：某所，「而」母立於茲
　　(C) 往送之門，戒之曰：往之「女」家，必敬必戒，無違夫子
　　(D) 子曰：以吾一日長乎爾，毋吾以也！居則曰：不吾知也！如或
　　　　知「爾」，則何以哉
　　(E) 滔滔者，天下皆是也，而誰以易之？且「而」與其從辟人之士
　　　　哉也，豈若從辟世之士哉。

17. 語言之詞義會因時間而產生變化。下列各組語詞中，古今詞義已有
　　改變的選項是：
　　(A) 略「遜」一籌／他唱的歌「遜」斃了
　　(B) 「酷」吏列傳／「酷」哥辣妹競相比酷
　　(C) 言語得「當」／那門功課不幸被「當」
　　(D) 爭相「閃」避／情形不對，趕緊「閃」人
　　(E) 「凱」旋榮歸／他今天心情好，出手很「凱」。

18. 文章中多次重複的字詞，作者往往有其深意。下列有關重見語詞的
　　敘述，正確的選項是：
　　(A) 〈與元微之書〉連呼「微之，微之」四次，表露作者對好友
　　　　想念之殷切
　　(B) 〈祭十二郎文〉用四十二個「汝」字，表達作者與已逝姪兒
　　　　間親近的想念
　　(C) 〈醉翁亭記〉用二十一個「也」字，造成文章迴環往復、迂
　　　　迴宛轉之氣韻
　　(D) 〈六國論〉「賂」字重見十次，作者亟言六國賂秦之弊，藉以
　　　　諷諭當時朝廷不應實施賄賂外交
　　(E) 〈留侯論〉中「忍」字重見九次，作者以張良一生能忍之事
　　　　蹟，勸諫朝廷對於外敵當忍辱負重。

19. 「顧修史固難，修臺之史更難，以今日修之尤難」，此三句之文意
　　有程度上的層層推進。下列文句，屬於此種表現方式的是：
　　(A) 九姑之聲清以越，六姑之聲緩以蒼，四姑之聲嬌以婉
　　(B) 不違農時，穀不可勝食也；數罟不入洿池，魚鱉不可勝食也；
　　　　斧斤以時入山林，材木不可勝用也
　　(C) 始臣之解牛之時，所見無非牛者；三年之後，未嘗見全牛也。
　　　　方今之時，臣以神遇而不以目視，官知止而神欲行

(D) 初看<u>傲來峰</u>削壁千仞，以為上與天通；及至翻到<u>傲來峰</u>頂，才見<u>扇子崖</u>更在<u>傲來峰</u>上；及至翻到<u>扇子崖</u>，又見<u>南天門</u>更在<u>扇子崖</u>上；愈翻愈險，愈險愈奇

(E) 說到對土地的感情，穿皮鞋的不如穿布鞋的，穿布鞋的不如穿草鞋的跟赤腳的。連赤腳也有程度之分，那些踏過水田裡爛泥漿的腳，就要比走硬土的人感受得更加深刻一些。

20. 《文心雕龍・物色》：「情以物遷，辭以情發，一葉且或迎意，蟲聲有足引心。」這段話指出了人們內心的感受，往往受到風物景色的牽引。下列文句，可印證此一現象的選項是：

(A) 落絮飛花滿帝城，看看春盡又傷情，歲華頻度想堪驚

(B) 閨中少婦不知愁，春日凝妝上翠樓，忽見陌頭楊柳色，悔教夫婿覓封侯

(C) 巍峨的山岳或深谷幽壑，常會使人生出一種雄偉的情緒，但總也常隱約顯出威嚇的意思

(D) 浮光躍金，靜影沈璧，漁歌互答，此樂何極！登斯樓也，則有心曠神怡，寵辱偕忘，把酒臨風，其喜洋洋者矣

(E) 湖光染翠之工，山嵐設色之妙，皆在朝日始出，夕舂未下，始極其濃媚。月景尤不可言，花態柳情，山容水意，別是一種趣味。

21. 下列文句，述及事件前因後果的選項是：

(A) 三折肱而成良醫

(B) 君子多欲，則貪慕富貴，枉道速禍

(C) 獨孤臣孽子，其操心也危，其慮患也深，故達

(D) 居廟堂之高，則憂其民；處江湖之遠，則憂其君

(E) 昔者先王知兵之不可去也，是故天下雖平，不敢忘戰。

22. 文學作品常使用比喻。所謂比喻，即作者以類似的聯想，選取另外的事物來描繪原有事物的特徵。例如「我的心情像土撥鼠在挖洞」，就是以「土撥鼠挖洞」的類似聯想來比喻「想找到出口」的心情。

下列《神雕俠侶》的文句，使用比喻寫法的選項是：

(A) 他順勢划上，過不多時，波的一響，衝出了水面，只覺陽光耀眼，花香撲鼻，竟是別有天地

(B) 轉過一個山峽，水聲震耳欲聾，只見山峰間一條大白龍似的瀑布奔瀉而下，衝入一條溪流，奔騰雷鳴，湍急異常

(C) 只見一個白衣女郎緩緩的正從廳外長廊上走過，淡淡陽光照在她蒼白的臉上，清清冷冷，陽光似乎也變成了月光

(D) <u>楊過</u>日日在海潮之中練劍，日夕如是，寒暑不間。木劍擊刺之聲越練越響，到後來竟有轟轟之聲，響了數月，劍聲卻漸漸輕了，終於寂然無聲

(E) <u>朱子柳</u>突然除下頭頂帽子，往地下一擲，長袖飛舞，狂奔疾走，出招全然不依章法。但見他如瘋如癲、如酒醉、如中邪，筆意淋漓，指走龍蛇。

23. 文學作品常見是由作者提問，又由作者自答的表達方式。下列文句，屬於此類表達方式的選項是：

(A) 故鄉遙，何日去？家住<u>吳門</u>，久作<u>長安</u>旅

(B) 問君能有幾多愁？恰似一江春水向東流

(C) 試問夜如何？夜已三更，金波淡，玉繩低轉

(D) 多情自古傷離別，更那堪，冷落清秋節。今宵酒醒何處？楊柳岸，曉風殘月

(E) 幾日行雲何處去？忘了歸來，不道春將暮。百草千花寒食路，香車繫在誰家樹。

第二部分：非選擇題

說明：請先閱讀參考文字，然後依各題指示作答。答案務必寫在「答案卷」上，並標明「一」、「二」。

一、短文寫作

以下是有關「魚」的兩種不同情境，<u>請選擇其中一項</u>，寫一段散文，可以從「人」的角度寫，也可以從「魚」的角度寫，<u>文限 200 至 300字之間</u>。

（一）餐桌上的魚
（二）水族箱中的魚

二、作文

「你還裝？別假仙了！」這是我們常掛在口頭上的一句話；而「不要妝（裝）了」、「給我放自然一點」的廣告詞，也傳達了人們對掙脫面具的渴望。但我們真的用不著「假裝」嗎？不管是出於自願，或是迫於無奈，「假裝」有時的確很不應該，但有時卻又合情合理，勢所必然。

你「假裝」過嗎？是為了掩飾你錯誤、緊張？還是為了符合別人的期望？你是需要時才「假裝」？還是一向在「假裝」？「假裝」讓你得到什麼？是自欺欺人的痛苦？還是利己利人的欣慰？

<u>請以「假裝」為題</u>，寫一個關於自己「假裝」的經驗，內容應包括：你為何「假裝」、你如何「假裝」、「假裝」時的心情、現在的感想等。文長不限。

88年度學科能力測驗國文科試題詳解

第一部分：選擇題

壹、單一選擇題

1. **A**

【解析】甲、「捐」：ㄑㄩㄢ　　乙、「撙」：ㄗㄨㄣˇ
　　　　丙、「靚」：ㄐㄧㄥˋ　　丁、「睞」：ㄌㄞˋ
　　　　戊、「兌」：ㄉㄨㄟˋ　　己、「戳」：ㄔㄨㄛ
　　　　庚、「閘」：ㄓㄚˊ　　辛、「匣」：ㄒㄧㄚˊ

2. **D**

【解析】(A) 匪「夷」所思
　　　　(B) 一「籌」莫展
　　　　(C) 「重」新整頓

3. **B**

【解析】甲：「首」屈一指
　　　　丁：「躬」逢其盛
　　　　戊：一「鼓」作氣

4. **C**

【解析】(A) 前者：莊重之意。
　　　　　　後者：加上之意。
　　　　(B) 前者：立即。
　　　　　　後者：通「鈍」，不銳利。
　　　　(C) 前者：無。
　　　　　　後者：無。
　　　　(D) 前者：但，只。
　　　　　　後者：矯直。

5. **D**

【解析】　本姓張，夫家姓王。

6. **C**

【解析】　(A) 莫知其鄉：不知其去向

(B) 方寸甚安：心理頗為安適

(D) 請辭於軍：讓我到郭晞軍中去解釋

7. **B**

【解析】　(C) 由「翅翼」兩字可知，此器官當為一對，形狀如翅，又由哭笑的變化，可想像眉的舒展、高低、緊皺，故只有「眉」最符合貼切。

8. **C**

【解析】　由「猶太人是佔領者」，所以接「阿拉伯人是被奴役者」；從「…可以長出…」「…卻長不出…」判斷其順序；而「孩子在屍體邊哇哇大哭」可知之前必是「女人被殺了」。

9. **B**

【解析】　由第一句「此刻正像是水底的世界」便可知，以下皆由海底中的事物來做聯想。而(A)(C)(D)皆不出現在海洋，故不選。

10. **D**

【解析】　孟子好辯，以確立自己的論點所在，故他相當堅持自己的理念，如義利之辨、論性善，距揚墨，此與圓融的態度處世不同。

11. **B**

【解析】 翻譯如下：

荊國有個人不見了一把弓，卻不去尋找探求。他說：
「既然是我這個荊國人丟了一把弓，而撿到的也是荊
國人，那又何必去尋找呢？」孔子聽到這件事便說：
「如果把『荊』字去掉就好了。」老子聽了便說：「若
再把『人』字去掉會更好。」所以老聃可算是最公正無
私無我的人了。

12. **E**

【解析】 因為提到作者為「前朝老臣」且有「先帝之殊遇」的
境遇者，唯有諸葛亮符合，故選諸葛亮之出師表。

13. **D**

【解析】 因為提到「以淒涼的身世博取同情，試圖延緩出仕的
時間」此即為李密陳情表之寫作背景

14. **G**

【解析】 因為提到「重申前期君主因厚招天下之士而成就霸業」
及其後「卻客不納」，「虛己資敵」的後果，可推論為
李斯諫逐客書。

貳、多重選擇題

15. **AE**

【解析】 (A) 十分之一
(B) 六十平方里
(C) 十倍或百倍
(D) 或十或五的，整齊的排列成行
(E) 百分之一

16. **BCDE**

【解析】 (A)「若」：如此。

(B)「而」：你。

(C)「女」：通「汝」你，指夫家。

(D)「爾」：你。

(E)「而」：汝，你

17. **BCE**

【解析】 (B) 前者：苛刻

後者：英文「cool」之音譯，指人有風格個性

(C) 前者：適當

後者：成績不及格

(E) 前者：勝利歸來

後者：大方，出手闊氣

18. **ABCD**

【解析】 (E) 留侯論以「忍」字貫穿全文，評價張子房一生，並舉史實，論證就大謀者必能忍，以見其論徵實可信。

19. **CDE**

【解析】 (A)(B)為排比。

(C)(D)(E)為修辭上的層遞法

20. **ABCD**

【解析】 選項的描述，必須言及外在的景物且由外在的景物之引起作者內心的感發。

(A) 因見「落絮」、「飛花」之景，而驚覺歲月流逝之速。

　　(B) 閨中少婦本不知愁為何物，因上樓觀看風景，想起
　　　　夫婿忙於工作，無暇陪伴，才心生惆悵之心情。
　　(D) 因見平靜喜樂之景，而產生寵辱皆忘，心曠神怡之
　　　　心情。
　　(E) 單純描述日出、黃昏、月景之美。

21. **ABCE**
　【解析】(A) 三折肱為因，成良醫為果
　　　　　(B) 君子多欲為因，貪慕富貴，枉道速禍為果
　　　　　(C) 獨孤臣孽子，其操心也危，其慮患也深為因，達
　　　　　　　為果
　　　　　(D) 「則」僅為轉折語氣詞，無前因後果
　　　　　(E) 昔者先王知兵之不可去也為因，天下雖平，不敢
　　　　　　　忘戰為果

22. **BCE**
　【解析】(B) 「大白龍似的瀑布」
　　　　　(C) 「陽光似乎也變成了月光」
　　　　　(E) 「如瘋如癲、如酒醉、如中邪」

23. **BCD**
　【解析】(A) 自問：「故鄉遙，何日去？」沒自答
　　　　　(B) 自問：「請問人家有多少愁恨呢？」自答：「那愁
　　　　　　　恨就好像向東奔流的江水一般。」
　　　　　(C) 自問：「試問夜如何？」自答：「夜已三更，金波
　　　　　　　淡，玉繩低轉。」
　　　　　(D) 自問：「今宵酒醒何處？」自答：「楊柳岸，曉風
　　　　　　　殘月。」
　　　　　(E) 自問：「幾日行雲何處去？」沒自答。

八十七年大學入學學科能力測驗試題
國文考科

第壹部分：選擇題（佔60分）

一、單一選擇題

說明：第 1 題至第 18 題，每題選出一個最適當的選項，標示在答案卡之「選擇題答案區」。每題答對得 2 分，答錯不倒扣。

1. 甲、心思「縝」密：ㄓㄣˇ　　乙、強烈「抨」擊：ㄆㄥˊ
   丙、左支右「絀」：ㄔㄨˋ　　丁、「湔」雪罪名：ㄑㄧㄢ
   戊、判決定「讞」：ㄧㄢˇ　　己、迷你「涮」涮鍋：ㄕㄨㄚ
   庚、「躉」售物價指數：ㄉㄨㄣˇ
   上列「」內各字讀音皆正確的選項是：
   (A) 甲乙己庚　　(B) 甲丙戊庚　　(C) 乙丙丁戊　　(D) 丁戊己庚

2. 下列文句，完全無錯別字的選項是：
   (A) 政府才剛宣布幾項穩定匯率的新措施，消息便不徑而走
   (B) 黑槍如此氾濫，循規蹈矩的平凡老百姓不知該如何保護自己
   (C) 一聽說歌唱大賽的獎金很高，許多人便迫不急待地前去報名
   (D) 各種社會福利制度都要仿照歐美先進國家，無異是削足試履的做法

3. 下列文句中的「卒」，與〈教戰守策〉：「數十年之後，甲兵頓敝，而人民日以安於佚樂；卒有盜賊之警，則相與恐懼訛言」的「卒」字意義相同的選項是：
   (A) 東陵侯曰：僕未究其奧也，願先生「卒」教之
   (B) 今尚書恃「卒」為暴，暴且亂，亂天子邊，欲誰歸罪
   (C) 天下有大勇者，「卒」然臨之而不驚，無故加之而不怒
   (D) 逝者如斯，而未嘗往也；盈虛者如彼，而「卒」莫消長也

4. 甲、總統直選，全民做「頭家」　乙、向歷史負責，爲將來「打拼」
   丙、選戰花招讓大家看得「霧煞煞」
   丁、商品一律七折，特賣會場「強強滾」
   戊、天王巨星登場，魅力果然「紅不讓」
   己、黃小姐受到驚嚇，「歇斯底里」地衝出屋外
   上列文句「」內的詞彙，皆屬目前常見，其中來自閩南方言的是：
   (A) 甲乙丙丁　(B) 甲丙丁戊　(C) 甲乙丙丁戊　(D) 甲丙丁戊己

5. 下列「」內<u>不屬於</u>自謙之詞的選項是：
   (A) 齊王封書謝孟嘗君曰：「寡人」不祥
   (B) 「僕」自到九江，已涉三載，形骸且健，方寸甚安
   (C) 魯智深道：「洒家」趕不上宿頭，欲借貴莊投宿一宵，明早便行
   (D) 凡我多士，及我友朋，惟仁惟孝，義勇奉公，以發揚種性：此
       則「不佞」之幟也

6. 甲、張先生平日熱心公益，是本次慈善義賣的始作俑者
   乙、警察幾次圍捕歹徒，一旁群眾皆洞若觀火的群集圍觀
   丙、由於客家移民日增，使客家話眾口鑠金地成爲當地主要語言
   丁、陳先生的技術又快又好，只見他在引擎中上下其手，一轉眼
       便修理妥當了
   上列文句中成語使用<u>不恰當</u>的有：
   (A) 一則　　　(B) 二則　　　(C) 三則　　　(D) 四則

7. 「子墨子言曰古者有語曰君子不鏡於水而鏡於人鏡於水見面之容
   鏡於人則知吉與凶」（《墨子》〈非攻〉）
   上列文字，以現代標點符號斷句，最正確的選項是：
   (A) 子墨子言曰，古者有語曰，君子不鏡於水而鏡於人，鏡於水見
       面之容，鏡於人則知吉與凶。
   (B) 子墨子言曰：「古者有語曰，君子不鏡於水，而鏡於人。鏡於
       水，見面之容，鏡於人，則知吉與凶。」
   (C) 子墨子言曰：「古者有語曰：『君子不鏡於水，而鏡於人。鏡
       於水，見面之容；鏡於人，則知吉與凶。』」
   (D) 子墨子言曰：「古者有語曰：『君子不鏡於水而鏡於人。鏡
       水，見面之容。鏡於人，則知吉與凶。』」

8. 甲、「於是，像□□□□□，我飄到密西西比河的曼城，飄到綠
　　色如海的小的大學來。」（陳之藩〈寂寞的畫廊〉）
　　乙、「他在山頭一個古老的建築物裡彈琴，琴聲傾瀉出來，像□
　　□□□□那樣傾瀉出來。」（葉珊〈夏天的琴聲〉）
　　丙、「我仰起頭，天空低垂如□□□□□，落下一些寒冷的碎屑
　　到我臉上。」（何其芳〈雨前〉）
　　丁、「仍是夜裡，頭上的天好像穿了許多小孔的□□□□□，漏
　　下粒粒的小星。」（陸蠡〈秋〉）
　　上引散文□內，都使用了譬喻，最適合填入的選項是：
　　(A) 灰色的霧幕／一朵雲似的／藍水晶的蓋／冷冽的水珠
　　(B) 一朵雲似的／冷冽的水珠／灰色的霧幕／藍水晶的蓋
　　(C) 灰色的霧幕／冷冽的水珠／一朵雲似的／藍水晶的蓋
　　(D) 一朵雲似的／藍水晶的蓋／冷冽的水珠／灰色的霧幕

9. 下列是一段古文，請依文意選出排列順序最恰當的選項。
　　「士有解佩出朝，女有揚蛾入寵，一去忘返，凡斯種種，再盼傾
　　　　　　　　　　甲　　　　　乙　　　　丙　　　　丁
　　國，感蕩心靈，非陳詩何以展其義，非長歌何以釋其情？」（鍾嶸
　　戊
　　〈詩品序〉）
　　(A) 甲丙乙丁戊　　　　　　　(B) 甲丁乙戊丙
　　(C) 乙甲丁丙戊　　　　　　　(D) 乙丁甲丙戊

10. 陶淵明〈飲酒詩之五〉中的「採菊東籬下，悠然見南山」一聯，顯
　　現主體（我）與客體（自然）融合為一的境界，「南山」即詩人
　　人格的投射。下列詩句境界與此相近的是：
　　(A) 王維〈漢江臨汎〉：「襄陽好風日，留醉與山翁。」
　　(B) 李白〈獨坐敬亭山〉：「相看兩不厭，只有敬亭山。」
　　(C) 孟浩然〈過故人莊〉：「綠樹村邊合，青山郭外斜。」
　　(D) 劉長卿〈碧澗別墅喜皇甫侍御相訪〉：「古路無行客，寒山
　　獨見君。」

11. 甲、天臺四萬八千丈，對此欲倒東南傾

　　乙、臉好油，油到簡直可以煎蛋了

　　丙、太陽已冷，星月已冷，太平洋的浪被砲火煮開也都冷了

　　丁、魚都很小，不及一隻食指之大，在清水卵石間緩緩移動

　　戊、任誓言一千遍、一萬遍、一千年、一萬年，牽絆我不能如願

　　己、冷杉林下的箭竹全埋在雪下；冷杉枝葉上也全是厚厚的白，
　　　　似棉花的堆積，似刨冰

　　上列文句，以超乎常理的誇張形容來加強讀者印象的是：

　　(A) 甲乙丙戊　　　　　　　(B) 乙丙丁戊

　　(C) 甲丙丁戊己　　　　　　(D) 甲乙丙丁戊己

12.「風靜了，我是

　　　默默的雪。他在

　　　敗葦間穿行，好落寞的

　　　神色，這人一朝是

　　　東京八十萬禁軍教頭

　　　如今行船悄悄

　　　向梁山落草

　　　　山是憂戚的樣子」

　　上引楊牧新詩的題材取自某部中國古典小說，這部小說應是：

　　(A)《三國演義》　　　　　(B)《儒林外史》

　　(C)《紅樓夢》　　　　　　(D)《水滸傳》

13. 企業的公關部門，須負責建立公司對內及對外的溝通網路，以
　　促進管理與經營的效益，因此需要反應敏捷、性情沉穩、能言
　　善道的人才。如果孔子在現代企業中主管人力資源，以他對學
　　生性格及專長的了解，最可能推薦下列那位學生擔任「公關部
　　主任」？

　　(A) 曾點　　　　(B) 顏回　　　　(C) 子路　　　　(D) 子貢

14. 下列《論語》、《孟子》文句,含有批評責備之意的是:

　　(A) 修己以安百姓,堯、舜其猶病諸

　　(B) 躬自厚,而薄責於人,則遠怨矣

　　(C) 子之武城,聞弦歌之聲。夫子莞爾而笑曰:割雞焉用牛刀

　　(D) 且一人之身,而百工之所為備;如必自為而後用之,是率天
　　　　下而路也

15-18 為題組

下列短文有四個空格,請就參考選項中選出最恰當者填入。

　　儒家的管理思想,本質上屬於修己治人的德治主義。首先,儒家認
為＿＿＿15＿＿＿,一個團隊的好壞,取決於領導者的品德操守,領導
者若能以身作則,團隊素質自然會因此而提昇。所以儒家在管理方
式上主張＿＿＿16＿＿＿,從根本上建立是非善惡的觀念,如此自能匯
聚每一份追求卓越的力量。至於領導者應如何對待被領導者,就儒
家而言,這無非是「人應如何對待人」的問題。除了消極方面要做
到＿＿＿17＿＿＿,更要有一種＿＿＿18＿＿＿積極而開闊的胸襟。綜合而
言,正是孟子所說的「所欲與之聚之,所惡勿施爾」。

參考選項:

　　(A) 「殺無道以就有道」

　　(B) 「己所不欲,勿施於人」

　　(C) 「道之以政,齊之以刑」

　　(D) 「道之以德,齊之以禮」

　　(E) 「不在其位,不謀其政」

　　(F) 「用之則行,舍之則藏」

　　(G) 「君使臣以禮,臣事君以忠」

　　(H) 「己欲立而立人,己欲達而達人」

　　(I) 「見賢思齊焉,見不賢而內自省也」

　　(J) 「政者,正也;子帥以正,孰敢不正」

二、多重選擇題

說明：第 19 題至第 26 題，每題的五個選項各自獨立，其中至少有一
　　　個選項是正確的，選出正確選項標示在答案卡之「選擇題答案
　　　區」。每題答對得 3 分，答錯不倒扣。未答者不給分。只錯一
　　　個選項可得 1.5 分，錯兩個或兩個以上不給分。

19. 下列「」內的常用題辭，用法正確的選項是：
　　(A)「德業長昭」用於祝賀高壽
　　(B)「近悅遠來」用於祝賀榮陞
　　(C)「德必有鄰」用於祝賀喬遷
　　(D)「秦晉之好」用於祝賀婚嫁
　　(E)「冠蓋盈門」用於祝賀開張

20. 「香煙銷肺者請自重！」是一句警告標語，「銷肺者」一詞乃借
　　用同音異義字來達成其特殊效果。下列文句「」內的語詞，也屬
　　於此類諧音詞的選項是：
　　(A) 一眼望去，臺北街頭盡是「酷哥辣妹」
　　(B) 青少年對於師長的訓誡多半「一言九頂」，勇於辯解
　　(C) 大人們對新新人類如此沉迷於「青春嘔像」十分不解
　　(D) 好友們苦口婆心地勸告，聽在他耳裡卻都成了「廢腐之言」
　　(E) 教師節當天，李教授的 E-mail 出現了這樣的話：老師，真謝
　　　　謝您的「毀人不倦」

21. 「今臣亡國賤俘至微至陋」的「至」用來修飾「微」、「陋」兩
　　個形容詞，稱為「程度副詞」。下列文句「」內的字，屬於「程
　　度副詞」的選項是：
　　(A) 初「極」狹，才通人
　　(B) 從數騎出，「微」行，入古寺
　　(C) 毛血日「益」衰，志氣日益微
　　(D) 此其所挾持者「甚」大，而其志甚遠也
　　(E) 默化其麤頑，日使之「漸」於禮義而不苦其難

22. 《論語》〈子路〉「名不正則言不順」的語意關係是「若名不正，則言不順」。下列文句，也具有此種「若不……則不……」語意關聯性的是：
(A) 不悱不求
(B) 不悱不發
(C) 不怨天，不尤人
(D) 不在其位，不謀其政
(E) 其身不正，雖令不從

23. 中國古典詩歌中，常有表面不明言，實則以物寓意，別有寄託的表現手法。下列詩句「」內的字、詞，屬於別有寄託寓意的選項是：
(A) 「寒山」轉蒼翠，秋水日潺湲
(B) 「籠鳥檻猿」俱未死，人間相見是何年
(C) 總為浮雲能蔽「日」，長安不見使人愁
(D) 暖日宜乘轎，春風堪信馬，恰寒食有二百處「秋千」架
(E) 桂櫂兮蘭槳，擊空明兮泝流光。渺渺兮予懷，望「美人」兮天一方

24. 樂府〈作蠶絲〉：「春蠶不應老，晝夜常懷絲。何惜微軀盡，纏綿自有時。」詩中「懷絲」為雙關語，「絲」一方面指「蠶絲」，一方面指「相思」。下列文句「」內的字、詞，同屬利用雙關製造兩重意義的選項是：
(A) 始欲識郎時，兩心望如一。理絲入殘機，何悟不成「匹」
(B) 經理提出男職員全部輪值夜班的草案，果然引起「公」憤
(C) 被指為與黑金掛鉤的候選人，連忙召開記者會替自己辯「白」
(D) 全新款式歐風時裝，即將於週末強力推出，絕對「讓你好看」
(E) 主辦單位擬邀請數位政治明星與偶像歌手同臺獻唱，為晚會壯大「聲」勢

25. 李白〈靜夜思〉：「舉頭望明月，低頭思故鄉」，因「月亮」而觸動「思鄉」之情，是中國詩裡常見的表現方式。下列詩句，屬於此種表現方式的是：

(A) 獨坐幽篁裡，彈琴復長嘯。深林人不知，明月來相照

(B) 遠夢歸侵曉，家書到隔年。滄江好煙月，門繫釣魚船

(C) 三湘愁鬢逢秋色，萬里歸心對月明。舊業已隨征戰盡，更堪江上鼓鼙聲

(D) 回樂峰前沙似雪，受降城外月如霜。不知何處吹蘆管，一夜征人盡望鄉

(E) 煙籠寒水月籠沙，夜泊秦淮近酒家。商女不知亡國恨，隔江猶唱後庭花

26. 「悲觀的業務員只看到大家不需要這項產品，樂觀的業務員卻看到大家都還沒有這項產品。」由此可知所謂「美醜」、「得失」、「優劣」往往出於主觀判斷，是相對而非絕對的。下列文句，表達此一體認的是：

(A) 魚，我所欲也，熊掌，亦我所欲也；二者不可得兼，舍魚而取熊掌者也

(B) 以差觀之，因其所大而大之，則萬物莫不大；因其所小而小之，則萬物莫不小

(C) 自其變者而觀之，則天地曾不能以一瞬；自其不變者而觀之，則物與我皆無盡也

(D) 士生於世，使其中不自得，將何往而非病？使其中坦然，不以物傷性，將何適而非快

(E) 富與貴，是人之所欲也；不以其道，得之不處也。貧與賤，是人之所惡也；不以其道，得之不去也

第貳部分：非選擇題

（佔 40 分，共兩題，第一題 12 分，第二題 28 分）

說明：請先閱讀參考文字，然後依各題指示作答。答案務必寫在「答案卷」上，並標明「一」、「二」。

一、請先閱讀下列短文，然後回答問題。（佔 12 分）

　　　　昨遊江上，見修竹數千株，其中有茅屋，有棋聲，有茶煙飄颺而出，心竊樂之。次日過訪其家，見琴書几席，淨好無塵，作一片豆綠色，蓋竹光相射故也。靜坐許久，從竹縫中向外而窺，見青山大江，風帆漁艇，又有葦洲，有耕犁，有饁婦，有二小兒戲於沙上，犬立岸傍，如相守者，直是小李將軍（唐朝山水畫家李思訓）畫意，懸掛於竹枝竹葉間也。由外望內，是一種境地；由中望外，又是一種境地。學者誠能八面玲瓏，千古文章之道，不出於是，豈獨畫乎？

　　　　乾隆戊寅清和月，板橋鄭燮畫竹後又記。（鄭燮〈遊江〉）

　請依據上文旨意，對文中「八面玲瓏」之意加以闡釋發揮。文長不限。

二、作文（佔 28 分）

　　　　「喝雪碧，做自己」、「堅持品味，卓然出眾，伯朗咖啡」、「特立獨行，Lee 牛仔褲」、「給我 Levi's，其餘免談」，這些廣告詞背後都透露有趣的思考：一方面鼓勵消費者群起做效，好讓商品普及化；一方面卻又強調商品獨樹一格，只有眼光不凡的消費者能欣賞。追求流行究竟是勇於表現自我？還是容易迷失自我？

　　　　請就「**追求流行，表現自我**」或「**追求流行，迷失自我**」為題，選擇一個立場提出你的看法。

　請注意：在文章中必須選定一個立場議論，不可正、反兩面皆論。

87年度學科能力測驗國文科試題詳解

第壹部分：選擇題

一、單一選擇題

1. **B**

【解析】乙、「抨」：ㄆㄥ

丁、「湔」：ㄐㄧㄢ

己、「涮」：ㄕㄨㄢˋ

2. **B**

【解析】(A) 不「脛」而走

(C) 迫不「及」待

(D) 削足「適」履

3. **C**

【解析】(A) 盡，徹底　　　　(B) 士卒

(C) 猝，突然　　　　(D) 終究

4. **A**

【解析】戊、「紅不讓」── HOME　RUN

己、「歇斯底里」── HYSTERIA

5. **C**

【解析】(C) 「洒家」，猶「咱家」，自稱

6. **D**

【解析】 (A) 「始作俑者」：謂首創惡例之人

(B) 「洞若觀火」：形容觀察事物之透徹

(C) 「眾口鑠金」：形容人言可畏

(D) 「上下其手」：順己之便宜以行事，為玩法舞弊之詞

7. **C**　　8. **B**　　9. **C**　　10. **B**　　11. **A**

12. **D**

【解析】 由「梁山落草」、「東京八十萬禁軍教頭」可判知所言乃水滸傳之林沖

13. **D**

【解析】 子貢乃孔門言語科之高足，適宜擔任能言善道的公關部主任

14. **D**

【解析】 「率天下而路也」乃在批評「如必自為而後用之」就像領導天下人奔波於路途。

15. **J**　　16. **D**　　17. **B**　　18. **H**

二、多重選擇題

19. **CDE**

【解析】 (A) 「德業長昭」用於哀輓男喪

(B) 「近悅遠來」用於賀旅社

20. **BCDE**

【解析】(B) 一言九「鼎」→「頂」

(C) 青春「偶」像→「嘔」

(D) 「肺腑」之言→「廢腐」

(E) 「誨」人不倦→「毀」

21. **ACD**

【解析】(B) 「微」行：如「微賤」之所為，形容詞

(E) 「漸」於禮義：進入，動詞

22. **BDE**

【解析】(A) 不猜忌且不貪求

(B) 如非口欲言而未能，則不啓發他

(C) 不怨責上天也不怪罪別人

(D) 若不在該職位則不過問其事

(E) 如本身不正，則雖下命令也不依從

23. **BCE**

【解析】(B) 喩二人皆謫宦之身，不得歸朝

(C) 喩君王

(E) 喩內心思慕的賢人，或指國君

24. **ABCDE**

25. **BCD**

26. **BCD**

第貳部分：非選擇題

一、【解析】「八面玲瓏」，玲瓏以喻人心之靈巧透明，是以八面
　　　　　玲瓏可形容到處應付圓活周到。文中「因外望內」，
　　　　　是一種境地；「由中望外」，又是一種境地，即此意
　　　　　也。

二、作文

追求流行、迷失自我

　　「揀盡寒枝不肯棲，寂寞沙洲冷」是有理想、有原則、有判斷力
者不苟同世俗、風尚的寫照；「千磨萬擊還堅勁，任爾東西南北風」是
無懼橫逆、毀譽，昂然挺立，自我肯定的態度。

　　汲汲營營追求流行者，其何以致此？在於人自搖籃至墳墓，皆不
能離群索居，基於避免成為黑烏鴉中的白烏鴉，而成為黨同伐異的另
類，「失行孤雁逆風飛，江湖寥落爾安歸」那種被排斥後的孤寂、落
拓、淒涼，情何以堪，是以牡丹為眾人之愛而愛之，而憚於愛蓮。殊
不知，流行如火樹銀花，過眼雲煙，如朝露、夢幻，中外古今，無時
無地，無不有流行，流行復流行，流行何其多，此生追流行，伊於胡
底。流行即流風所行，追求流行，隨波逐流，載浮載沉，人言亦言，
人行亦行，終將迷失自我，自我將沒有獨立自主的的價值觀，亦無理
想原則，判斷力可言，更遑論持志不懈，不憂、不惑、不懼的生活態
度。因而真理不彰，是非不明。

　　不追求流行者，不為時惑，不為勢移，不為己憂，「問渠那得清
如許，為有源頭活水來」，智慧澄明，時時充實內涵所致，而不為流
風所行影響。尤有進者，成為百世宗師，或成一家之言，遺範青史，

例耶穌在耶和華爲猶太人的神流風環境下,闡揚耶和華爲所有人的神之「博愛」觀;釋迦牟尼在婆羅門教輪迴,種姓階級制度下,弘法「衆生皆有佛性,衆生平等」;哥白尼在教會勢力箝制下,仍駁斥「地球中心論」,而不畏斧鉞臨身提出「天體運行論」。孟子在「將何以利我」之戰國時代,仁以爲己任,雖千萬人,吾往矣!韓愈在唐朝輕忽師道下,獨議爲文「師說」,甚而唐憲宗篤信佛法,上下效蔚成風,敢言人所不敢言,諫進皇帝「論佛骨表」,種種中外史實昭昭爲證。

嘗有實驗者將蛙置於冷水鍋中,逐漸加溫至沸騰,該蛙竟狀無驚駭、掙扎貌,甚至視沸水如冷水不自察,而愉快地死去。追求流行者,請三復思考此實驗之警惕,萬勿迷失自我而不知。

八十六年大學入學學科能力測驗試題
國文考科

第一部分：選擇題（佔 50 分）

壹、單一選擇題

說明：第 1 題至第 19 題，每題選出一個最適當的選項，標示在答案
　　　上之「選擇題答案區」。每題答對得 2 分，答錯不倒扣。

1. 甲、「菁」華：ㄐㄧㄥ　　　　　　乙、「怵」惕：ㄕㄨˋ
　　丙、「逡」巡：ㄑㄩㄣ　　　　　　丁、轉「捩」點：ㄌㄟˋ
　　戊、不屈不「撓」：ㄇㄠˊ　　　　己、面面相「覷」：ㄑㄩˋ
　　庚、「觥」籌交錯：ㄍㄨㄥ　　　　辛、「咄」咄逼人：ㄓㄨㄛˊ
　　上列「」內各字讀音皆正確的選項是：
　　(A) 甲乙丁辛　　(B) 甲丙己庚　　(C) 乙丁戊己　　(D) 丙戊庚辛

2. 下列文句，完全無錯別字的選項是：
　　(A) 她喜孜孜的邊走邊玩，一點歉疚的神色都沒有
　　(B) 為人處世宜敞開胸懷接受新事物，萬萬不可固步自封
　　(C) 風趣幽默的陳先生，信手沾來一則笑話，都會使我們笑不可抑
　　(D) 金輪法王恨極楊過的狡滑無禮，對他的話毫不理睬，逕自去了

3. 甲、「除」臣洗馬，「除」即革除之意
　　乙、日「薄」西山，「薄」即微弱之意
　　丙、意有所極，夢亦同「趣」，「趣」即趨往之意
　　丁、盈科而後進，「放」乎四海，「放」即到達之意
　　戊、涇州「野」如赭，人且飢死，「野」即野蠻之意
　　己、當在宋也，予將有遠行，行者必以「贐」，「贐」即程儀之意
　　上列「」內字義解釋皆正確的選項是：
　　(A) 甲乙丙　　(B) 乙戊己　　(C) 丙丁己　　(D) 丁戊己

4. 下列各語詞都是中國古典小說中的人稱用語，其中<u>不屬於</u>像
   「我」、「你」、「他們」之類人稱代名詞的選項是：
   (A) 洒家　　　　(B) 渾家　　　　(C) 俺們　　　　(D) 咱們

5. 下列語詞與遭逢父母之喪<u>無關</u>的選項是：
   (A) 見背　　　　(B) 失恃　　　　(C) 丁憂　　　　(D) 功服

6. 下列詩句和孟浩然〈宿桐廬江寄廣陵舊遊〉：「風鳴兩岸葉，月
   照一孤舟」句法結構完全相同的選項是：
   (A) 功蓋三分國，名成八陣圖　　　(B) 夜雨翦春韭，新炊間黃粱
   (C) 倚仗柴門外，臨風聽暮蟬　　　(D) 採菊東籬下，悠然見南山

7. 近日臺灣社會發生一連串不法人士假借宗教名義斂財的事件，他們
   之所以能欺世盜名，招搖撞騙，可能是一般民眾誤信下列何種觀念？
   (A) 未能事人，焉能事鬼　　　(B) 非其鬼而祭之，諂也
   (C) 吾享祀豐潔，神必據我
   (D) 身既死兮神以靈，子魂魄兮為鬼雄

8. 孔稚珪〈北山移文〉：「學遁東魯，習隱南郭。竊吹草堂，濫巾北
   岳。誘我松桂，欺我雲壑，雖假容於江皋，乃攖情於好爵。」文中
   所描述的人物心態，與下列何者近似？
   (A) 居廟堂之高，則憂其民；處江湖之遠，則憂其君
   (B) 志深軒冕，而汎詠皋壤；心纏幾務，而虛述人外
   (C) 危邦不入，亂邦不居；天下有道則見，無道則隱
   (D) 與其食人之祿，俯首而包羞；孰若無愧於心，放身而自得

9. 下列文句所描述的社會狀況，與陶淵明〈桃花源記〉中所呈現的
   社會最為相近的選項是：
   (A) 小國寡民，使有什伯之器而不用，使民重死而不遠徙。雖有舟
       輿，無所乘之；雖有甲兵，無所陳之；使民復結繩而用之，甘
       其食，美其服，安其居，樂其俗

(B) 故至德之世，其行填填，其視顛顛。當是時也，山無蹊隧，
　　澤無舟梁；萬物群生，連屬其鄉；禽獸成群，草木遂長。是
　　故禽獸可係羈而遊，鳥鵲之巢可攀援而闚

(C) 五畝之宅，樹之以桑，五十者可以衣帛矣；雞豚狗彘之畜，
　　無失其時，七十者可以食肉矣；百畝之田，勿奪其時，八口
　　之家，可以無飢矣；謹庠序之教，申之以孝悌之義，頒白者
　　不負戴於道路矣

(D) 故明主之國，無書簡之文，以法為教；無先王之語，以吏為
　　師；無私劍之捍，以斬首為勇。是以境內之民，其言談者必
　　軌於法，動作者歸之於功，為勇者盡之於軍

10. 孟子曰：「中也養不中，才也養不才，故人樂有賢父兄也。如中
也棄不中，才也棄不才，則賢不肖之相去，其間不能以寸。」在
這段文字裡，孟子重視的是：
(A) 家庭教育　　　　　　　　(B) 學校教育
(C) 技能教育　　　　　　　　(D) 政治教化

11. 陳起榮〈詠史詩〉：「南陽少，北窗老，兩臥千秋同矯矯。南陽
慶遭逢，北窗終潦倒。」詩中取為類比的兩位人物，與下列文句
所論相同的是：
(A) 看淵明，風流酷似，臥龍諸葛
(B) 淵明已逝屈子沉，暗香縱有誰知心
(C) 司馬子長天才侔屈子，而憤世疾俗之意，異代一揆
(D) 東坡詞頗似老杜詩，以其無意不可入，無事不可言也

12. 在這個資訊化的時代，不少中國古籍也已經輸入電腦，使讀者可
以藉由「全文檢索系統」迅速地查閱資料。如果我們準備利用
「《全唐詩》全文檢索系統」蒐羅以田園生活為題材的唐代詩
歌，則輸入下列選項中哪一組語彙，可以最快找到相關作品？
(A) 黃沙、絕漠、瀚海、胡塵　　(B) 柴門、荊扉、幽篁、墟里
(C) 西崑、東溟、鍾山、瑤臺　　(D) 玉階、綺窗、畫閣、簾鉤

13. 「立卦生爻事有因，兩儀四象已前陳。須知三絕韋編者，不是尋
    行數墨人。」上引朱熹七言絕句，如果是抒發他讀過儒家某部經
    典之後的感想，則這部經典應是：
    (A)《詩經》　　(B)《禮記》　　(C)《易經》　　(D)《論語》

14. 「正午的沙灘灼燙地發著光，遠方的海面閃亮平靜如藍色的匕
    首。真想□□那燦爛的寂靜！」（陳黎〈遠方〉）仔細推敲作
    者的修辭方式，□內最恰當的詞應該是：
    (A) 打破　　　(B) 切開　　　(C) 衝出　　　(D) 闖入

15. 「露濃煙重草萋萋，樹映欄干柳拂堤。
    　一院落花無客醉，□□殘月有鶯啼。
    　芳筵想像情難盡，故榭荒涼路欲□。
    　惆悵羸驂來往慣，每經門巷亦長嘶。」（王建〈李處士故居〉）
    上引七言律詩□內應填入的字詞，最恰當的選項是：
    (A) 三更／淒　(B) 單扉／橫　(C) 一池／歧　(D) 半窗／迷

16. 下列是一節現代詩，請依詩意選出排列順序最恰當的選項。
    「車急馳　敲得路迴峰轉　要不是落霞已暗　太陽左車窗敲敲／
    　　　　　　甲　　　　　　　乙　　　　　　　　　　丙
    右車窗敲敲　敲得樹林東奔西跑　輪子怎會轉來那輪月」
    　　丁
    　　　　　　　　　　　　　　　（羅門〈車入自然〉）
    (A) 甲丁丙乙　(B) 乙丙甲丁　(C) 乙丙丁甲　(D) 丙丁甲乙

17－19 題為題組

下列短文有三個空格，請就參考選項中選出最恰當者填入各空格內。

「『托物起興』、『寓情於景』一直是中國文人的重要寫作傳統，
　許多作家即藉由自然景象或亭臺樓閣的描寫，建構一個思維空
　間，以呈現他們的生命觀與審美觀。　　17　　和　　18　　
　雖皆作於貶謫之後，但仍舊堅持儒家仁民愛物的理想：前者表
　現了願為天下承擔憂患的自我期許，後者則表現了樂民所樂的
　仁厚胸襟。而　　19　　在處理憂、樂的命題上，則以道家的
　眼光，從山水間探索超然物外、安時處順的人生觀。」

參考選項：

(A) 陶淵明〈桃花源記〉　　　　(B) 柳宗元〈始得西山宴遊記〉

(C) 范仲淹〈岳陽樓記〉　　　　(D) 歐陽修〈醉翁亭記〉

(E) 曾鞏〈墨池記〉　　　　　　(F) 王安石〈遊褒禪山記〉

(G) 蘇轍〈黃州快哉亭記〉　　　(H) 袁宏道〈晚遊六橋待月記〉

貳、多重選擇題

說明：第 20 題至第 23 題，每題的五個選項各自獨立，其中至少有
　　　一個選項是正確的，選出正確選項標示在答案卡之「選擇題
　　　答案區」。每題答對得 3 分，答錯不倒扣。未答者不給分。
　　　只錯一個可獲 1.5 分，錯兩個或兩個以上不給分。

20. 中文句法裡往往出現詞性活用的情形，例如《孟子》〈梁惠王〉：
　　「『老』吾『老』以及人之老」，前一「老」字爲動詞，後一
　　「老」字卻作名詞用。下列選項「」中的字詞，何者在詞性用
　　法上也有前者爲動詞、後者爲名詞的活用情形？

(A) 上胡不「法」先王之「法」

(B) 「親」「親」，仁也；敬長，義也

(C) 於是齊侯以晏子之「觴」而「觴」桓子

(D) 我「喜歡」能在心裡充滿著這樣多的「喜歡」

(E) 愛其子，擇「師」而教之，於其身也則恥「師」焉

21. 下列詩句，何者流露出懷古傷逝的情懷？

(A) 此地別燕丹，壯士髮衝冠。昔時人已沒，今日水猶寒

(B) 鳳凰臺上鳳凰遊，鳳去臺空江自流。吳宮花草埋幽徑，晉代
　　衣冠成古邱

(C) 三顧頻繁天下計，兩朝開濟老臣心。出師未捷身先死，長使
　　英雄淚滿襟

(D) 四時湖水鏡無瑕，布江山自然如畫。雄宴賞，聚奢華。人不
　　奢華，山景本無價

(E) 燎沉香，消溽暑。鳥雀呼晴，侵曉窺檐語。葉上初陽乾宿
　　雨，水面清圓，一一風荷舉

22. 「時間」是中國文學作品中普遍而重要的主題，作者往往藉著鮮明的時間意識表達他對生命的感懷，下列詩句，屬於這種表現的選項是：

(A) 從來繫日乏長繩，水去雲回恨不勝

(B) 對酒當歌，人生幾何？譬如朝露，去日苦多

(C) 盛壯不留，容華易朽，如彼槁葉，有似過牖

(D) 黃河走東溟，白日落西海。逝川與流光，飄忽不相待

(E) 浩浩陰陽移，年命如朝露。人生忽如寄，壽無金石固

23. 如果你要寄信給老師，下列中式信封的格式與用詞，何者正確？

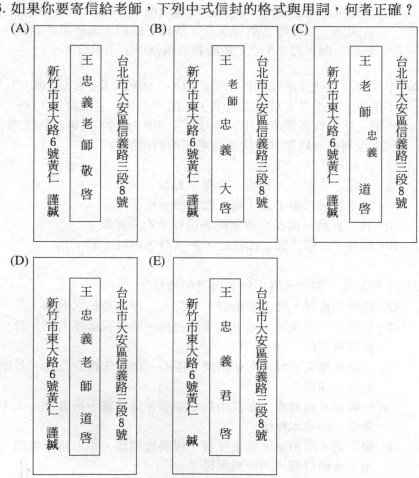

第二部分：非選擇題

（佔 50 分，共兩題，第一題 30 分，第二題 20 分）

說明：請先閱讀下列文字，然後依序回答第一題及第二題。答案務
　　　必寫在「答案卷」上，並標明「一」、「二」。

1. 天地有大美而不言，四時有明法而不議，萬物有成理而不說。聖
　人者，原天地之美而達萬物之理。（《莊子》〈知北遊〉）

2. 人是自然的產兒，就比枝頭的花與鳥是自然的產兒；但我們不幸
　是文明人，入世深似一天，離自然遠似一天。離開了泥土的花草，
　離開了水的魚，能快活嗎？能生存嗎？從大自然，我們取得我們
　的生命；從大自然，我們應分取得我們繼續的滋養，那一株婆娑
　的大木沒有盤錯的根柢深入在無盡藏的地裡？我們是永遠不能獨
　立的。有幸福是永遠不離母親撫育的孩子，有健康是永遠接近自
　然的人們，不必一定與鹿豕遊，不必一定回「洞府」去；為醫治
　我們當前生活的枯窘，只要「不完全遺忘自然」一張輕淡的藥方，
　我們的病象就有緩和的希望，在青草裡打幾個滾，到海水裡洗幾
　次浴，到高處去看幾次朝霞與晚照──你肩背上的負擔就會輕鬆
　了去的。（徐志摩〈我所知道的康橋〉）

3. 望著湯湯的流水，我心中好像忽然徹悟了一點人生，同時又好像
　從這條河上，新得到了一點智慧。的的確確，這河水過去給我的
　是「知識」，如今給我的卻是「智慧」。山頭一抹淡淡的午後陽
　光感動我，水底各色圓如棋子的石頭也感動我。我心中似乎毫無
　渣滓，透明燭照，對萬彙百物，對拉船人與小小船隻，一切都那
　麼愛著，十分溫暖的愛著！我的感情早已融入這第二故鄉一切光
　景聲色裡了。我彷彿很渺小很謙卑。（沈從文《湘行散記》〈一
　九三四年一月十八〉）

4. 自然與人、人與自然之間的關係，可分從兩方面言之：人類的生存依賴於自然，不可一息或離，人涵育在自然中，渾一不分；此一方面也。其又有一面，則人之生也時時勞動而改造著自然，同時恰亦就發展了人類自己；凡現在之人類和現在之自然，要同為其相關不離遞衍下來的歷史成果，猶然為一事而非二。……人類的發展和自然的變化今後方且未已；這是宇宙大生命一直在行進中的一樁事而非二。（梁漱溟《人心與人生》）

5. 半個鐘頭以後，雪漸漸小了，天色廓清，在神聖的寂靜中，我搖下窗戶外望，覺得天地純粹的寧謐裡帶著激越的啟示，好像將有甚麼偉大的真理，關於時間，關於生命，正透過小寒的山林，即將對我宣示。一種宿命的接近，注定在空曠和遼闊的雲霧中展開。我不自禁開門走出來，站在松蔭的懸崖上，張臂去承受這福祉，天地沉默的福祉，靜的奧義。（楊牧《搜索者》〈搜索者〉）

6. 在那次途程中，接近四川邊境時，那在夕晚中高聳入雲的秦嶺，那遍山的蒼老松櫪，和獵戶的幾把輝亮野火，山村居民驅狼的銅鑼聲，引起我一種向所未有的肅穆之感，李白的詩句「慄深林兮驚層巔」，宛如活生生的呈現在我的眼前了。天地間雄偉的景色使我憬然瞿然。我感到生命的佈景竟是如此的壯美，自己應該如何實踐生命的意義、聖賢的教訓，以不負在這壯麗的、自往古至今日的連續劇中。做了一個小小的角色……而窗前這幾片樹葉，更使我感到造物者的智慧、細心，他以大筆寫意，為我們描出了高山長水，而又如此的心思細膩，連幾片小小的木葉，都不掉以輕心，都仔細的予以賦色、描繪，使我們生活中處處發現了美的痕跡，我逐進而悟解出：自己在日常的生活的畫室中，也應摹仿這位偉大的畫師，一筆不苟；更使自己生活的畫面上，無一漏筆或敗筆出現。（張秀亞《白鴿‧紫丁花》〈幾片樹葉的聯想〉）

7. 山靜，水動。

動靜之間自有大自然的脈動運轉。

凡人疲於生活，未必能領會天地間山水的奧秘，因此只能算是山水所屬而已，一切仰賴山水而生。

仁者與天地同體，聖者則能閱讀山水的智慧，從中取得生命的方向。因此仁者樂山，智者樂水；求其沉穩靜謐，求其流暢、可塑、能應萬變的特性也！（王鑫《看！岩石在說話》）

第一題：參酌上列各家觀點，<u>並結合自身經驗、體認，用自己的文字寫出人與自然共生共榮、交流感發的關係</u>。文長不超過600字。

第二題：上列作品，各家「<u>文字風格</u>」（注意：<u>非指「內容」</u>）各有特色：有重遣詞用字，力求精美者；有直述意旨，平易質實者；有善藉景物以寓托情懷者；……不一而足。你最欣賞那一則？為什麼？試加以分析。文長不超過400字。

86年度學科能力測驗國文科試題詳解

第一部分：選擇題

壹、單一選擇題

1. **B**

   【解析】乙、「怵」：ㄔㄨˋ　　戊、「撓」：ㄋㄠˊ
   　　　　辛、「咄」：ㄉㄨㄛˋ

2. **A**

   【解析】(B)「固」步自封→故
   　　　　(C) 信手「沾」來→「拈」
   　　　　(D) 狡「滑」→猾

3. **C**

   【解析】(甲)「除」臣洗馬，「除」：任官之意。
   　　　　(乙) 日「薄」西山，「薄」：迫近。
   　　　　(戊)「野」如赭，「野」：田野。

4. **B**

   【解析】(B) 渾家：舊時對妻子的俗稱。

5. **D**

   【解析】(D) 功服：如本宗為堂兄弟之屬服大功；為堂姪、堂姪
   　　　　孫之屬服小功。

6. **A**

7. **C**

   【解析】(C) 語譯：「我祭祀的祭品豐盛潔淨，神明一定會保佑
   　　　　我。」

8. **B**
【解析】 (B) 語譯：「內心深念著功名富貴，卻空泛吟詠林園之樂；
　　　　　內心纏繞著政治要務，卻虛偽敘述隱逸的生活。」

9. **A**
【解析】 (A) 桃花源記：「雞犬相聞」近似老子「子國寡民……
　　　　　雞犬之聲相聞，民至老死不相往來。」

10. **A**

11. **A**
【解析】 「南陽少」指「臣本布衣，躬耕於南陽」的臥龍諸葛，
　　　　「北窗老」，指陶淵明「北窗下臥，遇涼風暫至，自謂
　　　　是羲皇上人。」

12. **B**
【解析】 (A) 邊塞　　(C) 浪漫　　(D) 閨怨

13. **C**
【解析】 韋編三絕──史記孔子世家「孔子晚而喜易……讀易，
　　　　韋編三絕。」

14. **B**
【解析】 由「藍色的匕首」推敲。

15. **D**

16. **D**

17. **C**
【解析】 岳陽樓記：「先天下之憂而憂，後天下之樂而樂。」

18. **D**
【解析】 醉翁亭記：「人知從太守遊而樂，而不知太守之樂其樂
　　　　也，醉能同其樂，醒能述以文者，太守也。」

19. **G**

【解析】 黃州快哉亭記:「士生於世,使其中不自得,將何往而非病?使其中坦然,不以物傷性,將何適而非快?」

貳、多重選擇題

20. **ABD**

【解析】 (C) 前一「觴」字為名詞 —— 酒杯。

後一「觴」字為動詞 —— 罰酒之意。

(E) 前一「師」字為名詞 —— 老師。

後一「師」字為動詞 —— 效法學習之意。

21. **ABC**

【解析】 (D) 寫西湖無價之美景。

(E) 寫夏晴鳥雀,雨後風荷。

22. **ABCDE**

23. **CD**

【解析】 (A) 不可要收信人「敬啓」「敬收」。

(B) 「老師」二字大小同姓名,如名字在職銜下,則名字之字體略小而偏右。

(E) 對收信人的稱呼,年幼的用君。

八十五年大學入學學科能力測驗試題
國文考科

第一部分：選擇題（佔 60 分，每題 3 分）

壹、單一選擇題

說明：第 1 至 18 題，每題選出一個最適當的選項，標示在答案卡之「選擇題答案區」。每題答對得 3 分，答錯不倒扣。

1. 下列「　」內各字讀音皆正確的選項是：
   甲、貪「婪」：ㄌㄢˊ　　乙、刀「俎」：ㄗㄨˇ
   丙、「勖」勉：ㄇㄠˋ　　丁、參「差」：ㄘ
   戊、曲「肱」：ㄍㄨㄥ　　己、「隘」口：ㄞˋ
   庚、「檄」文：ㄐㄧㄠˇ
   (A) 甲、乙、丙、丁　(B) 乙、丙、戊、庚
   (C) 甲、丁、戊、己　(D) 乙、丁、己、庚

2. 請選出下列文字敘述無錯別字的選項。
   (A) 朱先生是小學家，其弟則為經學家，二人學行契合，相得益張
   (B) 天空裡不知不覺糊滿厚厚一層半透明的雲翳，周遭雖有反光映照，必竟隨著光源遞減而逐漸黯淡下來
   (C) 因新栽的相思林尚需一段時間成長，就在這段空檔裡，東北季風長趨直入，吹得這些首當其衝的茄冬表皮乾枯
   (D) 鼻頭角的山洞隧道，對疼惜山川之美的人勢必是個噩夢：過去那如大象鼻的山洞，海風習習，沁人肺脾，如今則代之以柏油停車場

3. 下列選項那一組「　」中的字義相近？
   (A) 三窟已「就」，君姑高枕為樂矣 / 功成名「就」，衣錦還鄉
   (B) 或為遼東帽，清操「厲」冰雪 / 疊是數氣，當之者鮮不為「厲」
   (C) 「微」管仲，吾其被髮左衽矣 / 冉牛、閔子、顏淵則具體而「微」
   (D) 在一個晴好的五月的「向」晚，去赴一個美的宴會 / 淒淒不似「向」前聲，滿坐重聞皆掩泣

4. 下列那一組「　」中的字詞性相同？
   (A) 後雖小「差」，猶尚殗殜／惟吾年「差」長，憂患頻集，坐此不逮足下耳
   (B) 夫養不必豐，「要」於孝／所不可知者，有遲速遠近，而「要」以不能免也
   (C) 臣具以表「聞」，辭不就職／恐恐然惟懼其人之有「聞」也，是不亦責於人者已詳乎
   (D) 夫子喟然嘆曰：吾「與」點也／齊人未嘗賂秦，終繼五國遷滅，何哉？「與」嬴而不助五國也

5. 齊朝士大夫謂顏之推曰：「我有一兒，年已十七，頗曉書疏。教其鮮卑語及彈琵琶，稍欲通解，以此伏事公卿，無不寵愛。」顏氏俯而不答。顏氏俯而不答的原因是：
   (A) 默許 　　　(B) 惶恐 　　　(C) 沈痛 　　　(D) 欣羨

6. 古人為文，有時會使用反詰語氣，增加文句變化，這類文句通常是無疑而問的，只是用問句的形式表示肯定或否定，並不一定要求回答，如《戰國策》：「嘻！亦太甚矣，先生又惡能使秦王烹醢梁王。」下列各選項，何者不屬於反詰語氣？
   (A) 長鋏歸來乎！無以為家
   (B) 四海之內，皆兄弟也。君子何患乎無兄弟也
   (C) 學而時習之，不亦說乎？有朋自遠方來，不亦樂乎
   (D) 許君焦、瑕，朝濟而夕設版焉！君之所知也。夫晉，何厭之有

7. 溫庭筠〈商山早行〉：「雞聲茅店月，人迹板橋霜」，捨棄一切語法關係，全用名詞，羅列出視覺及聽覺等意象，以表現遊子早行之時空場景下的羈愁旅思。下列選項所引詩句之語法，何者與之相同？
   (A) 風鳴兩岸葉，月照一孤舟
   (B) 鳥聲梅店雨，野色柳橋春
   (C) 大漠孤煙直，長河落日圓
   (D) 渡頭餘落日，墟里上孤煙

8. 下列是一節現代詩，請依詩意選出排列順序最恰當的選項。

「在早年，弓馬刀劍本是
比辯論修辭更重要的課程
所以我封了劍，束了髮，誦詩三百
　　　　　　　甲
子路暴死，子夏入魏
　　　乙
自從夫子在陳在蔡
　　　丙
我們都悽惶地奔走於公侯的院宅
　　　　　丁
儼然一能言善道的儒者了……」（楊牧〈延陵季子掛劍〉）

(A) 丙丁甲乙　　　　　　　(B) 丙乙丁甲
(C) 丁甲丙乙　　　　　　　(D) 丁丙乙甲

9. 下列是一段古文，請依文意選出排列順序最恰當的選項。

「式觀元始，眇覿玄風
　世質民淳，斯文未作
　　　　甲
由是文籍生焉
　　　乙
多穴夏巢之時，茹毛飲血之世
　　　　　丙
逮乎伏羲氏之王天下也，始畫八卦，造書契，以代結繩之政」
　　　　　　　丁

（蕭統〈文選序〉）

(A) 甲乙丙丁　　　　　(B) 甲丙乙丁
(C) 丙甲丁乙　　　　　(D) 丙丁甲乙

10.「酒入豪腸，七分釀成了月光
　　　餘下的三分嘯成劍氣
　　　繡口一吐就半個盛唐
　　　從開元到天寶，從洛陽到咸陽
　　　冠蓋滿途車騎的喧鬧
　　　不及千年後你的一首
　　　水晶絕句輕叩我額頭
　　　噹地一彈挑起的回音」
　　上列詩句所描寫的人物是：
　　(A) 韓愈　　　(B) 岑參　　　(C) 杜甫　　　(D) 李白

11. 有關小說常識的敘述，下列選項何者正確？
　　(A)《世說新語》、《聊齋志異》、《老殘遊記》都是筆記小說
　　(B) 古代小說戲曲中所謂的「風塵三俠」係指紅拂、李世民、虬
　　　髯客
　　(C)《紅樓夢》是我國通行小說中少數出於原創，而且成就非凡
　　　的作品
　　(D) 唐代傳奇小說的題材多為市井小民的日常生活，其體裁則為
　　　文言短篇

12.「野水明於月，沙鷗閒似□。喜村深、地偏人靜。帶煙霞、半山
　　斜照影。都變做滿川□□。」（張養浩〈落梅引〉）
　　上引元曲□內應填之字、詞，最適當的選項是：
　　(A) 竹／煙花　　　　　　　(B) 雲／詩興
　　(C) 風／清波　　　　　　　(D) 鶴／流螢

13-15 題為題組

下列短文有三個空格，請就參考選項中選出最恰當者填入各空格內。
　　「晨間聽蟬，想其高潔。蟬該是有翅族中的隱士吧！高據樹梢，
　　＿＿13＿＿，不食人間煙火。那蟬聲在晨光朦朧之中分外輕逸，似
　　遠似近，又＿＿14＿＿。一段蟬唱之後，自己的心靈也跟著透明澄
　　淨起來，有一種『何處惹塵埃』的了悟。蟬亦是＿＿15＿＿。」
　　（簡媜〈夏之絕句〉）

參考選項：

(A) 似眞似假　　　　(B) 忽高忽低　　　　(C) 道

(D) 顧盼自雄　　　　(E) 似有似無　　　　(F) 枕石漱流

(G) 悟　　　　　　　(H) 餐風飲露　　　　(I) 禪

16-18 題爲題組

下列短文有三個空格，請就參考選項中選出最恰當者塡入各空格內。

「韓、柳、歐、蘇是唐宋古文運動的主要倡導者和傑出的散文家、詩人。韓愈　16　突破四言押韻常規，以駢散相間的筆法，簡鍊生動、曉暢奇崛的文字表現至深親情。柳宗元客寓永州十年，這段孤寂荒涼的日子，使他有足夠的時間與自然相晤，與自我徹底對話，完成〈永州八記〉等佳構，進入寫作的顚峰。歐陽修　17　打破一般墓表先列功德的慣例，只舉一、二要事記述父母的盛德遺訓。蘇東坡　18　以『博觀而約取，厚積而薄發。』勉勵朋友學成而後致用的務學之道。四人均以實際的創作，指導古文運動的方向。」

參考選項：

(A)〈稼說送張琥〉　　　(B)〈與孫季逑書〉　　　(C)〈祭妹文〉

(D)〈先母鄒孺人靈表〉　(E)〈瀧岡阡表〉　　　　(F)〈陳情表〉

(G)〈送東陽馬生序〉　　(H)〈與元微之書〉　　　(I)〈祭十二郎文〉

貳、多重選擇題

說明：第 19、20 題，每題的 5 個選項各自獨立，其中至少有一個選項是正確的，選出正確選項，標示在答案卡之「選擇題答案區」。每題答對得 3 分，答錯不倒扣。未答者不給分，只錯一個可獲 1.5 分，錯兩個或兩個以上不給分。

19. 下列「　」內的詞語是生活中常用的祝頌語，請選出用法正確的選項。

(A)「宜室宜家」用於賀新婚　　(B)「弄瓦徵祥」用於賀生男

(C)「里仁爲美」用於賀遷居　　(D)「杏林春暖」用於賀學校落成

(E)「絃歌不輟」用於賀劇院開張

20. 《論語》中蘊藏豐富的生活智慧，歷久彌新，下列有關《論語》
　　文意的闡釋，那些選項切合原意？
　　(A)「人不知而不慍，不亦君子乎？」意謂名聲不必強求
　　(B)「毋意，毋必，毋固，毋我。」意謂為人處世不應任意專斷，
　　　　固執私見
　　(C)「君子和而不同；小人同而不和。」意謂君子與人為善，以
　　　　他人意見為意見；小人則否
　　(D)「君子泰而不驕；小人驕而不泰。」意謂君子胸懷磊落，安
　　　　舒寬和；小人心胸偏狹，驕慢恣肆
　　(E)「視其所以，觀其所由，察其所安，人焉廋哉？人焉廋哉？」
　　　　意謂從行為、動機、心理三方面觀察，可以洞見一個人的善惡

第二部分：非選擇題（佔40分，共兩題，每題20分）

壹、閱讀寫作（20分）

說明：1. 閱讀下列資料，綜合各則要點，重新組織，以〈再生紙〉
　　　　為題，撰寫一篇四百字（含標點，不必抄題）以內的白話
　　　　短文，以發揮資料中的觀念。
　　　2. 務必寫在答案卷「壹」的部分，違者不予記分。

▲「環保」這個話題，近年來在全世界引起廣大的迴響，多年來人類
　罔顧「環境倫理」，對大自然任意破壞，已導致了地球生態環境
　的失調。……以被稱為「地球之肺」的熱帶雨林為例，平均每一
　秒鐘就有一個足球場大小面積的森林被砍伐，而其砍伐的速度卻
　遠超過樹木的生長速度，面對此種情形，消失中的森林已逐漸成
　為世界共同的隱憂！

▲「再生紙」廣義而言就是把廢紙回收處理後再製成的紙。其中又分
　工業用再生紙及文化用再生紙。……就紙漿來源來看，雖然國內
　一九八九年廢紙回收量高達45%，居世界第一，但每年仍必須自
　國外進口大量廢紙，其原因不外乎國內廢紙回收沒有分類，或者
　是分類不合乎紙廠處理條件而導致了資源的浪費。如果能將國內
　廢紙妥善回收，則可節省每年進口紙張的鉅額外匯，更可減少垃
　圾產量及延長垃圾場使用年限，可說是一舉數得，故在廢紙回收
　的流程中，分類是一個極重要的關鍵！

▲ 廢紙再生過程較原木製漿可減少 75% 的空氣污染、35% 的水污染。除此之外，省略了漂白處理的原色再生紙，對環境的污染可降到最低點。基於以上的環境保育觀念，「再生紙」在歐美、日本早已大行其道，例如西德已採用「再生紙」做為電腦報表紙，比例達 37.1%。美國政府立法規定新聞用紙、化妝面紙須摻入一定比例的「再生紙」。日本東京都政府下令，所有影印用紙一律使用「再生紙」。甚至森林資源豐富的北歐瑞典，「再生紙」的使用也極為普遍。

▲ 森林是生命之源，近年來溫室效應逐漸導致了全球性的氣候轉變；森林的大量伐採也使得土壤流失，水循環被破壞。而造紙卻是森林的主要用途之一，紙張的消耗量更成了衡量人民生活水準的指標。在此種惡性循環下，自然原則被破壞，人類生存環境受到嚴重威脅，所以多一個人使用「再生紙」就可多救活一棵樹，多救活一棵樹就可以讓地球更雄壯的呼吸！

▲ 「沒有任何一棵樹，因為你手中這本書而倒下。」在您看完此篇文章，希望您也能夠響應再生紙的使用，讓下一代依然能有一個美麗而青翠的地球！（以上節錄楊婉儀、陳惠芬、陳雪芬〈二十一世紀的良心用紙——再生紙〉）

▲ 從環境成本的角度來看，再生紙是相當經濟的。根據台北市政府的調查，台北市垃圾中廢紙佔 35.6%，換算後每日有高達一千公噸以上的廢紙送入掩埋場；回收廢紙再製可直接減少掩埋場的容積壓力。

▲ 若從社會成本的觀點來看再生紙，那它的成效更是驚人。目前國內一噸垃圾的運輸費用大約是二千多元，而一公斤垃圾的焚化費用，約是五至七元，而廢紙的回收量一年為一百八十萬公噸。換言之，再生紙的推出不但達到垃圾減量的目的，一年更節省了一百四十多億元的成本。（以上節錄施榮華〈再生紙環保嗎〉）

▲ 生產一噸紙張，約需高度八公尺長、直徑十六公分之原木二十
　棵。一棵用於製漿之樹木，平均須經二十年到四十年的風吹雨
　打，才能成長到可供使用。如果只寫幾個字就被丟棄實在是暴
　殄天物，能加以回收利用，發揮樹木更多的生命價值，那就是
　功德了。若以目前國內每個月約兩萬噸的模造紙市場，也就是
　每年至少需要砍伐四百八十萬棵樹。如果能夠以再生紙取代，
　則不但垃圾可以減量；森林也會因為減少砍伐，而對資源水土
　之保育，及環境生態之平衡產生更大助益。（節錄黃修志〈再
　生紙的推廣〉）

貳、命題作文（20分）

說明：1. 請抄題。文言、白話不拘，須加新式標點。
　　　2. 文長不得超過四百字。
　　　3. 不得以詩歌或書信體寫作，違者不予記分。
　　　4. 務必寫在答案卷「貳」的部分，違者不予記分。

題目：樹

85年度學科能力測驗國文科試題詳解

壹、單一選擇題

1. **C**

【解析】 乙：刀「俎」：ㄗㄨˇ

丙：「勖」勉：ㄒㄩˋ

庚：「檄」文：ㄒㄧˊ

2. **D**

【解析】 (A) 相得益「彰」

(B) 「畢」竟

(C) 長「驅」直入

3. **A**

【解析】 (A) 完成、完成

(B) 勝過、病

(C) 沒有、小

(D) 近、先前

4. **D**

【解析】 (A) 痊癒 → 動詞，稍 → 副詞

(B) 期望 → 動詞，總之 → 副詞

(C) 聽聞 → 動詞，名聲 → 名詞

(D) 贊許 → 動詞，親附 → 動詞

5. **C**

【解析】 顏氏之俯而不答乃是因為齊朝大夫的寡廉鮮恥而感到沈痛。

6. **A**

【解析】 (B) 何患 …，(C) 不亦 …，(D) 何厭 …
皆為反詰語氣

7. **B**

【解析】 (B) 亦全為名詞

8. **B**

【解析】 自從夫子在陳在蔡，子路暴死、子夏入魏，我們都悽惶地奔走於公侯的院宅，所以我封了劍，束了髮，誦詩三百…。

9. **C**

【解析】 冬穴夏巢之時，茹毛飲血之世，世質民淳，斯文未作，逮乎伏羲氏之王天下也，始畫八卦，造書契，以代結繩之政，由是文籍生焉。

10. **D**

【解析】 李白

11. **C**

【解析】(A) 老殘遊記爲章回小說；聊齋志異爲文言短篇筆記神
　　　　 怪選集而成。

　　　　 (B)「風塵三俠」係指紅拂、李靖、虬髯客。

　　　　 (D) 唐代傳奇小說多爲愛情、神怪、豪俠三類。

12. **B**

【解析】雲 / 詩興

13. **H**

【解析】餐風飲露。

14. **E**

【解析】似有似無。

15. **I**

【解析】禪。

16. **I**

【解析】祭十二郎文。

17. **E**

【解析】瀧岡阡表。

18. **A**

【解析】稼說送張琥。

19. AC

【解析】(B)「弄瓦徵祥」用於賀生女。註：詩經斯干：「乃生
女子，載弄之瓦」。

(D)「杏林春暖」用於形容醫生有醫德。註：三國吳、
董奉居廬山，爲人治病不取錢，以植杏代之數年成
杏林。

(E)「絃歌不輟」用於學校。註：莊子 秋水：「孔子遊
於匡，宋人圍之數匝，而弦歌不惙。」
史記 孔子世家：「孔子在陳蔡之間，絕糧，從者
病，莫能興，孔子講習，弦歌不衰。」

20. ABDE

【解析】(C) 孔子：「君子與人和諧相處，但不黨同偏私，小人
黨同偏私而不能和人和諧相處」。此指君子和小人
與人相處之道的不同。

八十四年大學入學學科能力測驗試題
國文考科

第一部分：選擇題

壹、單一選擇題

說明：第1題至第22題，每題選出一個最適當的選項，標示在答案
卡之「選擇題答案區」。每題答對得2分，答錯不倒扣。

1. 下列選項中，文字敘述無錯別字者為：
    (A) 眾口鑠金，一時風靡，同志之士，亦悉惑焉
    (B) 已而世叔父數人，皆來同饗。先君子羸病，不治生
    (C) 智者的一句話，往往能使人在驟然之間領悟到人生的真締
    (D) 在人生的舞臺上，有人盛氣凌人，有人騷首弄姿，有人顧影
    自憐。

2. 下列「」內各字讀音皆正確的是：
    甲、巨「擘」：ㄅㄧˋ　　　乙、「皸」裂：ㄐㄩㄣ
    丙、「闉」牆：ㄋㄧˋ　　　丁、浸「漬」：ㄗˋ
    戊、法家「拂」士：ㄅㄧˋ　　己、袒「裼」裸程：ㄧˋ
    庚、深耕易「耨」：ㄋㄡˋ
    (A) 甲乙丁己
    (B) 甲丙己庚
    (C) 乙丁戊庚
    (D) 丙丁戊己。

3. 下列那一組「」中的字義相同？
　(A) 不立異以爲高，不「逆」情以干譽；楚莊王伐鄭，鄭伯肉袒牽羊以「逆」
　(B) 首身離兮心不「懲」；各「懲」其所由亡而爲之備，而其亡也，皆出其所備之外
　(C) 古者言之不出，恥「躬」之不逮也；一旦長成，遽「躬」蹈之
　(D) 感此傷妾心，「坐」愁紅顏老；惟吾年差長，憂患頻集，「坐」此不逮足下。

4. 『論語』:「由也爲之，比及三年，可使有勇，且知方也。」其中的「比及」爲「時間副詞」，是「將近」的意思。下列文句，何者沒有使用時間副詞？
　(A) 陰房闃鬼火，春院閟天黑
　(B) 旣出，坐客問謝公：向三賢孰愈
　(C) 俄而文皇來，精采驚人，長揖就坐
　(D) 頃之，女子推簾，呼病者授藥並方，反身入室

5. 「東風知我欲山行，吹斷簷間積雨□，嶺上晴雲披絮帽，樹頭初日掛銅鉦。野桃含笑竹籬短，溪□自搖沙水清。西崦人家應最樂，煮芹燒□餉春耕。」（蘇軾「新城道中」）上引蘇詩□內應填的字，最適當的是：
　(A) 淋；魚；柴
　(B) 沖；石；水
　(C) 痕；橋；茶
　(D) 聲；柳；筍

6. 下列是一節現代詩，請依詩意選出排列順序最恰當的選項。「高處必定風勁，敢站出來（甲）要等風起，才霍霍地招展（乙）平靜的日子不動聲色（丙）敢露天屹立，就不怕孤立（丁）就不怕風險，風聲　鮮明的本色，誰說孤掌就難鳴？」（余光中「旗」）

(A) 丁甲乙丙
(B) 乙丁甲丙
(C) 丁丙乙甲
(D) 丙乙丁甲。

7. 下列是一節古文，請依文意，選出排列順序最恰當的選項。「潭中魚可百許頭，皆若空游無所依。日光下澈，（甲）影布石上，（乙）往來翕忽，（丙）怡然不動，（丁）俶爾遠逝，似與游者相樂。」（柳宗元「小石潭記」）

(A) 甲丙丁乙
(B) 乙丙甲丁
(C) 丙乙甲丁
(D) 丁丙甲乙。

8. 孟子所論下列諸賢，何者與范沖淹「岳陽樓記」所標舉的「先天下之憂而憂，後天下之樂而樂」最接近？

(A) 伯夷，目不視惡色，耳不聽惡聲。非其君不事，非其民不使。治則進，亂則退
(B) 伊尹，何事非君？何使非民？治亦進，亂亦進。……其自任以天下之重也
(C) 柳下惠，不羞汙君，不辭小官。進不隱賢，必以其道。遺佚而不怨，阨窮而不憫
(D) 顏子當亂世，居於陋巷，一簞食，一瓢飲，人不堪其憂，顏子不改其樂。

9. 張爾岐「辨志」：「言爲世法，動爲世表，存則儀其人，沒則傳其書，流風餘澤，久而彌新者，百世之人也。」所論人物境界，與下列何者所述最接近？
   (A) 卒然臨之而不驚，無故加之而不怒
   (B) 千室之邑，百乘之家，可使爲之宰
   (C) 弱者養之以至於剛，虛者養之以至於充
   (D) 聞伯夷之風者，頑夫廉，懦夫有立志。

10. 下列各詞句，就時辰言，那兩者最相近？
   甲、樓上晴天碧四垂，樓前芳草接天涯（周邦彥「浣溪沙」）
   乙、楊柳岸，曉風殘月（柳永「雨霖鈴」）
   丙、守著窗兒，獨自怎生得黑（李清照「聲聲慢」）
   丁、樓上闌干橫斗柄，露寒人遠雞相應（周邦彥「蝶戀花」）
   (A) 乙丁
   (B) 丙丁
   (C) 乙丙
   (D) 甲丁。

11. 如果想閱讀屈原的作品，在下列那一本書中最容易找到？
   (A) 『戰國策』
   (B) 『昭明文選』
   (C) 『左傳』
   (D) 『呂氏春秋』。

12. 下列作品，或為單篇傳奇，或從章回小說中節選，請依其創作時
　　代先後排列：

　　甲、「用奇謀孔明借箭」　　　乙、「劉老老」

　　丙、「明湖居聽書」　　　　　丁、「虬髯客傳」

　　(A) 甲丁乙丙

　　(B) 甲丁丙乙

　　(C) 丁甲乙丙

　　(D) 丁甲丙乙。

13. 有關「桃花源記」、「岳陽樓記」、「黃州快哉亭記」，下列選項何
　　者正確？

　　(A) 三文主旨都在表現作者民胞物與的胸襟

　　(B) 三文作者除「桃花源記」外，皆列名於唐宋古文八大家

　　(C) 就文章作法言，「岳陽樓記」、「黃州快哉亭記」皆有議論，
　　　　唯「桃花源記」通篇敘事

　　(D) 桃花源、岳陽樓、快哉亭三者皆實有，分別在武陵、巴陵、
　　　　黃州三地。

14-16 為題組

閱讀測驗：細讀下列文字，回答 14-16 題。

　　　「昔者鄭武公欲伐胡，故先以其女妻胡君，以娛其意。因
問於群臣：『吾欲用兵，誰可伐者？』大夫關其思對曰：『胡可
伐。』武公怒而戮之，曰：『胡，兄弟之國也，子言伐之，何
也！』胡君聞之，以鄭為親己，遂不備鄭。鄭人襲胡，取之。
宋有富人，天雨牆壞，其子曰：『不築，必將有盜。』其鄰人
之父亦云。暮而果大亡其財，其家甚智其子，而疑鄰人之父。

此二人說者皆當矣，厚者爲戮，薄者見疑，則非知之難也，處知則難也。」（『韓非子』「說難」）

14. 有關本文之主旨，下列敘述何者正確？
　　(A) 任何事情皆當未雨綢繆，有備則無患
　　(B) 有智慧者，善於選擇適當的表現時機
　　(C) 爲人臣者，不應忤逆君王，以免惹來殺身之禍
　　(D) 人際關係疏密不同，情感自有厚薄之分。

15. 武公何以怒殺關其思？
　　(A) 關其思破壞武公的和親政策
　　(B) 關其思在大庭廣衆之下，公然給武公難堪
　　(C) 武公懷疑關其思有通敵之嫌
　　(D) 武公佯怒以取信於胡。

16. 文中「此二人說者皆當矣」，所謂「二人」是指：
　　(A) 鄭武公與富人之子
　　(B) 關其思與富人之子
　　(C) 富人之子與鄰人之父
　　(D) 關其思與鄰人之父。

17-19 爲題組

下列短文有三個空格，請就參考選項中選出最恰當者填入各空格內。

　　「夫秋也，草木疏而不積，山川澹而不媚，結束涼而不燥。比之春，如舍佳人而逢＿＿17＿＿於綻衣洗鉢也；比之夏，如辭貴游而侶＿＿18＿＿於清泉白石也；比之冬，又如恥孤寒而露英雄於夜雨

____19____也。天以此時新其位置，洗其煩穢，待遊人之至。」

（譚元春「秋尋草自序」）

參考選項：

(A) 愁娘　　　(B) 高僧　　　(C) 星光　　　(D) 漁婦

(E) 疏燈　　　(F) 楊柳　　　(G) 俠客　　　(H) 韻士

20-22 為題組

下列短文有三個空格，請就參考選項中選出最恰當者填入各空格內。

中國文化早在先秦已形成多采多姿的豐富面貌；就文學言，『詩經』、____20____開後世言志、抒情傳統之先河；就思想言，百家爭鳴，其中____21____特富宗教精神，為當世顯學；就史著言，____22____尤有功於春秋，廣為後世史家、文家所推崇。

參考選項：

(A) 『楚辭』　　　(B) 『戰國策』　　　(C) 道家

(D) 陰陽家　　　(E) 『呂氏春秋』　　　(F) 墨家

(G) 『尚書』　　　(H) 『左傳』

貳、多重選擇題

說明：第 23 題至第 26 題，每題的 5 個選項各自獨立，其中至少有一個選項是正確的，選出正確選項標示在答案卡之「選擇題答案區」。每題答對得 4 分，答錯不倒扣。未答者不給分。只錯一個可獲 2 分，錯兩個或兩個以上不給分。

23. 下列文句，何者使用「假設語氣」？
   (A) 方今之務，莫若使民務農而已矣
   (B) 或有弗諱，寡人將誰屬國
   (C) 孰謂少者歿而長者存，彊者夭而病者全乎
   (D) 苟能充之，足以保四海；苟不充之，不足以事父母
   (E) 向使四君卻客而不內，疏士而不用，是使國無富利之實，而秦無彊大之名也。

24. 醫院落成，診所開張，下列選項中適用的祝頌文字是：
   (A) 濟世功深　　　(B) 杏壇之光　　　(C) 妙手成春
   (D) 治平初基　　　(E) 聖手佛心。

25. 下列敘述，何者具有「有始無終」、「半途而廢」之意？
   (A) 一日暴之，十日寒之
   (B) 求則得之，舍則失之
   (C) 惜乎！吾見其進也，未見其止也
   (D) 苗而不秀者，有矣夫！秀而不實者，有矣夫
   (E) 流水之為物也，不盈科不行；君子之志於道也，不成章不達。

22. 下列「」中的詞語，何者屬於疊韻？
   (A) 母九死「流離」，撫其遺孤，至於成立
   (B) 愁雲「黲淡」萬里凝
   (C) 夢啼妝淚紅「闌干」
   (D) 我坐在湖邊對著遠天「遐想」
   (E) 北通巫峽，南極「瀟湘」。

第二部分：作文

壹、文章擴寫：（15分）

說明：1. 請撰寫一則 200 至 300 字的白話短文（含標點，可不分
　　　　段），以闡發下列引文的旨趣。

　　　2. 本題非翻譯題，切勿僅將原文譯成白話。

　　　3. 務必寫在答案卷「壹、文章擴寫」部分，違者不予計分。

　　　「山徑之蹊間，介然用之而成路，爲間不用，則茅塞之
矣。」（『孟子』「盡心」下）

貳、命題作文（二選一）：（25分）

說明：1. 請由下列兩個題目中任選一題作文。

　　　2. 請抄題。文言、白話不拘，須加新式標點。

　　　3. 不得以詩歌或書信體寫作，違者不予計分。

　　　4. 務必寫在答案卷「貳、命題作文」部分，違者不予計分。

題目：（一）網
　　　（二）青春

84年度學科能力測驗國文科試題詳解

第一部分：選擇題

壹、單一選擇題

1. A

【解析】(B) 先君子「贏」病 → 羸

(C) 人生的真「締」→ 諦

(D) 「騷」首弄姿 → 搔

2. C

【解析】(甲) 巨「擘」：ㄅㄧˋ → ㄅㄛˋ

(乙) 「閾」牆：ㄋㄧˋ → ㄒㄧˋ

(丙) 袒「裼」裸裎：ㄧˋ → ㄒㄧˊ

3. C

【解析】(A) 不「逆」情以干譽：逆，違逆；肉袒牽羊以「逆」：逆，迎也。

(B) 心不「懲」：懲，悔也；各「懲」其所由亡：懲，戒也。

(C) 恥「躬」之不逮；遵「躬」蹈之：躬，自身。

(D) 「坐」愁紅顏老：坐，徒然；「坐」此不逮足下：坐，因也。

4. **A**

【解析】 (B)「向」三賢孰愈：向，前也。

(C)「俄而」文皇來：俄而，不久。

(D)「頃之」，女子推簾：頃之，不久。

以上文句皆有使用時間副詞。

5. **D**

【解析】 (1) 本題可就韻腳、對偶、平仄加以判斷，再參酌詩義允當與否，答案即呼之欲出。

(2)「東風」四句：東風似是知道我要踏上山間的旅程，有意放晴，屋簷的淅瀝雨聲停下來了。晴天的雲朵繞著嶺頭，像棉絮帽子，太陽剛升上樹梢，像掛著一面銅鉦。

(3)「野桃」四句：短矮的竹籬邊，桃花鮮妍，似含著淺笑，垂柳的嫩枝條在清淺的溪水上輕輕飄拂。西山的農家該是最快樂的，這時候正燒煮了芹菜、竹筍，送給在田裡春耕的人吃。

6. **C**

【解析】 略

7. **A**

【語譯】 潭裏的魚約有百來條，全像在空中游動毫無依傍似的。日光照射下來，魚的影兒映在石頭上，癡呆呆地（怡然）動都不動，突然又遠遊而不見了，來來往往，輕快飄忽。

8. **B**

【解析】 范仲淹所言古仁人之心，乃不以物喜，不以己悲，進
　　　　亦憂，退亦憂，以天下為己任。

(A) 伯夷為聖之清者。

(B) 伊尹為聖之任者（治亦進，亂亦進…其自任以天
　　下之重也）。

(C) 柳下惠為聖之和者。

(D) 顏子為安貧樂道者

9. **D**

【解析】 (A) 留侯論：「天下有大勇者，卒然臨之而不驚，無故
　　　　　加之而不怒。」

(B) 論語：「求也，千室之邑，百乘之家，可使為之宰，
　　不知其仁也。」

(C) 稼說送張琥：「弱者養之以至於剛，虛者養之以至
　　於充」，以言為學之道在於「博觀而約取，厚積而
　　薄發」

(D) 孟子：「聞伯夷之風者，頑夫廉，懦夫有立志」，
　　蓋即「流風餘澤，久而彌新者，百世之人也」，亦
　　即墨池記所言「仁人莊士之遺風餘思，被於來世
　　者」。

10. **A**

【語譯】 (甲) 樓上，晴朗的天空像蔚藍色的帷幕四面懸掛著；
　　　　　樓前，芳草綿延不斷，遠接天涯。

(乙) 在一鈎殘月照耀下的江岸，絲絲楊柳被晨風吹得參差披拂。

(丙) 獨自守著孤窗，但要挨到天黑可不容易啊！

(丁) 在小樓一角，北斗星已經橫斜，清晨的露水是這樣寒冷，她越去越遠，只剩下一片彼此啼應的雞鳴。

11. **B**

【解析】 屈原的作品列屬四庫集部，而戰國策屬史部，左傳屬經部，呂氏春秋屬子部。

12. **C**

【解析】 (甲) 「用奇謀孔明借箭」——元末羅貫中三國演義。

(乙) 「劉老老」——清乾隆曹霑紅樓夢。

(丙) 「明湖居聽書」——清末劉鶚老殘遊記。

(丁) 「虬髯客傳」——唐杜光庭。

13. **C**

【解析】 (A) 唯岳陽樓記有民胞物與之胸襟。

(B) 范仲淹未列名於唐宋八家中。

(D) 桃花源非實有其地。

閱讀測驗：

14. **B**　　15. **D**　　16. **D**

注釋：① 鄭武公，周宣王之庶兄，鄭桓公之子，繼桓公為君。胡，

　　　　春秋時國名，據「中國歷史地圖集」在今安徽阜陽。

　　　② 妻胡君，嫁給胡君為妻。「妻」是動詞。

　　　③ 兄弟之國，言兩國友誼如兄弟一般。

　　　④ 鄰人之父，鄰家的老者。

　　　⑤ 大亡，大失。

　　　⑥ 智其子，以其子為智。

　　　⑦ 此二人，指關其思及鄰人之父。

　　　⑧ 「厚者」二句，重的就被殺，輕的就被疑。

　　　⑨ 處知，對待這種認識。

17. **B**　　　18. **H**　　　19. **E**

注釋：① 疏而不積 —— 稀疏而不茂密。

　　　② 澹而不媚 —— 淡雅而不嬌艷。

　　　③ 結束 —— 這裏是整裝的意思。

　　　④ 舍 —— 同捨。這裏是離開的意思。

　　　⑤ 綻 —— 衣服脫線；破裂。綻，音ㄓㄢˋ。

　　　⑥ 鉢 —— 僧人吃飯時用的食器。

　　　⑦ 貴游 —— 貴游之士，就是上流社會人士。

　　　⑧ 侶 —— 陪伴。

　　　⑨ 韻士 —— 指高雅的人士。

　　　⑩ 孤寒 —— 指身世寒微的人。

　　　⑪ 煩穢 —— 雜亂的意思。

20. **A**　　　21. **F**　　　22. **H**

貳、多重選擇題

23. **BDE**

    【解析】 (B) 「或」有弗諱：「如」有不可諱言之事。

    (D) 「苟」能充之：「如」能擴而大之。

    (E) 「向使」四君卻客而不內：「假使」四君排拒客卿而不接納。

24. **ACE**

    【解析】 (B) 「杏壇之光」—— 用於教育界。

    (D) 「治平初基」—— 用於政界。

25. **AD**

    【解析】 (A) 孟子勉人為學應專心致志，不可一暴十寒，半途而廢。

    (B) 孟子謂仁義禮智善性，自根於心，乃人所固有，求則得之。

    (C) 孔子追惜顏回，稱其奮進不已。

    (D) 孔子勉人為學，當精進不已，不可始勤終懈，致前功盡棄。

    (E) 孟子言聖道廣大而有本源，學之者當漸進馴至之。

26. **BC**

    【解析】 疊韻：上下兩字韻母相同，如「徘徊」、「逡巡」。

    雙聲：上下兩字聲母相同，如「琵琶」、「流連」。

第二部分：作文

壹、文章擴寫

題文語譯：

　　山坡的小路只一點點寬，經常去走它便形成一條路，只要有一個時候不走，又會被茅草堵塞了。

提示：為學進德當有恆不輟，可參酌——曾子曰：「士不可以不弘毅，任重而道遠」子曰：「譬如為山，未成一簣，止，吾止也！譬如平地，雖覆一簣，進，吾往也」荀子勸學：「積善成德，而神明自得，聖心備焉；駑馬十駕，功在不舍，鍥而舍之，朽木不折；鍥而不舍，金石可鏤」，加以發揮。

八十三年大學入學學科能力測驗試題
國文考科

第一部分

壹、單一選擇題

說明：下列第1題至第19題，每題各有4個選項，請選出一個正確的選項，標示在「答案卡」上之「第一部分答案區」。每題2分，答錯不倒扣。

1. 下列各語詞「」中的字注音全部正確的選項是：

(甲)、編「纂」ㄗㄨㄢˇ　　　(乙)、腳「踝」ㄉㄨㄛˇ
(丙)、桂「冠」ㄍㄨㄢ　　　(丁)、「徜」徉 ㄊㄤˇ
(戊)、庭「墀」ㄒㄧ　　　(己)、圭「臬」ㄋㄧㄝˋ
(庚)、「僭」越 ㄐㄧㄢˋ　　　(辛)、狐「貉」ㄏㄜˊ

(A) 甲丁庚辛　　　(B) 丙丁戊己
(C) 乙丙戊庚　　　(D) 甲丙己辛。

2. 下列敘述完全無錯別字的選項是：

(A) 自古賢才有韞於中而不見於外，或窮居陋巷，委身草莽，雖顏子之行，不遇仲尼而名不彰

(B) 橫不敏，昭告神明，發誓述作，競競業業，莫敢自惶，遂於十稔之間，撰成『臺灣通史』

(C) 今臣亡國賤俘，至微至陋，過蒙拔擢，寵命優渥；豈敢盤桓，有所希冀

(D) 在這煩囂的塵事，他的每一句誨勉之詞，就有如名山古剎中的木魚鐘磬之音。

3. 下列各「歸」字，那兩個意義相同？
　　(甲) 及「歸」於汪，汪故貧，先君子始爲贅婿
　　(乙) 句踐之困於會稽，而「歸」臣妾於吳
　　(丙) 「歸」則藁藁於地
　　(丁) 子在陳曰：「歸」與！歸與
　　　(A) 甲丁　　　　　(B) 甲乙　　　(C) 乙丙　　　(D) 丙丁

4. 下列那一組「」中的字義相同？
　　(A) 「顧」自民國肇造，變亂紛乘；不足，又「顧」而之他
　　(B) 以志在貨利之人，而「乘」富貴之資，制斯人之命；是以區區
　　　　之祿山一出而「乘」之
　　(C) 於廳事之東北隅，「施」八尺屏障；願無伐善，無「施」勞
　　(D) 「卒」有盜賊之警，則相與恐懼訛言，不戰而走；「卒」然臨
　　　　之而不驚，無故加之而不怒。

5. 下列各項「」中之詞義，何者與其他三項不同？
　　(A) 夫當今「生民」之患
　　(B) 棄「黔首」以資敵國
　　(C) 吾黨之「小子」狂簡
　　(D) 豈若「匹夫匹婦」之爲諒也。

6. 下列那一組「」中的字詞性不同？
　　(A) 「衣」冠而見之；「衣」敝縕袍
　　(B) 心「懸」此人；或「懸」心於貴勢
　　(C) 夫人之有一能，而使後人「尙」之如此；「尙」有古人
　　(D) 餘肉亂切送驢前「食」之；治於人者「食」人。

7. 「泰山不讓土壤，故能成其大；河海不擇細流，故能就其深。」
　　意謂：
　　(A) 天下爲公　　　　　(B) 大材小用
　　(C) 有容乃大　　　　　(D) 自強不息。

8. （靈丘丈人）：「其取蜜也，分其贏而已矣！不竭其力也。」這句
　　話的含義可爲施政借鏡的是：
　　(A) 政府經濟政策，應以公平分配爲首務
　　(B) 減輕賦稅，才能培養稅源
　　(C) 政府不可與民爭利
　　(D) 竭力服務民衆而不擾民。

9　「斷簡殘編，蒐羅匪易；郭公夏五，疑信相參；則徵文難。」
　　意謂：
　　(A) 史料闕損，文字脫落，逐難取證於典籍史料之記載
　　(B) 史料闕損，老成凋謝，逐致無人撰文印證
　　(C) 史料闕損，眞僞難辨；老成凋謝，無從稽考請教
　　(D) 老成凋謝，訪考無門；街談巷議，語涉妄誕。

10. （黃州快哉亭記）：「使其中不自得，將何往而非病？使其中坦然
　　不以物傷性，將何適而非快？」其處世態度與下列何者近似？
　　(A) 蓋將自其變者而觀之，則天地曾不能以一瞬，自其不變者而
　　　　觀之，則物與我皆無盡也
　　(B) 滔滔者天下皆是也，而誰以易之？且而與其從辟人之士也，
　　　　豈若從辟世之士哉
　　(C) 居廟堂之高則憂其民；處江湖之遠則憂其君
　　(D) 信於久屈之中，而用於至足之後；流於既溢之餘，而發於持
　　　　滿之末

11. 下列哪一項條件未能合乎儒家對「士」的要求？
　　(A) 行己有恥　　　　　　(B) 懷居懷惠
　　(C) 見危致命　　　　　　(D) 任重道遠

12. 請依文意選出排列順序正確之選項：「人有學爲鳥言者
　　(甲) 鳥有學爲人言者
　　(乙) 而性則人也
　　(丙) 而性則鳥也
　　(丁) 其音則鳥也
　　(戊) 其音則人也此可以定人與鳥之衡哉」（徐渭「葉子肅詩序」）
　　(A) 丁乙甲丙戊　　　　　　(B) 甲丁乙戊丙
　　(C) 戊丙甲丁乙　　　　　　(D) 甲戊丙丁乙。

13. 請依文意選出排列順序正確之選項：「(甲) 頭白的蘆葦 (乙) 把斜
　　陽掉在江上 (丙) 還馱著斜陽回去 (丁) 歸巢的鳥兒 (戊) 雙翅一翻
　　(己) 儘管是倦了也妝成一瞬的紅顏了」（劉大白「秋晚的江上」）
　　(A) 甲乙丁丙己戊　　　　　(B) 丁己丙戊乙甲
　　(C) 丁甲丙乙戊己　　　　　(D) 甲乙己丙丁戊。

14. 下列各字號與人名的關係全部正確的選項是：(甲) 曹雪芹即曹寅
　　(乙) 馬東籬即馬致遠 (丙) 六一居士即白居易 (丁) 韓文公即韓愈
　　(戊) 杜陵布衣即杜甫 (己) 林琴南即林紓 (庚) 曹孟德即曹操
　　(辛) 王摩詰即王安石
　　(A) 乙丁戊辛　　　　　　　(B) 丙戊己庚
　　(C) 甲乙庚辛　　　　　　　(D) 乙丁戊己。

15-19 題爲閱讀測驗：

細讀下列兩段文字，選出最恰當的選項。

一、「乘騎者皆賤騾而貴馬。夫煦之以恩，任其然而不然，迫之以
　　　威，使之然而不得不然者，世之所謂賤者也。煦之以恩，任
　　　其然而然，迫之以威，使之然而愈不然，行止出於其心，而
　　　堅不可拔者，世之所謂貴者也。然則馬賤而騾貴矣。雖然，

今夫軼之而不善，檟楚以威之而可以入之善者，非人耶？人
豈賤於騄哉？然則騄之剛愎自用，而自以爲不屈也久矣。
嗚呼！此騄之所以賤於馬歟？」（劉大櫆「騄說」）

15. 本文主旨爲：
    (A) 威勢可懼　　　　　　(B) 馴服之難
    (C) 人才難辨　　　　　　(D) 剛柔並濟

16. 作者以爲騄貴馬賤，是從何處著眼？
    (A) 易於馴服　　　　　　(B) 勞動力高
    (C) 不屈威勢　　　　　　(D) 溫煦可人。

17. 「雖然，今夫軼之而不善」，「軼」之字義爲：
    (A) 遠離　　　　　　　　(B) 放任
    (C) 重視　　　　　　　　(D) 駕車。

二、「我們所說的人，不是世間所謂『天地之性最貴』，或『圓顱
　　方趾』的人。乃是說，『從動物進化的人類』。其中有兩個要
　　點，㈠『從動物』進化的，㈡ 從動物『進化』的。我們承
　　認人是一種生物。他的生活現象，與別的動物並無不同。所
　　以我們相信人的一切生活本能，都是美的善的，應得完全滿
　　足。凡有違反人性不自然的習慣制度，都應該排斥改正。但
　　我們又承認人是一種從動物進化的生物。他的內面生活，比別
　　的動物更爲複雜高深，而且逐漸向上，有能夠改造生活的力量。
　　所以我們相信人類以動物的生活爲生存的基礎，而其內面生活，
　　卻漸與動物相遠，終能達到高上和平的境地。凡獸性的餘留，
　　與古代禮法可以阻礙人性向上的發展者，也都應該排斥改正。
　　這兩個要點，換一句話說，便是人的靈肉二重的生活。古人的
　　思想，以爲人性有靈肉二元，同時並存，永相衝突。肉的一面，
　　是獸性的遺傳；靈的一面，是神性的發端。人生的目的，便偏

重在發展這神性；其手段，便在滅了體質以救靈魂。所以古來宗教，大都屬行禁欲主義，有種種苦行，抵制人類的本能。一方面卻別有不顧靈魂的快樂派，只願『死便埋我』。其實兩者都是趨於極端，不能說是人的正當生活。到了近世，纔有人看出這靈肉本是一物的兩面，並非對抗的二元。獸性與神性，合起來便只是人性。」(節錄自周作人「人的文學」)

18. 作者認為人的生活是：
(A) 靈肉二重的生活　　　　(B) 去人欲存天理的生活
(C) 滅體質以救靈魂的生活　(D) 靈肉二元的生活。

19. 標點符號的運用，在文章意義、旨趣的表達上往往具有重要功能。本文中最能顯示此種特色的是：
(A) 肉的一面，是獸性的遺傳；靈的一面，是神性的發端
(B) 我們所說的人，不是世間所謂『天地之性最貴』，或『圓顱方趾』的人
(C) 其中有兩個要點，㈠『從動物』進化的，㈡從動物『進化』的
(D) 獸性與神性，合起來便只是人性。

貳、多重選擇題

說明：下列第 20 題至第 24 題，每題各有五個選項，各自獨立，其中至少有一個是正確選項，請在「答案卡」上之「第一部分答案區」內將答案標出。每題 2 分，答錯不倒扣，只錯一個可獲 1 分，錯兩個或兩個以上、及未答者，則不給分。

20. 下列那些選項可用來形容生活貧窮？
(A) 窮愁潦倒　　　　(B) 簞食壺漿
(C) 饘粥餬口　　　　(D) 君子固窮
(E) 乏善可陳。

21. 下列那些句子中的「幸」字意義相同？
    (A) 隋煬帝之「幸」江都也
    (B) 計之詳矣，「幸」無疑焉
    (C) 寧以義死，不苟「幸」生
    (D) 此係公事，先生「幸」勿推卻
    (E) 當求數頃之田於伊、潁之上，以待餘年，教吾子與汝子，
        「幸」其成。

22. 下列文句何者為文天祥所言？
    (A) 天地有正氣，雜然賦流形
    (B) 無求生以害仁，有殺身以成仁
    (C) 人生自古誰無死，留取丹心照汗青
    (D) 讀聖賢書，所學何事！而今而後，庶幾無愧
    (E) 哲人日已遠，典型在夙昔，風簷展書讀，古道照顏色。

23. 下列敘述何者正確？
    (A) 想研究陶淵明的生平與作品，可考慮查閱『晉書』、『昭明文
        選』、『靖節先生集』等書
    (B) 想研究韓愈的生平與作品，可考慮查閱『舊唐書』、『全唐
        文』、『昭明文選』、『柳河東集』等書
    (C) 唐宋八大家中，年二十餘始發憤向學，閉戶勤讀，通六經百
        家之說，為文長於議論，風格簡直古勁，有先秦遺風者為
        蘇洵
    (D) 『世說新語』本屬助談之書，係東漢以後品評人物，好尚清
        談風氣下的產物
    (E) 『臺灣通史』為編年體史書，起自隋代，終於割讓，歷時千
        餘年。

24. （梅花嶺記）：「不知忠義者，聖賢家法，其氣浩然，長留天地之間，何必出世入世之面目？」下列可以說明此句文意的選項是：

(A) 不明忠義之道者，必受聖賢家法懲處，以免浩然正氣無法長留天地之間

(B) 忠孝節義是聖賢世代相傳的浩然正氣，長留天地之間，何必遠離塵世來追求本來的面目呢

(C) 忠義乃聖賢代代相傳之處世法則，故為忠義而死者，浩氣長存，傳言其成仙未死並無意義

(D) 若不明白聖賢所相傳的忠義之道，則浩然之氣將以何面目留存世間

(E) 聖賢既已慨然為忠義而死，其氣節長留人間，則成仙與否並不重要。

第二部分

說明：下列第 1 題至第 6 題，請選出一個正確的選項，標示在「答案卡」上之「第二部份答案區」。每題 2 分，答錯不倒扣。

一、下列短文有三個空格，請就參考選項中選出最恰當的成語填入各空格內。

「四十年前，當 ＿＿＿①＿＿＿ 之際，父親經歷 ＿＿＿②＿＿＿ 來到臺灣，正值戰後百業蕭條，卻能克服萬難，開創事業，他那 ＿＿＿③＿＿＿ 的奮鬥過程實在令人感佩。」

參考選項：

(A) 哀毀骨立　　(B) 奄奄一息　　(C) 九死流離

(D) 槁木死灰　　(E) 篳路藍縷　　(F) 叱咤風雲

(G) 意氣風發　　(H) 兵馬倥傯　　(I) 付之一炬

二、下列詩篇有三個空格，請就參考選項中選出最恰當的字填入各
　　空格內。

　　「我行日月向江海，楓葉蘆花秋興　　④　　。平淮忽迷天
　　　　⑤　　近，青山久與船低昂。壽州已見白石塔，短棹未轉
　　黃茅岡。波平風　　⑥　　望不到，故人久立煙蒼茫。」
　　（蘇軾「出潁口初見淮山是日至壽州」）

　　參考選項：
　　(A) 急　(B) 短　(C) 遠　(D) 近　(E) 長　(F) 飛
　　(G) 朗　(H) 強　(I) 軟

第三部分

壹、文章縮寫：（10分）

說明：1. 根據下列文章（422字）縮寫成120字（含標點）以內的
　　　　短文。
　　　2. 不必分段，文字可以改寫。惟縮改時須符合原文旨趣，力
　　　　求言簡意賅。
　　　3. 字數限制在120字以內，超過120字而在150字以內者扣
　　　　1分，超過150字者不給分。
　　　4. 務必寫在非選擇題答案卷上「一、文章縮寫」部分，違者
　　　　不予計分。

「那時候乘火車這件事在我覺得非常新奇而有趣。自己的身體被裝在
一個大木箱中，而用機械拖了這大木箱狂奔，這種經驗是我向來所沒
有的，怎不教我感到新奇而有趣呢？那時我買了車票，熱烈地盼望車
子快到。上了車，總要揀個靠窗的好位置坐。因此可以眺望窗外旋轉
不息的遠景，瞬息萬變的近景，和大大小小的車站。一年四季住在看

慣了的屋中，一旦看到這廣大而變化無窮的世間，**覺得興味無窮**。我巴不得乘火車的時間延長，常常嫌牠到得太快，下車時覺得可惜。我歡喜乘長途火車，可以長久享樂。最好是乘慢車，在車中的時間最長，而且各站都停，可以讓我盡情觀賞。我看見同車的**旅客**個個同我一樣地愉快，彷彿個個是無目的地在那裡享樂乘火車的新生活的。我看見各車站都美麗，彷彿個個是桃源仙境的入口。其中汗流滿背地扛行李的人，喘息狂奔的趕火車的人，急急忙忙地背著箱籠下車的人，拿著紅綠旗子指揮開車的人，在我看來彷彿都趕著有興味的遊戲，或者在那裡演劇。世間真是一大歡樂場，乘火車真是一件愉快不過的樂事！」
（節錄自豐子愷「車箱社會」）

貳、命題作文：（30分）

說明：1. 請由下列兩個題目中任選一題作文。

2. 請抄題。文言、白話不拘，須加新式標點。

3. 不得以詩歌或書信體寫作，違者不予計分。

4. 務必寫在非選擇題答案卷上「二、命題作文」部分，違者不予計分。

題目：㈠ 夢

㈡ 兩代之間

83年度學科能力測驗國文科試題詳解

第一部分

壹、單一選擇題

1. **D**

　【解析】　注音有誤者：

　　　　　(乙) 腳「踝」ㄅㄨㄛˇ→ㄏㄨㄞˊ

　　　　　(丁) 「徜」徉ㄊㄤˇ→ㄔㄤˊ

　　　　　(戊) 庭「墀」ㄒㄧ→ㄔˊ

2. **A**

　【解析】　錯別字更正如下：

　　　　　(B) 「競競」業業→兢兢；

　　　　　　　莫敢自「惶」→遑

　　　　　(C) 寵命優「握」→渥

　　　　　(D) 塵「事」→世；鐘「聲」→磬

3. **D**

　【解析】　(甲) 歸，嫁也。

　　　　　(乙) 歸，音ㄎㄨㄟˋ，饋獻。

　　　　　(丙)(丁) 歸，返也。

4. **D**

【解析】 (A)「顧」自民國肇造：但是。

又「顧」而之他：左視右盼之意。

(B) 而「乘」富貴之資：藉。

一出而「乘」之：勝。

(C)「施」八尺屏障：陳設。

無「施」勞：張揚。

(D)「卒」有盜賊之警；「卒」然臨之而不驚：猝，突然。

5. **C**

【解析】 (A)「生民」；(B)「黔首」；(D)「匹夫匹婦」皆指普通人、平民百姓。

(C) 吾黨之「小子」狂簡：指弟子。

6. **C**

【解析】 (A)「衣」冠而見之；「衣」敝縕袍：均當動詞用。

(B) 心「懸」此人；或「懸」心於貴勢：牽掛，動詞。

(C)「尚」之如此：崇尚，動詞；「尚」友古人：尚與上通，副詞。

(D)「食」之；「食」人：餵養、供養，動詞。

7. **C**

【語譯】 「泰山不棄捨土壤，因此能形成它的高大；河海不挑揀細流，因此能造成它的深廣。」謂兼容並蓄，有容乃大。

8. **B**

【解析】 「取盈分贏，則謂薄其賦斂，亦即今日財政家所謂培養稅源，故其興也勃焉。」

9. **A**

【語譯】 「殘缺不全的書籍，蒐集網羅不容易；像郭公夏五這
種文字的脫誤，可疑可信的相互參雜；這就是取證史
料之難。」

10. **A**

【解析】 「使其中不自得……」蓋以順處逆，以理化情，形成
達觀快樂之人生觀。
- (A) 「蓋將自其變者而觀之……」意謂心存達觀，則
無入而不自得。
- (B) 「滔滔者天下皆是也……」此隱者之言，於亂世
則高蹈山林。
- (C) 「居廟堂之高……」意謂憂國憂民，憂以天下。
- (D) 「信於久居之中……」言古之人學成而後致用。

11. **B**

【解析】
- (A) 「行己有恥，使於四方，不辱君命，可謂士矣。」
- (B) 「士而懷居，不足以為士矣！」
  「君子懷刑，小人懷惠。」
- (C) 子張曰：「士，見危致命，見得思義。」
- (D) 曾子曰：「士不可以不弘毅，任重而道遠。」

12. **A**

【解析】 依文意，其排列之順序為：
「人有學為鳥言者，(丁)其音則鳥也，(乙)而性則人也；
(甲)鳥有學為人言者，(戊)其音則人也，(丙)而性則鳥也，
此可以定人與鳥之衡哉。」

13. **B**

【解析】 依文意，其排列之順序為：

「(丁)<u>歸巢的鳥兒</u>，(己)<u>盡管是倦了</u>，(丙)<u>還馱著斜陽回去</u>。(戊)<u>雙翅一翻</u>，(乙)<u>把斜陽掉在江上</u>；(甲)<u>頭白的蘆葦</u>，也妝成一瞬的紅顏了。」

14. **D**

【解析】 有誤的部分：

(丙) 六一居士即白居易→六一居士即歐陽修，白居易則香山居士。

(辛) 王摩詰即王安石→王摩詰即王維，王安石字介甫，號半山。

15. **C**　　16. **C**　　17. **B**

【注釋】 ① 煦：溫暖。

② 任其然而不然：不加強迫，讓它自動這樣做，它卻偏不這樣做。然：這樣。

③ 迫之以威：以威力強迫它。

④ 行止：一言一行，一舉一動。

⑤ 拔：移易。

⑥ 「然則」句：如此說來，應是馬賤騾貴。

⑦ 軼：通「逸」，放任。

⑧ 檟（ㄐㄧㄚˇ）楚：用於笞打的一種刑具。

⑨ 非人耶：不就是人嗎？

【說明】 凡文貴有新意，劉大櫆的『騾說』的生命力也在於新。這個「新」，就在於講出「騾貴馬賤」，與一般人的看

法相反。驟爲什麼「貴」，因爲它不屈服於威勢，「行止出於其心」，「堅不可拔」。本來，驟不易馴服，從駕馭者來說，驟確實不如馬，但作者正利用這一點，把它突顯出來，加以發揮，使其人格化。對驟的頌揚，出乎人們所料。它不是「老生常談」。說馬賤，也是從馬的馴服性這方面做文章。馬爲什麼賤？它「任其然而不然，迫之以威使之然，而不得不然者。」從馬要用鞭打才馴服，說明它賤，這也有了新意。而且，作者把驟、馬與人聯繫起來，就是說，人「軼之而不善，檟楚以威之而可以入之善者」，也是要在刑罰之下才不做壞事。這種自然的聯繫，使文章的社會意義更爲明確。說「驟」，實際在說「人」。從行文看，文章雖短，但曲折起伏，餘味無窮。頭一句，寫「乘騎者皆賤驟而貴馬」，是平中見奇。因爲這一句處於關鍵地位，是辨疑的對象。有這一句，後面的文章才能自然展開。接著講「世之所謂賤者」和「世之所謂貴者」兩種情況，即當時人們關於貴、賤看法的「社會標準」，然後按照這種標準來衡量，說明馬之所作所爲是賤而不是貴，而驟則是貴而非賤。這就反駁了「乘騎者」的傳統看法，否定了「賤驟貴馬」說。然後，從驟、馬講到人，說人也要有刑罰才肯從善，人豈不是賤於驟嗎？最後又用「剛愎自用」這個貶義詞語來說明人們「賤驟貴馬」的原因，實際是以反語進一步證實驟的倔強。最後幾句，作者不用判斷句，而用疑問句，表示了一種不確定的意向，含蓄而深刻。從寫作技巧看，此文確有轉折變幻之妙。

18. **A**　　19. **C**

貳、多重選擇題

20. **AC**

【解析】 (A) 窮愁潦倒：形容窮困愁苦，狼狽不堪之狀。

　　　　(B) 簞食壺漿：言人民踴躍以飲食慰勞軍隊。

　　　　(C) 饘粥餬口：食粥以維持生活，言其儉約。

　　　　(D) 君子固窮：君子雖處困窮之境，猶能固守其操。

　　　　(E) 乏善可陳：言其一無是處。

21. **BDE**

【解析】 (A) 隋煬帝之「幸」江都：天子所至曰幸。

　　　　(B) 「幸」無疑焉：希望。

　　　　(C) 不苟「幸」生：僥倖。

　　　　(D) 先生「幸」勿推卻：希望。

　　　　(E) 「幸」其成：希望。

22. **ACDE**

【解析】 (A) 「天地有正氣……」

　　　　(B) 「無求生以害仁……」

　　　　(C) 「人生自古……」

　　　　(D) 「讀聖賢書……」

　　　　(E) 「哲人日已遠……」

23. **ACD**

【解析】 (B) 昭明文選收錄秦漢下逮齊梁間之詩文，中唐韓愈的作品不在其中。

　　　　(E) 台灣通史為紀傳體史書。

24. **CE**

【語譯】「不知忠義精神是聖賢傳授一家之法，這種正氣凜然
　　　　浩大，永遠留存於天地間，何必計較出世成仙成佛或
　　　　在世爲人的面貌形態呢？」

第二部分

一、「四十年前，當 (H) 兵馬倥傯之際，父親經歷 (C) 九死流離來到
　　台灣，正值戰後百業蕭條，卻能克服萬難，開創事業，他那
　　(E) 篳路藍縷的奮鬥過程實在令人感佩。」

二、「我行日月向江海，楓葉蘆花秋興 (E) 長。平淮忽迷天 (C) 遠
　　近，青山久與船低昂。……波平風 (I) 軟望不到，故人久立煙
　　蒼茫。」

第三部分

「乘火車非常新奇而有趣。我總要揀個靠窗的好位置坐，可以眺望
窗外旋轉不息的遠景，瞬息萬變的近景，和大大小小的車站──彷彿
個個是桃源仙境的入口。其中形形色色的人，彷彿都趕著有興味的
遊戲，或者在那裏演劇。世間眞是一大歡樂場，乘火車眞是一件樂事！」

劉毅英文「*98*年學科能力測驗」15級分名單

姓 名	學 校 班 級	姓 名	學 校 班 級	姓 名	學 校 班 級	姓 名	學 校 班 級	姓 名	學 校 班 級
何冠廷	建國中學 302	林聖嵐	北一女中三眞	盧胤諳	中山女中三信	鄭旭峰	建國中學 325	曹舜皓	麗山高中 307
高儀庭	北一女中三眞	李瑋穎	薇閣中學三丁	陳禹志	建國中學 329	許軒睿	市立大同 301	趙愷文	大同高中 315
許誌珍	北一女中三勤	殷偉瑂	景美女中三眞	高慈宜	北一女中三射	莊雅茵	北一女中三射	李懿軒	建國中學 322
林儀芬	北一女中三和	劉傳靖	建國中學 329	梁 筠	薇閣中學三丁	康 育	延平高中 312	廖祥智	松山高中 312
袁輔君	北一女中三和	王 捷	建國中學 329	張耘甄	薇閣中學三丁	黃美慈	中山女中三群	簡碩麒	建國中學 314
畢源伸	成功高中 324	林庭羽	板橋中學 307	白旻樺	市立大同 305	張雅晴	師大附中 1164	鍾 頎	北一女中三讓
王文彤	北一女中 324	黃農茵	北一女中三眞	賴冠百	建國中學 327	林群皓	建國中學 314	傅 筠	台中女中 312
曾心潔	北一女中三公	林後嶧	建國中學 315	林怡廷	北一女中三義	蕭鈺芳	松山高中 306	林志安	台中一中 324
林洺安	北一女中三公	陳 羅	建國中學 315	馮偉翔	建國中學 326	侯進坤	建國中學 330	林鉦峻	台中一中 316
黃筱勻	北一女中三誠	韓羽唯	北一女中三恭	邱冠纂	師大附中 1173	洪庭妤	中山女中三博	蕭漢思	師大附中 1176
簡翔瀁	北一女中三誠	沈柏妏	北一女中三愛	梁熙文	松山高中 304	陳昱愷	建國中學 318	張希慈	北一女中三善
王瑋慈	北一女中三誠	徐涵葳	中山女中三捷	黃彥瑞	北一女中三忠	劉彥君	師大附中 1164	張宜欣	中山女中三公
沈奕彤	北一女中三和	蔡杰辰	建國中學 315	章品萱	北一女中三良	盧宇珞	師大附中 1164	邱冠霖	建國中學 318
張雅甄	北一女中三勤	鄭惟之	成功高中 317	黃蒔婷	中山女中三博	洪于涵	師大附中 1158	許紹倫	成功高中 324
王怡文	北一女中三誠	宋瑞祥	建國中學 330	林奎沂	北一女中三愛	林珈辰	北一女中三樂	陳佑維	師大附中 1167
許凱婷	華江高中 303	謝家惠	市立大同 312	張雅喬	北一女中三勤	潘 筠	聖心女中三孝	高嘉駿	松山高中 308
丘清華	進 修 生	黃薔雅	北一女中三讓	陳庭萱	薇閣中學三丁	鄭立群	建國中學 327	張靜婷	西松高中三誠
謝明勳	師大附中 1170	陳顗婷	北一女中三恭	張亦鎮	和平高中 312	李品彥	建國中學 329	張至婷	北一女中三射
朱盈盈	北一女中三毅	鄭皓宇	師大附中 1161	田顏禎	建國中學 310	王澤恩	內湖高中 305	何逸飛	台中一中 303
許書瑋	內湖高中 303	郭哲好	北一女中三毅	翁上燮	中山女中三捷	陳怡安	中山女中三仁	許力權	北一女中三良
翁靖堯	內湖高中 303	郭晉廷	師大附中 1162	李承翰	成功高中 314	張詩玉	北一女中三讓	林芸安	北一女中三忠
張奕浩	師大附中 1172	陳姿蓉	北一女中三恭	石知田	師大附中 1172	李宗叡	成功高中 318	曹曉琳	北一女中三忠
鍾秉軒	建國中學 312	林承業	師大附中 1172	蘇柏穎	北一女中三數	陳翊含	松山高中 306	王衍皓	延平高中 311
劉承疆	建國中學 311	顏傑青	建國中學 317	徐逸竹	北一女中三數	黃宜榮	成功高中 309	簡 喬	內湖高中 314
吳季儒	進 修 生	盧宜謙	師大附中 1162	李苡萱	北一女中三恭	謝翔宇	辭修高中 301	李顯洋	北一女中三忠
徐銘均	北一女中三勤	林欣諭	北一女中三讓	黃上瑋	建國中學 322	高偉豪	辭修高中 301	林 嬪	師大附中 1165
陳柏玉	北一女中三愛	林芳綺	北一女中三恭	徐智威	建國中學 327	蔡佳珉	北一女中三眞	朱君浩	建國中學 318
阮思瑀	北一女中三勤	胡琇雯	北一女中三善	廖祥伶	辭修高中 301	張清堯	建國中學 312	劉介民	建國中學 318
張正宜	成功高中 323	曾文昇	建國中學 317	匡小琪	政大附中 301	呂馥伊	北一女中三讓	林育正	新莊高中 303
陳俊樺	板橋中學 303	廖玠智	建國中學 310	林宛誼	延平中學 312	黃柏源	建國中學 318	李晏如	北一女中三射
蔡豔任	建國中學 323	陳昱豪	成功高中 323	李育瑋	師大附中 1170	陳元泰	市立大同 314	陳瑞翔	建國中學 318
蘇哲毅	建國中學 319	黃韻儒	北一女中三忠	江品慧	師大附中 1156	杜昆翰	建國中學 318	蘇冠霖	建國中學 318
洪一軒	板橋中學 307	高正陽	進 修 生	簡 捷	北一女中三孝	于恩庭	北一女中三義	王雅琦	市立大同 310
梁珈甄	市立大同 306	黃明靜	北一女中三孝	吳周駿	延平中學 309	廖苑辰	辭修高中 301	林婕渝	建國中學 308
歐宜欣	中山女中三禮	呂惠文	中山女中三孝	洪以青	延平中學進修生	林阜翰	建國中學 318	徐惠儀	桃園高中 317
蔡旻暉	延平中學 301	陳利未	建國中學 310	陳柏如	北一女中三卿	周奕吟	北一女中三書	鑑家慈	景美女中三美
劉盈盈	北一女中三愛	王奕云	大同高中 302	林浩存	建國中學 314	許書蘭	東山高中三忠	陳昱州	延平高中 313
劉威廷	建國中學 313	陳奕廷	建國中學 312	唐子堯	建國中學 323	許嘉偉	建國中學 323	陳柏儒	宜蘭高中 313
孫瑋駿	建國中學 330	陳 欣	政大附中 122	蘇俊瑋	松山高中 319	張潮元	延平中學 312	張好如	延平高中 312
宋佳陵	北一女中三莊	高至閎	中正高中 306	高嘉吟	北一女中三毅	張哲偉	建國中學 320	徐乙玉	北一女中三良
范廷瑋	北一女中三愛	吳駿逸	師大附中 1161	葉瓦筠	師大附中 1157	鄭晏羽	格致中學普三忠	金寧煊	建國中學 314
劉晉豪	師大附中 1178	吳芳宥	建國中學 322	盛博含	建國中學 322	林政儒	建國中學 315	卓珈仔	北一女中三莊
蔡明辰	成功高中 307	王映萱	北一女中三數	曾以寧	北一女中三勤	吳思萱	衛理女中三恩	劉欣瑜	北一女中三溫
卓朝葳	北一女中三讓	蕭力婷	北一女中三俊	何中誠	建國中學 318	蘇柏勳	建國中學 303	李律恩	北一女中三恭
江姵璇	北一女中三書	林瑞芸	中山女中三慧	魏大惟	建國中學 324	朱得誠	新莊高中 303	郭潤宗	師大附中 1173
張祐菘	成功高中 323	魏禎瑩	師大附中 1160	陳政葦	建國中學 320	葉家維	建國中學 320	陳書瀚	建國中學 314
林宸弘	建國中學 327	龔國安	師大附中 1173	于志業	建國中學 325	蔡秉逸	建國中學 318	謝人傑	建國中學 323
劉任軒	建國中學 311	王斯瑋	成功高中 319	林聖翔	建國中學 325	李秉浩	建國中學 310		

劉毅英文家教班成績優異同學獎學金排行榜

姓名	學校	總金額	姓名	學校	總金額	姓名	學校	總金額	姓名	學校	總金額
賴宣佑	成淵高中	144550	董家琳	中和高中	29500	徐歆閔	福和國中	21900	楊紹紘	建國中學	17600
林采蓁	古亭國中	110600	簡 棻	自強國中	28300	董澤元	再興高中	21600	趙祥安	新店高中	17500
林妍君	薇閣高中	91150	洪嘉璘	北一女中	28150	呂亞庭	縣中山國中	21450	楊舒涵	中山女中	17350
王 千	中和高中	89900	吳書軒	成功高中	28000	許丞鞍	師大附中	21400	黃偉倫	成功高中	17200
黃怡文	石牌國中	79850	蔡佳恩	建國中學	27800	陳思涵	成功高中	21200	黃詠期	建國中學	17100
方昱儒	溪崑國中	79250	江品萱	海山高中	27800	陳柏彰	萬華國中	21100	鄭巧兒	北一女中	17000
陳泱瑞	重慶國小	60800	陳 明	建國中學	27450	王鈺雯	國三重高中	21000	蔡承翰	成功高中	17000
洪湘艷	新泰國中	53700	楊博閎	華江高中	27450	張祐銘	延平高中	20950	曹欣怡	延平高中	16900
林 臻	北一女中	53300	呂咏霖	長安國中	27350	盧 安	成淵高中	20800	朱冠宇	建國中學	16900
呂芝瑩	內湖高中	51450	王于綸	中山女中	27300	楊竣宇	新莊國中	20800	劉美延	德音國小	16900
王思云	延平高中	51200	許晏魁	竹林高中	27150	蕭允祈	東山高中	20650	林承峰	延平國中部	16900
陳師凡	師大附中	50000	邱奕軒	內湖高中	27150	牟庭辰	大理高中	20500	郭學豪	和平高中	16800
江旻儒	葦理國中	50000	林祐瑋	耕莘護專	27050	林耀璇	麗山國中	20400	陳怡舜	市中正國中	16800
蔡翰林	康橋國中	50000	蔡佳容	北一女中	27050	吳元魁	建國中學	20400	周筱涵	南湖高中	16800
陳 暐	自 學	50000	詹笠坊	石牌國中	26700	蔡佳芸	和平高中	20300	劉應傑	西松高中	16700
朱庭萱	北一女中	48917	江少軒	銘傳國中	26650	韓宗叡	大同高中	20220	鄭竣陽	中和高中	16650
呂宗倫	南湖高中	47950	施宛妤	武崙國小	26500	王聖雄	金華國中	20100	莫雅晴	永和國中	16600
賴鈺錡	明倫高中	44650	黃棨霑	北一女中	26350	趙于萱	中正高中	20100	薛宜軒	北一女中	16500
張祐豪	埔墘國小	42900	施延睿	莒光國小	26200	練冠霆	板橋高中	20000	徐子涵	新莊國中	16400
何欣容	蘭雅國中	41100	梁家豪	松山高中	26200	洪啓修	師大附中	20000	許志造	百齡高中	16400
塗皓宇	建國中學	39834	陳昱勳	華江高中	26200	羅之勵	大直高中	19900	洪敏珊	景美女中	16300
林清心	板橋高中	39500	王挺之	建國中學	26100	柯穎瑄	北一女中	19800	梁齡心	北政國中	16300
楊玄詳	建國中學	38800	江采軒	銘傳國中	26000	鄭昀叡	市中正國中	19700	馬偉傑	成功高中	16300
鄭翔仁	師大附中	38450	張祐寧	建國中學	25900	蔡承儒	南山國中	19700	劉倢如	江翠國中	16300
陳冠宏	東海高中	37150	鍾佩璇	中崙高中	25900	黃靖淳	師大附中	19650	許令揚	板橋高中	16300
陳琳涵	永春高中	36850	楊舒閔	板橋高中	25800	卓晉宇	華江國中	19600	吳承叡	中崙高中	16300
謝家綺	板橋高中	36600	劉 桐	北一女中	25400	鐽哲宇	成功高中	19600	許晉魁	政大附中	16250
吳品賢	板橋高中	35750	黃馨儀	育成高中	25200	顏菽澤	華江高中	19500	趙家德	衛理女中	16100
許瑞云	中山女中	34450	朱煜錚	長安國中	25150	廖祥舜	永平高中	19300	鄭家宜	成淵高中	16100
柳堅鎔	景美國中	34300	吳佳燁	仁愛國中	24900	柯姝延	北一女中	19300	郭 權	建國中學	16100
李祖荃	新店高中	34100	林弘濰	內湖高中	24050	蔡柏晏	北一女中	19300	林于傑	師大附中	16000
蘇子ê	林口國中	33800	王芊蓁	北一女中	23850	李欣儒	江翠國中	19300	呂侑蓁	南湖高中	15950
宋 安	東湖國中	33150	林俐吟	中山女中	23750	陳冠揚	南湖高中	19300	廖婕妤	景美女中	15950
趙啓鈞	松山高中	32950	高仲霆	百齡高中	23700	鄭翊伶	新莊高中	19100	謝宜廷	陽明高中	15900
丁哲沛	成功高中	32150	張仲豪	師大附中	23700	劉紹增	成功高中	19000	趙勻慈	新莊高中	15900
蔡佳伶	麗山高中	31800	郭韋成	松山高中	23500	林悅婷	北一女中	19000	李姿瑩	板橋高中	15800
胡嘉杰	建國中學	31700	李珮宜	薇閣國中部	23400	位芷甄	北一女中	18850	潘柏維	和平高中	15800
吳思儀	延平高中	31500	劉家伶	育成高中	23400	陳 昕	中山女中	18700	林學典	格致高中	15800
袁孝崇	武陵高中	31450	林瑋萱	中山女中	23300	許喬青	海山高中	18700	楊薇霖	重慶國小	15600
洪紫瑄	北一女中	31400	謝昀彤	建國中學	23167	何思緯	內湖高中	18600	翁鉦達	格致高中	15500
徐恩平	金華國中	31200	林羿慈	大直高中	22600	劉摩允	建國中學	18300	蔡欣儒	陽明高中	15500
高行湲	西松高中	30900	匡若瑜	青山國中	22600	陳怡霖	北一女中	18300	陳玟瓦	大安高工	15500
許願升	內湖高中	30900	徐浩芸	萬芳高中	22500	李念恩	建國中學	18050	呂胤慶	建國中學	15400
周芷儀	國三重高中	30800	鄭豪文	大安高工	22200	廖珮琪	復興高中	17900	洪千雅	育成高中	15300
李芳萱	辭修高中	30650	徐柏庭	延平高中	22200	王廷鎧	建國中學	17900	羅郁喬	景興國中	15300
黃詩芸	北一女中	30500	簡詳恩	桃園高中	22100	戴秀娟	新店高中	17900	賴沛恩	建國中學	15300
賴佳駿	海山高中	30100	蔡濟伍	松山高中	22000	王思傑	建國中學	17700	蔡佳妤	基隆女中	15200
鄭雅涵	北一女中	30100	陳盈穎	弘道國中	22000	蘇郁芬	中山女中	17600	郭蕙寧	大葉大學	15200
郭珉華	成功高中	29500	黃筱雅	北一女中	22000	李盼盼	中山女中	17600	劉裕心	中和高中	15050

※ 因版面有限，尚有領取高額獎學金同學，無法列出。

www.learnschool.com.tw

劉毅英文教育機構
學費最低・效果最佳

高 部：台北市許昌街17號6F（捷運M8出口對面・學勤補習班） TEL：（02）2389-5212
國 中 部：台北市重慶南路一段10號7F（火車站前・學林補習班） TEL：（02）2361-6101
台中總部：台中市三民路三段125號7F（世界健身中心樓上） TEL：（04）2221-8861

歷屆大學學測國文試題詳解

主　　　編 / 李　奐
發　行　所 / 學習出版有限公司　　☎ (02) 2704-5525
郵　撥　帳　號 / 0512727-2 學習出版社帳戶
登　記　證 / 局版台業 2179 號
印　刷　所 / 裕強彩色印刷有限公司
台　北　門　市 / 台北市許昌街 10 號 2 F　　☎ (02) 2331-4060
台灣總經銷 / 紅螞蟻圖書有限公司　　☎ (02) 2795-3656
美國總經銷 / Evergreen Book Store　　☎ (818) 2813622
本公司網址　www.learnbook.com.tw
電　子　郵　件　learnbook@learnbook.com.tw

售價：新台幣二百八十元正

2013 年 5 月 1 日二版三刷

ISBN 978-986-231-019-9